欺竊成群

My Adventures with Your Money

美國第一代詐騙大師，初代華爾街之狼親筆自傳

GEORGE
GRAHAM
RICE

喬治·葛拉罕·萊斯——著

郭騰傑——譯

此致美國蠢蛋投機者（American Damphool Speculator），又號「美國傻瓜」，在本文中也稱為「自以為很會思考但其實不會的專家」——向你們問候！

好好讀這本書吧！邊操作你的公司邊讀這本書，也希望你看完以後還有辦法繼續玩下去。

G. G. R.（喬治．葛拉罕．萊斯）

一九一三年三月十五日，紐約

目錄

根據人們描述，「綠水死谷」的礦產，每股價值不超過十美分，而且是很原始的礦產，戈德菲爾德這裡的人看了紛紛搖頭，但是，「綠水死谷」在東部股票市場上表現得非常成功是無庸置疑的。據報導，「綠水死谷」背後的影武者是查爾斯．施瓦伯。施瓦伯的另外兩家企業「蒙哥馬利—休休尼」和「托諾帕分部」在股市上的利潤為百分之數百。施瓦伯先生對採礦營感興趣的事實，引起了內華達州促銷者的極大興趣，因為同行們在開始促銷之前已經學到一課：擁有市場和擁有礦山一樣重要。

人類過往的歷史，人們總是敗在貪念。三年前，這裡沒有礦物，居民人數少得可憐，但現在時代變了。三年內，勇敢開拓者的夢想，勇敢地冒險穿越危險沙漠以尋找該地區，現在已經變成了現實。兩年前，這個營地被金融財經作家稱為「前景蠻荒」和「投機客與賭徒的避風港」，但現在已經發展壯大。戈德菲爾德新聞局早期還吹噓說，戈德菲爾德將被證明是美國最大的金礦坑，現在這已是既成事實。

大眾再次被貨物所拖累。他們在尼佩欣礦場估價為四千三百萬美金時概括承擔了它的股份；而後在短短數天之內，它的估價就暴跌到七百萬至八百萬之間。這場金額高達三千五百萬的屠殺，只代表實際損失的一小部份，原因在於保證金帳戶裡損失的金額更為可觀。在投資人興趣最為濃烈的那幾個月當中，每日匯聚在尼佩欣公開帳戶內的平均金額，應該至少為總資本額的五倍。因此，實際上的損失遠遠高於表面、粗略計算所得出的數字。社會大眾在尼佩欣的「經驗基金」上，貢獻了介於七千五百萬與一億美金的金額。

第七章　羅海德／235

然而，對淘金者來說，金融恐慌並不恐怖，黃金的誘惑是無法抗拒的，錢越少只會更增強原始的動機。到了一九〇八年一月的第一個星期，據報導共有兩千人在羅海德，一月底，人口增長到了三千人。

這個採礦營輕鬆成為內華達州採礦舞台的中心。

第八章　新聞媒體和大眾的錢／245

事情就這樣完成了。當然，報社確信這不是新聞代理商的空想。當然，這些婦女都沒有用牛奶或香檳沐浴的習慣。一桶牛奶的價格不到十美元，一桶香檳的價格不到兩百美元；但是如果你用報紙廣告欄登廣告，憑這些演員的知名度，你絕對不可能以十美元或兩百美元這種低得誇張的價格購買廣告。就算下廣告，也不會比真正的新聞有效。荒唐的牛奶故事將報紙讀者「一舉成擒」，也為這位女演員贏得了巨大的財富。

第九章　華爾街遊戲／281

紐約證券交易所席位的總市值接近一億美元，每年透過各辦事處和分支機構收集和交易投機業務（這佔會員交易的大部分）的成本也超過一億美元。所有的「頭金」或「回扣」是非常龐大的，誰買單？你會聽說，每年夏天都有一位股票經紀人搭自己的遊艇前往歐洲，但他的交易客戶中，有多少人這樣旅行？

你所能想到關於B・H・薛夫陀斯公司對市場的各種猜測，我們都會向客戶提供所有的消息。將礦業股票交易者的理想放在你的面前，當作你長久的理想，絕對不要誇大，最終，這項政策一定會為我們帶回信譽和利潤。

但是，最終這項政策導致了我們的破產。我們的講真話政策直接導致了成千上萬競爭者的損失，他們聯合起來摧毀了我們。

在華爾街，礦業股推廣者不分高低，仍然堅信「人每分鐘都有機會重生，人要死沒那麼容易」。但是我和我的同事不吃這一套，沒有受過良好教育的群眾，下場就是被數十間以大名鼎鼎、震天價響名人為後盾的企業毫不客氣地「修理」一番。投機者為真相而瘋狂，我們決定把真相給他們，我們直接給了他們。

不要在華爾街投機、揣測，你根本沒有機會贏。整個遊戲都是由「大人物」們打造的，他們想讓你贏的話你才會贏。

前言

你是一群賭徒中的一員，投機的本能控制著你，覺得自己只是想賭一把。你不會贏，但你想不斷投機取巧——然後賠錢。樂透彩，法羅牌，俄羅斯輪盤和賽馬投注都是非法的，而合法的股市正是你可以玩的遊戲。在股海中，整個遊戲像莊家作弊牌局一樣，經過報價或市場波動以後變得紊亂，在發牌人知道你下注的那一邊之後，你就沒有機會了。當你和你的賭徒同夥在經紀人的少量保證金賬戶中持有多頭股票時，股市就因受到操縱開始下跌；而當你放空股票時，股價卻又受到操縱開始上升。

你對想要一舉致富的暴發戶保持警惕，卻又欺騙自己，認為自己可以一眼看穿對方的詭計。對於想快速致富的短線炒作客或許可以，但對於真正危險的角色你就沒辦法了。現代的快速致富金融是陰險而瘋狂的，它是給最高等級的人玩的，貿然投入很可能只會淪為眾多受害者之一。

有些短線炒作客手法粗糙，在賭博圈子裡地位不高。他們小本經營，特別迎合那些不願思考且資源有限的人。這種傢伙不特別危險。

另一種炒作客則使用科學方法——真的很科學，只有「內線人士」才能輕易揪出他們。這種人在圈子中佔據顯要地位，通常財務狀況良好，是證券交易所的成員；挾有大筆資金，對那些自以為能夠分辨金條和金磚的區別的思想家很有吸引力，並試圖從有點積蓄、身分背景各異的男男女女當中騙走他們的錢。

過去幾年，美國政府因應大人物想要壟斷的要求，一直打擊那些小本玩家。小本玩家經營手段粗糙，他們能造成的傷害遠不如那些真正強大的高手掀起的巨浪。

我想告訴每個投資者和投機者一件事情。我要講個故事，這個故事是我在一九〇五年至一九〇八年在內華達州各大金礦區如牛蛙（Bullfrog）、曼哈頓（Manhattan）和綠水（Greenwater）的礦業繁榮期間的所見所聞，其中已知的損失就超過兩億美元。此外，還有一系列在華爾街和其他美國金融中心發起的大型礦業股票促銷活動，一九一〇年已知的損失就達到三．五億美元。事實表明，政府的快速致富運動使某些規模不大的壞蛋們沒那麼容易大發橫財，但同時那些真正大尾的元兇卻讓社會付出代價、把大家送上絕路，而政府還沒有對他們採取任何行動。

除了一個普通的小偷，根本沒有人一開始推廣礦業公司或任何其他一種公司時，就堅信這間公司毫無價值。普通盜賊所幹的事情很快就會被揪出來，小壞蛋很容易被逮就範。

但最危險的壞蛋是那些身處高位的人，他們通常擁有大筆財產，過度投資，多次評估手中資產的價值，使用狡猾的宣傳和市場方法，說服有想法的大眾相信該股票的價值、或催眠大眾股票會升值，然後用這個結果向投資者施壓，以搶走巨額資金。這種作法在美國已有超過一百萬個受害者。

經過多年的幕後經驗，我不得不得出這樣的結論：美國人不分男女，想投機發橫財的本性是如此強烈，以至於他們選擇「賭一把」，卻忽略了自己一開始的直覺：他們大半都有意識到自己可能會輸。

我在少年時期就是投機主義的受害者。多年後的我，終於在三十歲時學會迎合他人的無限慾望。我花了很多錢打廣告，自己也寫廣告。我大膽建立了強大的賺錢機器，成功地為我的企業賺錢，通常我也是自己公司的經理。我日以繼夜投入這個領域的工作長達十年，經驗告訴我賭博的本性是不分男女都難以倖免的——不論富人或窮人、年輕人或老年人，聰明或愚笨的人，還是成功或失敗的人。

更可怕的是，如果你由於投機而損失了好不容易賺來的錢，那麼你絕對會陷得更深，因為你有了新的動力，那就是無論如何都要達到「收支平衡」。因此，經驗完全使不上力。專業賭徒的格言是：「人傻不是沒理由的」，這句話可謂徹底理解上述事實的至理名言。如今，千萬富翁等級的股票促銷者和操縱者都發現此言不假，也把這句話奉為這一行的圭臬。

幾乎所有人都在投機（也就是賭博），卻很少人贏。那麼，弄丟的錢去哪兒了？被誰拿走了？

你是否知道，有很多巧妙又狡猾的方法可以完全迎合你「投資」的本性，使錢財一步步遠離你的掌控？你能想像這是事實嗎？幾乎在所有情況下，當你算準時機準備著手投資，就有以科學包裝的陰險手段不知不覺地套牢你，你能想像這是事實嗎？

這些狡猾而不可捉摸的詭計是什麼？以下我會娓娓道來。

在別人的圈套中玩投機的遊戲，你有可能贏嗎——你有一絲贏的機會嗎？

過去幾年，堅持下注賽馬的結果只有一種——賠錢。

在紐約證券交易所、波士頓證券交易所、芝加哥證券交易所，紐約棉花交易所和其他各種類似機構的信用交易中，股票經紀人的經驗證明，如果你堅持玩下去，只有一個可能——你會賠錢。

在鐵路、工業和礦業股票的投機活動中，你直接購買股票並為了股市利潤而持有股票的話，有兩種可能的結果：如果你的股票表現算是中規中矩，而且已經操作了一段時間——那麼**運氣好的話你可以達到收支平衡；運氣差一點的話，可能還是會賠錢**。我持平的說，相較於十年前，我現在對於一般大眾贏錢的機會感到相當悲觀，這是在這行混久了所得到的經驗。

對投資者和投機者來說，這一行的教訓是「拒絕再玩！」，但是你**還是**會再玩一次。經驗表明，只要有任何企業存在投機獲利的機會，美國的大眾就還是會繼續努力滿足自己想要投機的胃口。

G·G·R

第一章
馬克辛和蓋伊的興衰

把時間拉回一九〇一年三月，地點是美國紐約。我當時三十歲，把口袋中的現金資本緊緊夾好，一共是七塊三毛美元，而且我沒有其他資源了，我是失業的流浪漢。

從那年的八月起，我就一直無所事事。我最近一份工作已是在七個月前擔任紐奧良《民主黨時報》的記者。我在報社最後一份任務，是採訪德州加爾維斯頓（Galveston）颶風，這場颶風造成一萬五千人喪生，損失總計超過一億美元。我也幫《紐約先驅報》和其他報刊以及紐奧良當地報社報導這場災難。這場災難確實是有夠大的，幾天的努力採訪讓我賺了一大筆錢，但這些錢全都花在維持生計上。

在第四十街和百老匯的拐角處，我遇到了過去在賽馬場的老朋友戴夫．坎伯。他臉上帶著堅強、健康的色彩，但是他身上有著明顯運氣不佳的證據。

「請我喝一杯吧，」他說。

我回答說：「我有三十美分的零錢，但我得買支雪茄，你知道我喜歡上好的雪茄。」

「好吧，啤酒我自己買，」他說，「你給自己買條完美的雪茄吧。」

我們說到做到，雪茄和飲料很快就擺在眼前。我們在一家咖啡廳坐了下來，午餐櫃檯旁有一般常見的賽馬收報器。

「你還在賭馬嗎？」坎伯問。

「不賭了。我有一年多沒有下注了。」我回答。

「嗯，這是我剛剛從紐奧良的法蘭克．米德那裡收到的一封信，應該能為你賺點錢。」他說。

信上說：

最近有隻叫做銀幣的好馬積極備戰中。我認為牠很健康，已做好出賽準備，在接下來的幾天裡，他們會讓牠上陣，牠會贏。牠會以一賠十的賠率讓你發筆橫財，去買一張上好浣熊皮。

這種信我以前就看過了，但這封信引起了我的興趣。我從桌上拿起一份《紐約晨報》。翻頁時，我注意到一些情報販子的廣告，都聲稱他們能不斷讓大眾贏得賽馬賭注。

賺錢想法的誕生

「這些人有賺到錢嗎？」我問坎伯。

「肯定有，」他回答說，「因為廣告每天登，連登好幾個月了。」

「嗯，如果寫得那麼差勁的廣告都能賺錢，那寫得好的廣告就更不得了啦。更不用說是能提供真實消息的情報單位了，嗯？」我問。過了一會，發報器開始發出喀喀的聲音。

「有消息進來了。」坎伯說。

他走到磁帶前面，大喊道：「唉呦喂呀！這就是明天要來的『銀幣』。」

這個巧合使我激動起來。

「我有一個想法。」我說：「給我一張紙。」

紙拿了過來。我寫下：

今天就在紐奧良把你最後一注押給「銀幣」牠會贏，賠率一賠十。

然後我支吾一陣。「該來個簽名才行。」

我再拿起報紙，翻到有著當天賽馬消息的那一版。我第一個瞥見的是匹種馬的名字：聖馬克辛。

「馬可辛！」我說。「這是個好名字，我要用這個名字。現在來取個諧音的名字吧！」

「蓋伊！」坎伯說。「這個名字怎麼樣？很動感吧。」

於是我創了一個商標，「馬克辛和蓋伊」。

在這個廣告的結尾，我聲明我們的情報通常價目是每天五美元，每周二十五美元；當天以後馬克辛和蓋伊如果另外指名可能獲勝的馬匹，情報費用也要另外計算。

馬克辛和蓋伊並沒有地址。百老匯上半個街區外有個房地產公司，我們從那裡得知房地產公司樓上有些房間出租。我以每個月十五美金的費用租下一個辦公室，但第一周我們還沒有收入。我們訂製了兩塊錫製招牌，上面刻有「馬克辛和蓋伊」。其中一塊掛在大樓入口，另一塊則在樓上的辦公室門上。兩塊招牌都有註明印刷贊助商。

跟我道別前，坎伯突然一陣驚呼：

「我的老天！我不懂你在玩什麼把戲。你怎麼能把『銀幣』的情資白白給出，卻分文不取？」

「你等著看就是了！」我說。

我走上了四十二街《晨間電訊報》的辦公室。

「給我價值七美金的版面，幫我登廣告。」我邊說邊掏出身上僅剩的美分。

然而當隔天早上見報時，廣告效果令人失望：字體才五．五鉛字、或說是四英吋大，只佔了單欄，這樣別人怎麼可能注意到呢？

那天下午，坎伯和我搬進了新的馬克辛和蓋伊辦公室，幸好前租戶留下了一張桌子和一張椅子。此時有個高大的德州佬走了進來。

「嘿，各位！」他喊著。「這裡有五塊錢，是給你們的賞金。回答我一個問題，不管你們回答什麼，這五塊錢都是你們的。」

我抬頭驚訝地看著他。

「把關於銀幣的情資給我。」

我給他看法蘭克．米德的信。

「這條消息對我來說夠好了。」他撇下這句話，離開了。

最後「銀幣」果真以一賠十的賠率輕鬆獲勝。

紐約彈子房的賽馬賭客們下了重注，以至於賽場的賠率輕鬆地來到一賠十時，紐約最好的賠率卻只有一賠六。中獎賭注簡直讓當時由吉米．馬洪尼控制的紐約彈子房賺翻了。彈子房常客因此總是說：「如果情資沒有屁用，那些人發布廣告的用意到底為何？如果這匹馬輸了，廣告的成本也血本無歸了。他們贏錢的唯一方法就是讓馬匹獲勝。」這個邏輯沒有錯——只要事情都照預想的方式進行的話。

操作的高等數學

但這確實是詭辯。如果這匹馬輸了，馬克辛和蓋伊損失的廣告費用恰好是七美元。如果用這七美元來押注馬匹，則馬克辛和蓋伊可以贏得的最高金額是七十美元，這與下注者承擔的虧損風險相同，但獲利的機會更大。在廣告上投資七美元後，我更有可能因為廣大賭客惠顧中彩的線報局而贏得更多的錢。

我記得，那廣告的實驗性特質吸引了我，讓我非常震驚，因為這是考驗賺錢可能性的極佳時刻。如果這匹馬獲勝、但大眾對廣告的反應很小，那麼賽馬線報局確實很可能賺不到什麼錢。我認為，如果賽馬賭客不相信線報局的目的就是提供能贏錢的線報，那麼反過來說的話，他們又怎麼能相信每天報紙體育版廣告中充斥的虛假廣告，那些在**賽後**宣稱自己事先以各種超大賠率神準指名了獲勝馬匹的消息呢？

第二天早上十點左右，坎伯打電話到**我**家，說他從米德發的電報得到另一個「好東西」，那匹馬的名字叫安妮．勞雷塔，可能的賠率是一賠四十。

「唉喲喂呀！」他大叫。「如果我們只有幾個客人，然後這匹馬贏了，會有多棒？」

我們悠哉地漫步前往辦公室。「假設今天有十個人下注，就算好的開始了，」我說。

當我們到達位於百老匯大廈對面的萬寶路飯店，也就是馬克辛和蓋伊公司小小辦公室的所在地，發現有六名警察疏導著一排群眾。

「哪個劇院今天售票呀？」坎伯問。

「不知道。」我回答。

我們接近辦公室時，發現一排人龍延伸到我們的辦公大樓。我們晃晃顛顛地一步步爬上樓梯，與每個在樓梯排隊的人擦身而過。來到我們的辦公室門口時，驚訝地發現這一整排的人竟然是從我們的門口開始排起。

我們插入鑰匙，走進辦公室，鎖上了門，嚇得不敢坐下。

我舉起雙手，喘著粗氣說：「我的老天，我們到底做了什麼？」我簡直嚇壞了。

「把安妮．勞雷塔給他們。」坎伯喊道。

「但是萬一安妮沒有贏……」我提出異議。

「拜託！」坎伯又嚷著。「難道你要拒絕大把大把的五美元鈔票嗎？」

「我們來看看那封電報。」我步履蹣跚。

我一遍又一遍細讀著。

「米德對『銀幣』的精準判斷，足以讓人相信他的另一指名並且下注。」坎伯說。我也同意。

下一個問題是該如何把資訊以可銷售的方式傳達出去。我們雇用對街萬寶路飯店的一名打字員，請他在五百到一千張紙條上打出安妮．勞雷塔的名字，然後再買了信封，把印上名字的紙條裝進去。人龍現在延續到一個半街區以外了。

等到一切準備就緒後，我們才把門打開。坎伯一手交信封，一手跟每個人收取五美元，我則負責把錢塞在桌子右邊的抽屜，右邊抽屜塞滿鈔票後，就塞到左邊的抽屜。最後，鈔票堆得又快又多，我不得不把地上的廢紙簍搬到桌子上充當集錢筒，請賭客將錢投進去。需要找零的話，我就讓客人自行處理。

這兩個半小時——或者說直到紐奧良舉行的第一場比賽開始十五分鐘前，人群擠爆了我們的辦公室。最後一個人離開後，我們清點收入，發現當天的收入為兩千七百五十五美元。

「接下來我們要幹什麼？」坎伯問。「我的工作是什麼，我能得到什麼？」

「你想分多少？」我問。

「每天十美元。」他說。

然後他從錢堆中拿起十美元。他承認，這十美元比他一個月內看到的錢還多。

「接下來我們要做什麼？」他又說了一次。

「我們去散散步吧。」我說。「第四場比賽結束後我們才能看到安妮．勞雷塔的表現。」

我們到附近一個新聞收報機旁邊喘口氣，站在旁邊等待安妮的消息。自從第三場比賽報導進來以後，已經過了半個小時。

「第四道——滴答滴答滴答，」消息進來了。「第一名：阿爾皮……」

「我們輸了！」看到最先出現的幾個字，我不禁哀嚎起來。

之後是一陣死寂。

「滴答滴答滴答，」

「她來了！」坎伯大喊。

「第二名，安妮．勞雷塔：四十——二十——十」（這代表第一名的賠率是一賠四十，第二名一賠二十，第三名一賠十，而且那些下注「全盤」的人，以很棒的賠率在第二名和第三名的賽果上獲利）。

我登上一輛百老匯汽車，奔向斯圖爾特大樓，並租用了其位於邊間的搶手高檔辦公室，還請了一家名牌家具經銷商提供豪華家具。到了晚上，我走到了《晨間電訊報》辦公室，在櫃檯上放了兩百五十美元，訂了一張大的全版廣告，宣布馬克辛和蓋伊在安妮．勞雷塔的第二名賽果上以一賠四十、一賠二十和一賠十的成績獲利，此前還有「銀幣」掄冠的一賠十賠率，我們也準備擴大業務。

我還向法蘭克．米德發了一封電報，指示他在所有管道上砸錢，以換來最準的情報，這些情報可以從評磅員、碼頭工人、馴馬師以及所有他能接觸的管道獲得。米德繼續以每天一匹馬的進度用電報搜探情報，收進的情報立刻由我們打上標籤，此後每天刊登名為「最佳一注」的廣告。很快的，「最佳一注」成了賭馬客容易聯想起的關鍵字。

這個企業獲得驚人的成功，兩年內，我們的收入超過了一百五十萬美元，幾週後，我司的淨利潤就超過了兩萬美元。在事業巔峰期，也就是一九〇二年夏天在薩拉托嘉（Saratoga）的賽馬會議上，當紐約的彈子房開放下注時，我們在不到三週的時間就賺進超過五萬美元的淨利潤。

我們在薩拉托加設立了辦事處，比賽日的平均日銷售量為三百個信封，每個信封五美元。我們在紐約也維持同樣水準的銷售量，此外，在偏遠的城市也有大量客戶，會用電報把情報發給他們。而電報的業務增長程度之快，使得我們必須要拜託西聯匯款公司和郵政電報公司在我們位於斯圖爾特大樓的辦公室中加裝直通線路。

然而，我賺錢和花錢的速度一樣快，我相信我們自己的情報，也犯下了致命的錯誤。我後來得出的結論是，我的錯誤在於每次指名都不冒相同金額的風險，如果這樣做，我就不會遭受重大損失。偏偏最麻煩的是，每當我下注的一匹馬獲勝時，賭客都會鼓勵我在下一盤上下多倍的賭注，這導致了我的賭注最終兩翻、三翻，玩了一場不平等的遊戲。

收集情報的費用，在幾周內已增加到每週一千美元以上；不僅是我們的誇口，實際上情報所確實付出了超過所獲得的價值。

毫無疑問，這種冒險的弊端在於它所煽動的賭性。但是，確保情報來源可靠的努力是信實的，而像我這樣年齡和經驗、沉迷於「銀幣」帶來的各種樂趣的年輕人，又豈能抵擋洞悉一切的誘惑呢？

很快的，馬克辛和蓋伊公司馬上編列出其主要客人名單，有些是賽馬場的重要馬主、賭場的大莊家，以及許多時髦的男性與女性領導者。馬克辛和蓋伊規定不得把任何形式的資訊賣給未成年人，因此經常將年輕人拒於辦公室的大門之外。

「最佳一注」的由來

我們的廣告方式是獨一無二的。我們盡可能使用整頁，因為業界的潛規則是，小寫字體總是不會讓人聯想到商業用途。在大型展示廣告中，我們使用了除了馬匹和相關產業以外從沒有人聽過的專業命名法。我們甚至創造了幾乎適合各種情況的單詞和短語，例如「計時者」的意思是在騎乘馳騁中的馬匹、手持馬錶的人，這個詞就是我們發明以後才被廣為使用的。我們也創造了「最佳一注」一詞。

我們的目標是使用騎師的技術用語，捨棄粗俗的黑話。背後的道理是，如果我們能夠讓專業騎師聽懂我們在說什麼，那麼大眾一定會服服貼貼。

某天早晨，我們被《晨間電訊報》上的一則廣告驚醒。就在我們每天刊登的版面另一端，有一則新廣告，是由自稱「丹．史密斯」的推銷員所刊登。丹在使用賽馬跑道術語時，比馬克辛和蓋伊「棋高一著」。他顯然僱用了許多黑人計時者，讀著他在廣告中所用的馬界行話簡直能聞到乾草和肥料堆的味道。太可怕了！但是它確實在賭客間掀起了一陣波瀾，不消幾天我們就感覺到「史密斯」將是危險的競爭對手。

我們很討厭但又不得不承認，史密斯使用這種充滿馬味的黑話，是他成功最大的原因，因為我們知道他的情報沒有我們的好。我們調查過了，他的技倆在於：他發給客戶的表都會挑出每場比賽可能會獲勝的馬，至少五匹。他建議客戶以不同方式對他提到的五匹馬下注，如果其中一匹馬最後贏了，隔天早上他就會在報紙上登出他在前一天針對獲勝馬匹的評論，使大家相信他總是能準確挑出唯一獲勝的馬。

我決定創辦另一個情報所來除掉丹．史密斯。我們的方針是在粗俗又誇大的賽馬黑話方面比我們的競爭對手「再黑一些」，讓賭客們漸漸厭膩，並慢慢讓丹．史密斯戴上「胡謅大王」的帽子。我們弄了一個假的廣告商，取名為「兩點」。第二天早上，我們唆使了《晨間電訊報》刊出一個大型廣告，標題大致如下：

兩點

賽馬資訊，行家用語。每天兩美金；每周十美金。

我們遵循丹．史密斯在賽馬情報單中使用的風格，在他第一個「兩點」廣告中對每場比賽指名了四到五匹會贏的馬匹，而且對每匹馬的描述都比丹．史密斯還要重口味。但其實這些馬被選中的原因，是因為牠是所有參賽馬匹中最有可能輸掉的。

不久後，有個女人被指派到新成立的「兩點」辦公室，負責銷售部門。第二天，她告訴我第一筆廣告的收入超過三百美元，而且賭客們不僅沒有細看廣告內容，實際上甚至直接栽進這個騙局中。她的報告讓我驚訝不已。

更精采的還在後頭。第二天，被「兩點」嘲弄地稱為最佳一注的「局外人」之一的馬匹，竟然以一賠四十堂皇進場！

隔天，「兩點」生意興旺；幾天後，我們發現「兩點」公司如果繼續運作下去，每週將能淨賺一千美金。於是「兩點」持續全力發展，努力說服更多賭客。

「兩點」與馬克辛和蓋伊之間的顯著差別是：除了某次例外（也就是此處所記載的），馬克辛和蓋伊從來沒有假裝指名原本沒有指名、後來卻獲勝的馬匹，「兩點」則享有與馬克辛和蓋伊相同的消息來源，卻奸詐地向賭客講了他的日常建議，且第二天早上「兩點」的廣告中就向丹．史密斯致敬——對每個獲勝馬匹都說點好話。

我獲悉，丹．史密斯創業的利潤在第一年就超過了二十五萬美元，而「兩點」的壽命因為我們意識到自己負擔不起這樣的形象而被迫縮短，最後利潤也均分給辦公室裡的所有員工。「兩點」的產生是為了消滅反對者，並不是為了牟利。但「兩點」並沒有達到原先預期的目的。

為了讓看倌了解「兩點」的某些原創且吸引廣大群眾關注的特質，我引述它的賽馬情報單其中一段：

我本身就是計時者。我三十年來都睡在馬毯下，了解馬的行話。昨晚，當我在「突擊隊」的穀倉裡打盹時，我聽到牠對「蝴蝶」嘶嘶地說，今天不要擋路，因為牠會從頭到尾「神擋殺神」，如果「蝴蝶」還想一搏，牠會對她「來硬的」。「突擊隊」肯定會輕取對手，賭牠就對了，你穩贏的。

真實的馬場資訊

馬克辛和蓋伊整個公司營運史上，只重複了一次「銀幣」的廣告方法。這個故事發生在一九〇二年春天，當時威廉．C．惠特尼的培訓師約翰．羅傑斯將一匹名為「煙」的母馬送到了情報站。我們的情報指出，這匹母馬會贏，而我們當天指名的可能贏家中也有她——她的確獲勝了。兩天後，她再次進入了劣等級別的馬匹比賽，這個讓步賽完全對她有利。儘管如此，我們還是登了一則廣告，這個廣告出現在馬賽晨報上，內容大致如下：

「今天不要賭『煙』。她是大家的首選，但不會贏。『暴風雨』會擊敗她。」

果然，「煙」贏得了賭客們的廣大青睞。惠特尼先生的博彩專員與賭馬莊家們一起對這匹馬下重注。不過，賭客們卻把大部分的錢都押在「暴風雨」上。在停止下注之前，那些自認聰明的的傢伙們也把注了幾千元。

「暴風雨」贏得了比賽，但「煙」一直是領先的，直到最後的直線賽道，她揚起尾巴準備衝刺時，突然像被「暴風雨」吹倒般倒地了。

裁判席上的傳令員立刻向我提出了質問。他們問我們，為什麼如此確信「煙」會輸。而就我所知，惠特尼先生其實很懷疑自己的母馬有被「放倒」的嫌疑。針對這個爆冷門逆轉，我當時的解釋如下：

我們的賽場首席計時者威廉・多齊爾見證了「煙」為比賽所做的準備工作，他認為她的訓練太急了，而且她的第一場比賽其實沒使她擁有更多優勢，反而成為累贅。事實上，她的第一場比賽已經讓她變得「臭酸」了。他以一名經驗豐富的專業騎師身分，認定「煙」穩輸無疑。後來，我得知對「煙」的訓練工作轉給了一個不夠熟練的騎師，而羅傑斯先生本人對「煙」的狀態不承擔任何責任。

大家都想被騙

裁判們顯然很滿意，但是大眾無法很快理解真相，我們也沒有在廣告中指出這一點，因為我們的政策總是在消息來源上裝得越神秘越好。

神秘感在我們的組織中起著重要的作用，如果我們沒在「煙」上施展妙計，結果甚至還更好。直到現在，我的個人身份還沒有在比賽中被透露，甚至莊家們也不知道誰是馬克辛和蓋伊的精神領袖。吉米・羅伊是詹姆斯・基恩的訓練師，彼得・惠默是匹茲堡S・S・布朗上尉的訓練師，約翰・羅傑斯則是威廉・C・惠特尼的訓練師；一開始，這三人都被謠傳是馬克辛和蓋伊的贊助商。莊家和「內行人」的一般猜測，只有非常熟練且深得馬主信任的訓練師，才能掌握這麼多關於馬匹的確切資訊。當然，只有對大小事都保持關注的賽道裁判才知道我與該組織的聯繫。不過，他們派來的傳令員才要求我接受採訪沒多久，這個事情突然就變成賽馬界眾所周知的「公有財」，遮掩的面具再也戴不住了。

有一段時間這個影響非常巨大，我們的業務也大幅下降。在「煙」事件發生的那天，德國著名莊家俾斯麥・科恩用濃厚的德國口音向我表達了此一觀點：「您是我見過的第一個賽馬預測高手，您戴著眼鏡、拄著拐杖，不喜歡穿合身的衣服。您看起來像音樂家，而不是騎士，實在太神奇了！」

另一位老派德國莊家哥特菲德・華爾本讚歎道：「您真會用虛假的保證掙大錢。我已經連續兩個月每周貢獻二十五美金給你們公司了，把我的錢還給我！您這騙子！」

還有一個莽撞的投機客萊利・格蘭南（Riley Grannan）說：「小子，真是太佩服你了！你竟然可以把在賽場混了二十年的老鳥騙得團團轉，簡直該頒發獎牌給你！」

俾斯麥和華爾本的態度很有趣，格蘭南的諂媚也很討喜，但生意還是不佳，因為賽場裡大多數的專家都終止了馬克辛和蓋伊的服務。

幾個月以來，我一直刻意將自己藏在幕後，因為我害怕自己被這樣子描述。我記得在一八八〇年代後期，佛蒙特州北部的一個小鎮上，當拳擊手約翰・L・沙利文（John L. Sullivan）透過廣告宣傳將參加一場拳擊賽的消息傳開後，他的經理與他在火車上碰頭。儘管當時也無風雨也無晴，但沙利文從火車走向已經等候在旁的帶蓬馬車時，隨時都有一把傘罩住他，而且他一進車廂就拉起了百葉窗。馬車到達飯店時，它停在飯店而非正門；經理先於沙利文下車，再次迅速撐起傘，將這名重量級冠軍與人群隔開，一路帶他飛奔房間，沒讓任何人看到他。

一整天沙利文都與群眾隔絕，直到那天晚上他在擂台上出現前，鎮上沒有任何人看到他露臉。

我問經理，為什麼要在沙利文登場亮相之前如此小心翼翼地將他隔絕於大眾視野之外，我記得他是這麼回答的：

「如果群眾認為沙利文只是個留著黑色鬍鬚、有著凱爾特人花臉的普通人，他們就不會去看他。群眾想要被催眠、感到神秘，如果在擂台上亮相的沙利文先生只是一個普通的凡人，他們肯定會感到幻滅，也不會把錢送上門來了。」

馬克辛和蓋伊成立伊始，還具備上述演藝界應有的「保鮮」觀念。只要馬克辛和蓋伊不讓賽馬界的人猜到究竟是誰在引導他們的命運，這個公司就能繼續獲得巨大的成功。贊助商的疑雲在賽場裁判對「煙」事件展開調查並澄清以後，馬克辛和蓋伊的運勢就時好時壞了。

「煙」暴冷輸掉比賽後的幾週，我們的首席計時者告訴我們，下週六舉行的一場比賽湧入許多重注，有許多線報告訴他該下誰才會通殺，正如他表達的那樣，他表示我們可以提前向大眾廣告這件事即將發生，而且出錯的機會很小。於是我們照辦了。

週六，來自遙遠城市的電報捎來的「好東西」，讓賭客的資金開始不斷注入。我們在比賽前的星期四登了如下廣告：

年度殺豬祭開始囉

地點羊頭灣

星期六下午四點

別忘記下注

電匯五美金給我們以獲取情報

我們的一位老主顧住在路易斯維爾。他是最早收到我們星期六早上發送的情報電報那批客戶。比賽開始，結果這匹馬**輸了**。

大約下午四點半，我們收到了來自路易斯維爾老客戶的一份速電，內容如下：「殺豬真的按時進行——在路易斯維爾。我就是那頭豬。」

彈子房常客發來的另一條速電，上面則寫著：「好比賽。我賺了更多的錢。」

當我們的指名失敗、客戶損失錢財時，我們常常會收到這類電報。但是這些通訊交流大多非常歡快。

有一次，我們獲得了某匹馬的第一手情報，全國最聰明的騎師之一戴夫．吉迪恩，正在為一場顛覆賭海的大型比賽做準備。我們遵循我們一向使用生動鮮明廣告的慣用手法，在報紙上用最粗黑的哥德字體刊登廣告：

超大殺豬祭

我們掌握的內幕消息，明天可能以一賠十爆冷門，讓一半的莊家退出江湖。

絕對要賭。每注五美金。

這則廣告的論點在於這幾行字下面，用最令人眼花撩亂的術語表達出來，這非常清楚地表明我們的情報來自一個秘密來源，此外，我們合法地花了一筆可觀的錢來保護資訊。我們還指出，所有者是馬場上最精明的下注者之一，當他對自己的一個條目下達「下注」指令時，很少誤入歧途。

第二天比賽開始了，那匹馬並沒有用成績讓我們「發大財」。

第二天，我們收到了很多信，就像我們大肆宣傳的眾多「好東西」之一突然馬失前蹄一樣。這些書信中最獨特的內容之一，是來自費城訂戶的抗議。他是這麼寫的：

親愛的先生：您幾天來一直在廣告，說今天您將有一場大型殺豬活動。您的廣告誘餌使我上鉤、進而被套牢，使得我的銀行存款大跌。我的農業常識應該警告我，「殺豬」在春季初不是常態，但無論如何我還是上鉤了。

在我恢復鎮定狀態以後，請容我敬告您，豬肉包裝品牌亞莫（Armour）或史威夫特（Swift）都不必擔心您是「殺豬」大賽中的競爭者，因為不要說殺豬了，您甚至連打蛋都不會。失禮了，謝謝，再會。

秘書的詭計恢復聲望

就在馬克辛和蓋伊不斷展現高明籌款能力的第二年夏天，情報所好運用盡，幾乎沒有人再來襄助了。在此期間，我生了大病，不得不待在家裡。我辦公室裡有個傢伙決定利用我不在的機會，用自己的招數來改善生意。

通常，我們在賽場旁、穿著卡其色衣服的賭注推銷員，習慣在每天中午到辦公室一趟，拿到一個裝有比賽情報的信封，然後立即前往賽場，站在入口處，用每個信封五美元的價格出售。

有一天，這些人在不知情的情況下，收到了裝著空白紙的信封，而不是油印的情報單。當少數大城市來的客戶親自抵達辦公室要索取情報時，他們被告知指名的日期將是當天稍晚，而且只會在比賽現場出售。

大約在凌晨十二點半，電話鈴響了。賽場通信員們傳來消息說肯定有什麼搞錯了，因為他們的信封裡只裝著白紙一張。大家紛紛要求他們退錢，他們問該怎麼辦。

但有個傢伙告訴他們說：「先等等。我們會馬上派出通信員帶上情報。」

結果通信員完全沒到比賽現場。

當然也沒有發布任何情報。

那天梅伊・J以一賠兩百的賠率獲勝。

第二天早上，報紙上刊登了整版廣告，宣布馬克辛和蓋伊以一賠兩百的賠率將梅伊．J列為當天的「最佳一注」。試想，如果我們發出任何情報，那麼就根本不會有這樣一個「回馬槍」了。

誇張的賽馬騎師來相助

我當時不在場，但是我剛恢復健康的當天下午就得知，我們似乎登了個廣告對外宣稱自己在梅伊．J的獲勝賠率上大出風頭。辦公室擠滿了新客戶，這些新客戶紛紛訂閱了我們的每周情報，一定比例上為我們的公司注入了新的活力，但也有一些客戶對馬克辛和蓋伊是否真的給出一賠兩百的賠率表示懷疑。

那天下午辦公室闖進了一位賽馬騎師，他在桌子上放了五美元，說：「把你的『好東西』給我。昨天就是我騎著梅伊．J，一賠兩百獲勝，我也有份，我要發了。」

「您在哪裡購買情報的？」

「你們在賽場入口旁安排的人，」他回答。

「幾點？」我們又問。

「一點四十五分，」他回答。

「我說啊，年輕人，今天早上有很多人來這裡，他們說他們不確定我們是否真的做出了這個指名。您是否可以立書發誓，您真的是從我們這裡購買情報的？」

「我發誓我真的是！」他說。於是，我們喚來一位公證人，騎師便在他面前發誓說，他在賽場的入口處購買了馬克辛和蓋伊的情報，並且以一賠兩百的價格下了梅伊．J。

於是這份宣誓書就從當天下午開始張貼在辦公室內。我進一步詢問執行這次工作的業務員，問他究竟是如何幫我們弄到這份宣誓書的，他保證絕對沒有提供客戶任何一絲賄賂，一切都是人的天性：想要「出人頭地」的願望，使這個人偽裝了自己。

但是我無法忍受由於能量放置不當而造成的誤導性廣告，因此我請走了負責這則廣告的專員。

財神再次變心，展露微笑

說也奇怪，在梅伊．J的廣告之後，馬克辛和蓋伊靠著選對賠率很高的獲勝馬匹，取得了一系列輝煌的成功，並在一個月內，每週淨收入再次達到兩萬美元。去賽場光顧俱樂部會所的馬主、馴馬師和社會人士，是我們最穩定的客戶。

婦女特別忠於我們的公司。有一位年輕的國際企業百萬富翁的妻子，是我們最熱心的追隨者之一，如果沒有先諮詢馬克辛和蓋伊的指名，她絕對不會下注。特別是有一次，這位女士和她的丈夫開著自己的汽車來到了莫里斯公園賽場的大門，然後長途跋涉走到了俱樂部。他們在第一場比賽即將開始時才姍姍來遲。這些馬匹已經準備開始「日蝕大賽」，進入槽位了。

突然，這位女士發現自己忘記購買馬克辛和蓋伊的指名冊。她急促呼喊她的丈夫，嚴厲指責他沒有提醒她購買指名冊。他們進行了簡短但認真的對話，突然間，這年輕男子突然停止對話，從俱樂部門口一路衝到賽場入口，這段水泥步道長四分之一英里，終點正是身穿馬克辛和蓋伊制服員工出售情報的地方。

那些目睹這位年輕金融家衝刺的人都能證明，就連他剛上大學的時候也沒跑這麼快過。但是，縱使他用超凡的速度奔跑，也未能使他準時回到妻子身邊，馬克辛和蓋伊在第一場比賽指名的那匹馬已經進入賽場，而且馬克辛和蓋伊的選擇也勝出了。當然，這位紳士就在俱樂部看台上當場被他的另一半訓了一頓，令其他觀眾嘖嘖稱奇。此後，他再也沒有忘記索取馬克辛和蓋伊的指名。實際上，他和現場坐在玻璃窗後的黑人服務員打好關係，每天到達賽場後立即向他提供指名冊，因此多了一分保險。

我們在賽馬業主之間受歡迎的程度並不總是一致。與我們進行業務往來的馬主中，包括了詹姆斯·E·佩珀上校，他是已故的著名釀酒商，也是一座大型賽馬養育場的所有者。他熱衷騎馬，並堅稱他對肯塔基州的純種馬知識，能讓他更容易判斷那隻馬匹會勝出，而且比那些「提供假情報的販子們」還厲害。他對自己的判斷很有信心。

肯塔基上校也栽了

佩珀上校砸了大把現金之後，他有位非常親密的朋友遵照了我們的指名「搜刮」了大量賭金。終於有一天早上，佩珀走進了我們的辦公室，並且令人毛骨悚然地表示，他的一個「愚蠢的朋友」要他來到這間辦公室，幫他索取我們那「愚蠢的指名」。我們表示，我們的原則是中午十二點半之後才能釋出我們的指名。他聽了非常憤怒，但最終仍同意了我們的條件，付了錢並得到一份訂單，能在我們賽場邊傳令員那獲得指名。

那天我們幾乎所有指名的馬匹都贏了。佩珀上校於第二天早晨來到辦公室，付費訂了另一份情報，這次的情報涵蓋範圍是一周。我們大有斬獲，每天我們的大多數指名都贏得了勝利，而佩珀上校也因此而欣喜若狂。在這些日子中，我們一度在賽馬名單上洩露了我們深具信心的「冷門」馬匹會以一賠十獲勝，也就是約翰・麥登的「拿破崙」，因為我們已經知道有人謀劃要顛覆賭盤。結果這匹馬大獲全勝，佩珀上校靠這條情報得以「通殺」。

第二天，我們的計時者發現了另外一匹半夜就已準備好的馬。我們在廣告中大力宣傳這匹馬，而我們原先指名的馬可能會先被看扁，然後在比賽中爆冷門，「一路帶我們回家」。那匹馬果真沒讓我們失望：牠贏了，而且「獨領風騷」，領先第二名大概十四馬身的距離。但這匹馬是佩珀上校的，原先他預計以一賠二十的賠率處理這個傢伙，但是由於我們的強力提示，他以一賠十的賠率開場，到了比賽時只剩下一賠三的賠率。莊家可說是遭到嚴重壓制。

第二天，辦公室一打開，佩珀上校像吃了胡椒一樣，滿臉通紅地進入外廳。他把拐杖砸在桃花心木製的大桌子上，厲聲質問：「這是什麼意思？我來這裡跟你們買這些愚蠢的情報，任你們這些低劣的人操弄我的好馬，然後讓我賺不到錢！說，這是什麼意思？」

我們不得不採取非常溫婉的辭令來安撫憤怒的上校。上校對於他聽我們的建議冒險賭贏麥登先生的冷門大注倒是沒有任何抱怨，但是，哎呀，少賺了點錢就如此粗暴對待我們，實在令人髮指。

而且上校從來沒有放下這件事。儘管他在自己的馬匹上贏得了大筆賭注，但他始終聲稱馬克辛和蓋伊破壞了他的下注賠率，也說幸好他始終對我們的計時者保持警惕，否則他的獲利無法多到翻倍。這倒是真的，我們確實不時搞砸許多其他馬主的價格，這些馬主通常都認為自己應該能偷偷佔到一些便宜。

通常，莊家們對自己的機率和數學知識非常滿意，這簡直可說是不變的定律。但為了讓他們知道自己其實非常無知，馬克辛和蓋伊公司又登了一天的廣告，內容大致如下：

如果您下注的馬匹被我們指名為最佳一注，但今天沒有贏，

您付我們五美元。

我們退您六美元。

我們不僅會退還五美元情報費，而且還會倒貼每個客戶一美元。

今天就用五美元向我們購買「最佳一注」情報，如果這匹馬沒有獲勝，明天我們就會退還您六美元。

馬克辛和蓋伊公司

當天我們收到了大約五千美元，但我們指名的馬沒有贏。第二天，我們退還了六千美元，卻從這次行動中賺了不少錢。

那天碰巧是一場兩匹馬的比賽。我們的馬匹在下注時賠率為六賠一，也就是說，莊家對賭客的每六美元只要出一美元。另一匹馬的賠率為一賠五，表示這場賭局莊家要出五美元對賭客的一美元。

馬克辛和蓋伊公司從客戶支付的五千美元中，將一千美元送入賽場，並以一賠五的賠率對這匹賽馬下注一千美元，從而贏得了四千美元。從這筆錢中，它向客戶支付了數千美元的償金，從這個操作中淨賺四千美元，這當然已計入還退客戶的五千美元。

萬一六賠一的投注獲勝，收到獲勝情報的客戶會很高興，馬克辛和蓋伊公司也不會被迫退還任何金錢，並且會提前在此操作中賺到四千美元，然後下注一千美元。在這種情況下，另一匹馬的投注損失，會從其客戶支付的五千美元中扣除。不管哪匹馬贏了，我們的收益肯定是四千美元，這個劇本，就是我們的「必勝法則」。

對我們來說這根本是易如反掌，但是許多明智的莊家一開始卻搞不清楚。幾乎所有人都訂閱了情報，至於一般賭客，他們根本只有霧裡看花的份。

用大眾的錢賭更多

東部賽馬季即將結束，主辦方決定在冬季將所有職員遷到紐奧良，並取消通常只出售情報的慣例，而讓全美賭客都可以用自己想要的金額押注賽場上的馬匹。主辦方聘請了當時在美國領土上最著名的莊家索爾．列支敦士登來押注這筆錢，並使他成為公司的一員，同時讓他從這筆利潤抽成。

馬克辛和蓋伊公司當時賺了將近一百萬美元，但我卻魯莽又大意地讓它從我的指尖溜走了。這就是所謂的「來得快去得也快」啊！當我回顧自己職業生涯的那段時期，我記得整個企業是像是一個發展得太快的實驗：我嘗試了一個想法，並從中獲得很多樂趣；由於我取得了亮眼的成功，我對自己隨時都能賺錢的能力變得非常有信心，卻也使我沒有認真注意自己是否有累積財富。此外，我不是因為愛錢而賺錢的——所有的樂趣都來自於成就感。

廣告上說，紐奧良的比賽會在感恩節開始。十月十五日，我訂了一份價值兩萬美元的廣告，每週四天在美國的三十家重要報紙上刊登，一直到感恩節為止。提供廣告服務的公司是美國最古老的廣告公司之一，它允許我們晚一點付清款項。

廣告中請讀者將錢寄到紐奧良運河街的馬克辛和蓋伊公司。我到郵局領取信件，那天是感恩節前兩天，我問郵局職員是否有給馬克辛和蓋伊的郵件。郵局職員似乎很吃驚，他瞪著我，好像看著一個小偷。他的舉止非常詭異，不但沒說話，根本連動也不動，只是看著。最後我問：「怎麼啦？」

「等一下。」他喃喃道。

他離開了窗口，沒再回來，但窗口卻出現了一位在我眼中看來像是美國副元帥的人物向我走來，說：「好戲來了，郵政局長想見你。」

我被護送到郵局大樓一個僻靜的房間裡，幾分鐘後，郵局官員連同三四個助手進入了房間。

「出什麼事了？」我問。

這位官員說：「在告訴您我們這裡有多少封您的信之前，請您詳細描述您是誰、您的身份以及關於您自己的一切。」

我笑了。這表示，廣告成功了。

幾年前，我曾在紐奧良當過送報伕，因此我認識了市內一位很厲害的律師，還有和幾位銀行官員。在三十分鐘之內，我就請來我的律師和那些認識我的銀行職員來到郵政局長面前，以證明我的身份。他們很快就相信了，並告知我有一千六百五十封掛號郵件，而且裡頭顯然裝有貨幣，此外，還有十二封第一級郵件，其中裝有許多匯票、支票和詢價單。這位官員說，他們的匯票部門已經注意到，有將近兩千張匯票開給了紐奧良的馬克辛和蓋伊公司。

我差了一台馬車來載信封，還找了四個人花了兩天幫我拆信，但當感恩節第一場比賽開始時，我們還沒完成數錢的任務。最後我們發現，這批信封總價值為二十二萬多美元。

冬季會議持續了一百天，整個期間我們的總收入為一百三十萬美元。

馬克辛和蓋伊在新奧爾良的賺錢系統如下：

我們每周向每位客戶收取十美金的情報費，還額外收取了淨收益的五%，而且我們進一步與客戶簽訂結算協議，只按照下注的賠率進行結算，而我們自己將保留最初與最後賠率之間的差額。對我們來說，每日平均利潤約為七千美元，而且是連續一百天。

為了確保童叟無欺，馬克辛和蓋伊公司與客戶達成協議，每日將賭金存入郵局，並在比賽開始前回以一封帶有郵戳的信件，信中會透露我們將要用他們的錢下注的馬匹。我們總是這樣做，總是誠實地選擇一匹可能獲勝的馬，因為就連一個孩子也看得出來，假設我們不想下注、甚至想選那些不會贏的傢伙，我們只要在賽場的投注圈當莊家就好，根本不用花數千美元打廣告，自找麻煩。

那麼，我們是否總是將客戶的錢押在我們指名的那匹馬上呢？

是的，我們總是這麼做——只有一次例外！

一天虧損十三萬，但同一天又贏回來

那件事對某幾個人來說，簡直可說永難忘懷。有一天，我們選擇指名的情報是多內爾和赫茲的某匹馬。這匹馬非常擅長乾燥的賽道，這是眾所周知的。線報說，重注讓牠壓力很大，牠不會贏。就在這個美麗、陽光明媚的早晨，我們選擇指名這匹馬獲勝。正午時，往郵局郵寄了包含馬名的信封。

此時，有些事情正悄悄發生。

比賽開始前半小時，大雨如注，賽道成了一片泥濘的汪洋。多內爾和赫茲意識到，要在這種情況下獲勝簡直是違抗天命，因此他們來到裁判席前要求退賽。裁判拒絕了。我問負責幫我們客戶下注賭金的索爾．列支敦士登，該怎麼在這種突然發生變化的條件下對這匹馬下注。他大聲喊道：「下注？你想燒錢是嗎？」

「呃，如果牠贏了，」我回答說，「我們必須付錢，因為如果牠贏了而您沒有下注，就算我們說因為暴雨使我們改變指名，他們也不會相信我們的，我們會惹上麻煩。」

「很好。」他說。「你把賭冊中所有錢拿去賭我們輸。這是我們第一次違背自己的指名，但這不是作弊，因為如果我們輸了還是得付錢，根本沒有退路。但是我不想就這樣看著這筆錢付諸流水。」我同意。

這匹馬的開局賠率是一賠二。如果賽道乾燥，牠開局可能會以一賠四或一賠五之類的賠率成為熱門選擇。賠率慢慢增加到一賠十，這是收盤時的最高價格。杜內爾和赫茲押注另一匹馬獲勝。我站在索爾．列支敦士登的賭冊前，說：

「有一萬三千人選擇我們，索爾。」

「十三萬美元對一萬三千美元。」他回答說，「這是你的門票。」

索爾和我趕到了媒體席看比賽。杜內爾和赫茲進場後就取得領先。在四分之一圈時，牠領先了兩匹馬身，半圈時則是五匹馬身。轉彎進入直線道時，這匹馬領先了將近一百公尺。然後，我聽到身後傳來一個像是小型炸彈爆炸的聲音。索爾笨重的望遠鏡掉在了地上。

索爾沒有等到比賽結束就離開了。那匹馬揚長而去，獲得勝利。

在馬克辛和蓋伊的辦公室裡，我們已查清帳戶並簽署了我們承擔全部義務的支票，然後立即將其郵寄給所有訂戶。

到了午夜，我在聖查爾斯飯店的大廳遇到了索爾。他看上去很疲倦。

「我猜這會套牢我們的！」他呻吟著。

「套牢我們？」我回答。「沒有比這更好的情況了。它會讓我們發大財！」

「你這可憐的瘋子！」他大叫。「一天損失十三萬美元，叫做發大財！別鬧了！」

「聽著！」我重新開口了。「我花了三千美元的廣告費，向全市五十家主要報紙發電報刊登全版廣告，告訴大眾我們今天對這匹馬發的情報是賠率一賠十，而且今晚給客戶寄出了支票，共值十三萬美元。這個做法會讓我們獲得聲望，新的客戶將彌補我們的損失。」

第二天，西聯匯款公司發現，有必要指派三名出納員向馬克辛和蓋伊公司發行支票，以支付新客戶的電匯款，有些個人匯款高達兩千美元。以電報發給我們的錢總計約十五萬美元，而且在十天內，有八〇%的客戶將自己收到的退款支票又寄還給我們，並指示加倍下注。我們花了兩週才算出這些支票的價值，收到了大約三十七萬五千美元。

報紙大敗虧輸

紐奧良會議進行過程中，我從大都會賽馬場協會的成員那裡購買了紐約《美國日報》的主要控股權，這份報紙可說是《晨間電訊報》的翻版。我的上家在《美國日報》的投資約為七萬五千美元，而《晨間電訊報》則進入破產管理的接收階段。我估算出，把馬克辛和蓋伊廣告從《晨間電訊報》轉移到《美國日報》，能抬升《美國日報》的地位並迫使《晨間電訊報》提早退場。後來，在賽馬場和金融領域都散發耀眼光芒的已故威廉·C·惠特尼，在他人唆使下購買了《晨間電訊報》。然後麻煩就找上我了。

一天早上，我被召喚到拿騷街上的奧古斯特·貝爾蒙特辦公室。貝爾蒙特先生在我進入房間時說：「為了賽馬場的利益，你以後必須從《美國日報》和其他報紙上刪掉馬克辛和蓋伊的廣告。」

「為什麼？」我問。

他回答說：「這些廣告公然呼籲人們對比賽下注。」

「但是您允許在賽場下注。」

「是的，」他回答說，「但是輿論已經開始引導人們反對賭博，繼續鼓吹下注勢必會招來攻擊。」

在我看來，當時惠特尼先生正將其在紐約各種牽引企業的股份出售給貝爾蒙特先生及其集團，而且惠特尼先生很可能已尋求貝爾蒙特先生的幫助，並以這種方式使《美國日報》退出江湖。但事實很明顯，如果沒有馬克辛和蓋伊的廣告，《美國日報》很快就會虧損。實際上，如果不能刊登廣告，馬克辛和蓋伊也將被迫關門。我答應考慮。

回到《美國日報》辦公室後，我決定不理會貝爾蒙特先生的要求，因為我確信這個構想肯定只是為了《晨間電訊報》的利益而發的。

幾天後，貝爾蒙特先生再次打電話召喚我到他的辦公室。我被請入貝爾蒙特先生的辦公室後，他劈頭就說：

「如果您不停止在《美國日報》上刊登馬克辛和蓋伊公司的廣告，我會去找威廉·崔佛斯·傑羅姆，然後他會阻止您登廣告。」

傑羅姆先生是當時的地方檢察官，光是想到做任何傑羅姆先生認定非法的事情，就夠令我害怕的了。

「如果傑羅姆先生對我表示廣告是違法的，我就會停止廣告。」我說。

不過，我後來完全沒有收到傑羅姆先生的消息，所以我照樣進行廣告宣傳。

幾週之後，華盛頓賽馬大會在班寧斯（Bennings）開幕了。當馬克辛和蓋伊的工作人員抵達現場時，我們都被告知郵局將要檢查我們的業務。我們所有的員工都自願來到檢查員面前接受檢查，我們的賭注登錄冊也被搜了出來。這個調查就在貝爾蒙特先生發出威脅之後沒有多久，也使我更加確信，貝爾蒙特先生和惠特尼先生的影響力一直延伸到了華盛頓。我得出的結論是，如果我不停止《美國日報》中的馬克辛和蓋伊廣告（然後，當然也要停止營運《美國日報》），肯定會造成嚴重麻煩，所以我舉白旗投降。我宣布從馬克辛和蓋伊公司退出，並提議將我的報紙賣給惠特尼先生。

我個人的財力變得很低。我在馬克辛和蓋伊企業中賺的每一美元，幾乎都因為我貿然栽進的賽馬事務丟光了。

隔了一周的某天，惠特尼先生用完早餐後不久，就在他位於第五大道的富麗堂皇的家中接待了我。他問我大約一個小時的話，得知了我在報紙上的出價、也就是我投入的價格，即六萬美元，並答應與人在巴黎的哈維上校（當時是哈潑出版社的傑出編輯）發越洋電報進行溝通，徵求他的意見，並說所有報紙事務都是哈維上校為他提供建議。此後我再也沒有聽到惠特尼先生的消息，但是我的確發現，我的業務經理與惠特尼先生保持密切聯繫，而且他每天晚上都會畢恭畢敬地向惠特尼先生報告我的財務狀況。

幾週後，我被迫把報紙經營權轉交到破產管理者的手中。惠特尼先生的代表以六千五百美元的價格（差不多是購入價的十分之一）買了下來，然後讓報紙進入停刊狀態，扶正《晨間電訊報》。《晨間電訊報》先是短暫拒絕所有的賽馬情報廣告，但沒多久立刻恢復此項業務，這個政策一直延續到今天。

我從馬克辛和蓋伊退休一年後，總檢察長諾克斯認為散發賽馬情報是違反舊彩票法的行為，而且現在廣告情報的人都說，已經不得再用郵寄方式匯款了。

失去了《美國日報》、搞砸了馬克辛和蓋伊公司之後，我再度破產了。但是我的信譽很好，特別是在賽馬莊家之間。一九〇四年夏天，我成了賽場的莽撞投機賭徒，首先用借來的錢賭，然後是我過去贏來的獎金賭。到了六月，我已投入超過十萬美元。七月，我差點再次破產。八月，我再度恢復生機，追回的金額約為五萬美元。九月初，我「出局」了——也就是退出賽場的意思。我損失了所有的現金，並欠一家友善的博彩莊家八千美元。

我相當厭惡自己，渴望顛覆這一切。我在紐約待了幾天，那時候我非常渴望擺脫對賭博的依賴，壓抑內心炙熱的賭博慾。我買了前往加州的火車票，身上帶著兩百美元，去了舊金山五十英里內的一個牧場。我在那裡種馬鈴薯，還做了其他一些體力活，以治療我的「賽馬病」。不到六周的時間，我就感到自己重新活過來了，因此決定永遠堅持簡單的生活——遠離賽場和其他各種形式的賭博。

但是我終究沒辦法。

第二章
戈德菲爾德鎮的礦業金融

我從未拜訪過舊金山。但既然自己離這座擁有金門大橋的城市只有不到五十英里，我決定前去一探究竟。一九〇四年深秋的某天晚上，我收拾行囊、整裝上路，兩個小時以內，我便舒舒服服地入住陳舊的「皇宮旅館」。

我進入大廳後所遇到的第一個人，是W．J．亞克爾。他是《法蘭克．雷斯利週刊》與《審判》的前任社長之一。

「哈囉，比爾！」我驚呼。「你在這裡做什麼？」

「就跟你一樣，」他回答道。「摩斯將我騙到『美國之冰』旅館，而我現在破產了。我現在欠旅館一筆錢，他們以為我的身價有兩百萬美金，而我連二十分錢都沒有。」

那天晚上，我們不停地喝著冒泡的銀色杜松子酒、安慰著彼此，其中的好幾杯酒，還是亞克爾用一枝已經用到不能再短的鉛筆支付的。在他的陪伴下，我們想出一個能讓兩個最初來自美東、如今在這座美國西岸大城漫無目的地漂流的漫遊者建立產業的速成計畫，W．J．亞克爾廣告仲介公司就在那天夜裡成立了。然後，為賽馬賭客提供下注指南的「傑克．霍納德」公司也成立了。我再次澄清：除了向「威利」展示我在紐約的馬克辛和蓋伊公司的實績以外，我不想跟這些事情有太多瓜葛。

「比爾，我會為了你這麼做，」我說。「但我不會再為自己這麼做了——我已經受夠了。」

「傑克．霍納德」經手的廣告，每天都會出現在舊金山所有報刊上。我們聘了能幹、精明的計時者和賽馬時判別優劣條件的分析師，人們得到了若干寶貴的資訊，經常上賽馬會的觀眾因而能用自己的錢賭上一把。

不過，在此之後就出事了。賽馬場的企業聯合組織和《主審報》的舊金山辦公室關係良好、消息靈通。他們很快就意識到：某個不屬於圈內人的人士正在獲取社會大眾的金錢。在「傑克．霍納德」提點出會輸掉比賽的馬匹的日子裡，《主審報》就會在自己的體育版刊出告示、直指「傑克．霍納德」提供的指南對其客戶造成非常慘重的損失。

瘋狂的合夥關係

最後，「傑克・霍納德」公司結束營業。

我開始喜歡上舊金山與西海岸。我經常和亞克爾的合夥人們在「皇宮旅館」的大廳裡聚會，因此我也自然而然地聽聞到許多關於托諾帕礦區的討論，那是一座位於內華達州的新興礦區。

「萊斯，」某天晚上，亞克爾說道：「跟我一起到托諾帕去，當我的媒體經紀人吧。我們將會在那裡弄到一片礦產，成立一家公司，狠狠賺上一筆錢。」

「對於礦石，你所知多少？」我問道。

「嗯，關於礦產，我可是蒙受了重大損失才學到許多教訓。」他回答道。

「我根本分辨不出地下有什麼礦脈，而我對股票經紀業更是一竅不通。所以我看不出來，我對你會有什麼幫助。」我說。

「別擔心那個啦，」他回答道。「我會讓你瞧瞧，你對我有什麼幫助。你就跟我來。」

「假如你同意一個條件，我就跟你走，」我說。「不管你做什麼，我只做到你的一半程度。」

我們握了握手，一言為定。

我們向車站走去。我身上的錢少得可憐，只剩不到一百五十美金。亞克爾則有七十五美金。

「要是我們在那裡進退維谷，該怎麼辦呢？」我提出異議。

「喂，你少胡說！」他回答道。「我們兩個神智清醒、頭腦這麼機靈的東岸人，怎麼可能會被困在一個人們只能從地底挖出銀礦、金礦的地方呢？」

我們動身前往托諾帕——那可是一趟長達三十六小時的車程，當地海拔達到六千英呎，而那時正是冷冽、惱人、冰寒刺骨的冬天。就在我們穿越如山一般沙漠的最後一百英里路程中，我們由車窗向外張望，看見一列列火車滿載著傳說中的礦石、從我們的反方向駛來。我們做出的判斷是：托諾帕是一處貨真價實的礦場，而其中一些我們曾經聽聞過、與富饒礦藏有關、相當聳動的故事，的確是真的。

在沙漠中與莊家對賭

我們在黃昏後抵達托諾帕，開始找住宿的旅館。我們所能夠找到最佳的下榻處，是個位於單層樓、外觀令人厭惡的附屬建築內的床位。這座附屬建築的牆壁是由未經裁修的松木製成、屋頂上還搭著柏油帆布。它位於旅館主建築後方一百英呎處，裡面塞滿了來自全世界各地、被淘金熱潮所吸引的開礦者與冒險者。它的外觀看起來是如此不友善，以致於我和亞克爾決定不稍作休息。我們被引向酒吧，酒吧裡輪盤發出的「咖咖」聲，傳入我們的耳朵。

我們坐了下來，觀看賭局。沒過多久，我們就買了大量籌碼，興奮地和莊家對賭。一個小時之內，我手中剩下的一百五十美金就落入莊家手裡；亞克爾將他最後兩個籌碼放進了黑色的區塊，然後黯然輸掉這一局。

我望著他，他望著我。

「嗯哼！」他嘀咕道。「應該給這些傢伙一點顏色瞧瞧！」

我順從地跟著他回到旅館的附屬建築。當我們鑽進滿布塵土的灰色羊毛毯子時，我問道：「我有一根手杖、一把雨傘，還有三套衣服，你覺得我們能在早上將它們賣個好價錢，換取早餐費嗎？」

「喂，少來這套！」我的伙伴喊道。「你等著瞧，早上我會帶著我的名片在鎮上晃一圈，然後，我們早餐想吃什麼就吃什麼。」

我們醒來時已經飢腸轆轆，就像所有身無分文的人一樣。

「我準備到蒙大拿—托諾帕礦業公司的辦公室去，」亞克爾說。「有個名叫馬爾康·麥當諾的礦業工程師把自己的總部設在那裡。他想要用大約三百萬美金的價碼，賣掉幾處位於戈德菲爾德、以及美國境內其他地區的礦場。」

「三百萬！」我驚呼道。

「是的，」亞克爾說。「我會把這些實情用電報發給我在紐約的朋友，喬·霍德利。」

「嘿，比爾，」我抗議道：「這個鎮上有一條私設的電報線，如果你透過他們的線路傳發任何

『詐騙式』電報，他們就會盯上你。所以請你別玩這種花招了。」

「這不是耍花招！」他迅速回道。「只要我發電報給霍德利，他都會回信的。」

「我猜想你已經把另一邊的事情都搞定啦。」我評論道。他笑了起來。

我們漫步著、經過州立銀行大樓，穿越街頭，在那裡遇見了來自蒙大拿州比尤特縣的礦業工程師馬爾康．麥當諾，以及他的朋友杜拉普先生，當時他還是蒙大拿—托諾帕礦業公司的秘書。我們才談了五分鐘，亞克爾就提到：他很想吃早餐，但是「不願意自己出錢」，同時暗示道：他會想要吃點美味、舊式的家常菜。杜拉普先生很謙恭地表示：這個營地才剛建立不久，沒有能力提供太多家常菜，不過假如我們願意接受他的招待，他保證會把事情安排妥當，讓我們能在「皇宮餐廳」享用到一些獨特的料理。

身無分文時仍賭上三百萬美金

我們的早餐是山鱒魚，可能是因為空空如也的荷包營造出一種虛假的飢餓感，讓我覺得它比我在往後多年吃過的任何東西都還要美味。吃完早餐，我們就回到銀行辦公室。亞克爾在辦公室裡向麥當諾先生說明：他想要「在採礦業撈一票大的，不然寧可一無所有」。他聲稱自己代表東部大財團的資本，而他準備為合適的礦產付出一百萬到三百萬不等的價碼。麥當諾先生提到一些礦產與採勘區，他表示，他願意為這些礦區付出三百萬美金。

其中一處是位於戈德菲爾德鎮的西摩汶礦區，麥當諾先生對它的開價是一百萬美金，我們事後才得知，實際上他為此付出三萬兩千美金。當時地面有個深達六呎的洞，而整片礦區佔地還不到五英畝。人們在土壤中開挖出相當富饒的礦脈，因此，採礦場週邊已經圍了一道防禦用的柵欄。

同時麥當諾先生也求售一座位於雷維里爾的鉛礦場，以及一處位於泰博鎮，生產鉛礦與銀礦的礦場，兩座礦場與鐵路的距離，均約為七十到一百英里。（後來，位於紐約的股票交易機構查爾斯．明茲海默公司將這些礦場和其他幾座礦場重新整併為內華達冶煉與礦脈公司、並為其進行宣傳與廣告，對大眾宣稱這個企業價值五百萬美金。而現在，這家企業經過全面資本化以後的市場價值已經不到一萬美金。）這些「礦場」之中，每一座的交易價將為一百萬美金。

歷歷在目的數百萬元，仍不夠誘人

亞克爾在我們新認識的朋友們面前，向美國東部寄送一封快電、描述報價。隨後我和他進行了一番諮詢，他允諾，我們一定能順利搭便車到戈德菲爾德鎮，有機會好好地瞧瞧這座新興的礦業區。

我聽了以後雙腿跟著發冷起來。亞克爾談到願景、講到冰封雪鎖的沙漠、狂風吹襲的山區可能埋藏著數百萬美金，但我對此一點都不感興趣。我提出異議、反對他建議的戈德菲爾德之行，並且堅稱：我總得給親戚發電報、請他們匯款給我，這樣我才有錢回到西海岸。

但是亞克爾堅持己見。他宣稱：戈德菲爾德之行、以及回到托諾帕的費用都將由礦場的業者支應，而我們回到舊金山的行程也只會耽擱一天。我將自己的旅行袋、雨傘和手杖留在托諾帕，打算在同一天晚上就回來。然後我們坐上了前往戈德菲爾德的汽車。

我們抵達戈德菲爾德之後，就被護送到西摩汶。亞克爾看來對這個礦區印象非常深刻，不過短短幾分鐘以後，他就對我表示：即使只要付出三十四美金就能買下整片礦區，他也不願這麼做。在這一點上，他是很明智的，之後西摩汶礦區的資產被拆分為一百萬股、每股價值為一美金。在登上舊金山與戈德菲爾德的股市後，它每股的股值先是膨脹到一．六五美金，而後又貶值得一文不名，你只要喊出一美分的價碼，就可以買走一股。那些富饒的礦石漸漸消失無蹤。

戈德菲爾德鎮上瀰漫著某種無以名狀的氛圍——海拔高達五千英呎的邊疆，有著一座新興、成長茁壯中的礦區。這使我心裡很激動，我決定在此地多停留一會兒。

亞克爾決定回到托諾帕，取得一家被稱為「托諾帕之家」的礦業公司的買賣與控制權。在前往戈德菲爾德的路上，杜拉普先生就曾向他提到過這家公司，他表示，自己隨後會前往舊金山，取得這家公司的控制權。我事後才發現：他決定親自管理「托諾帕之家」的原因是，它已經是一家有限公司，股權證書也已印製。因此如果要準備可供舊金山民眾立即消費的產品，時程上不會延誤、也不會出現連帶性的開銷。

「在我能開始賺錢以前，我該怎麼做才能在這裡撐過接下來這幾天呢？」我問亞克爾。

「我該怎麼做才能回到托諾帕，然後從那裡啟程前往舊金山呢？」亞克爾問我。

當時我們站在戈德菲爾德銀行大樓前，從形體上和象徵意義上來看，它都稱得上是一家劣質銀行，它是由波狀鐵皮和鍍錫的鐵皮所建成的。這家銀行在幾個月後惡性倒閉，那時眾人才發現，銀行保險箱裡的現金結存總計只剩下八十美分。

「你就帶我進這家銀行，把我介紹給他們，這樣我才能兌現支票。」他說道。

「由哪一家銀行兌現的支票？」我問道。

「我在康那尤海爾的銀行，」他說。「我是在那裡出生、長大的，他們不會拒絕支付我的票據。另外，假如真的有必要，我還能在它送達康那尤海爾以前回到舊金山，以電報提出保證。」

我們走進銀行。我向銀行出納員自我介紹，表示自己是東岸的報社主筆，然後我再介紹，W．J．亞克爾是《雷斯利週刊》與《審判》的前任發行人，以及其他幾個頭銜。

在一陣簡短的談判以後，亞克爾兌換了他的支票、領到了五十美金。離開銀行時，我說道：

「現在，比爾，儘管來吧！我在沙漠裡坐困愁城，一毛錢都沒有了。」

他給了我十五美金。我已經夠滿意了，畢竟他需要剩下的三十五美金才能重返文明世界。

「人情味」對上「技術化採礦」

亞克爾動身前往托諾帕後，我來到戈德菲爾德《新聞報》的辦公室求職。他們用十美金的日薪雇用了我，第一份任務是採訪一個名叫湯姆．賈格斯的老礦工。我寫出一篇我自認為充滿人情味、品質首屈一指的報導，並將它交給報社老闆暨編輯，吉米．歐布萊恩。他認為我的文筆尚可，但這不是戈德菲爾德《新聞報》需要的那種報導，《新聞報》需要關於技術化採礦的報導。我當然分辨不出暗井裡的通道和絞盤、也分不清礦場裡的通風井，交出的是與礦業發展有關、篇幅冗長且古怪的文章，其中幾篇鐵定不時讓歐布萊恩先生驚跳到一旁。

一星期內，我就因為不適任而遭解職。

對於失去在戈德菲爾德《新聞報》的工作，我一點都不震驚，我才剛開始喜歡上這裡的生活，並確信礦區裡真的生產了一些相當優質的礦石。我是個新手，對礦業所知甚少、甚至一無所知，但是由成隊騾子運出礦場、經過裝載後交付海運的大量優質礦石是顯而易見的事實，頗有說服力。使我印象最深刻的，或許是這些從礦場誕生第一天起，就在第一線奮鬥的拓荒者們展現出的誠懇態度。人們最初發現這座礦場時，它距離最接近的火車站有一百英里遠、離已知的水源地至少有二十五英里遠，這些礦工歷盡了千辛萬苦才總算站穩腳跟、著手開採礦場。據說：現今戈德菲爾德鎮所座落、每天持續增加世界的繁榮與富裕度的位置，正是當初工人們渴死的地點。

我身處的環境成了靈感的來源。

當時有幾家專門推銷低價礦業股的證券經紀商，和外界有業務往來，而我非常想要開設一家廣告仲介公司。我的判斷是：和賽馬相比，這對富有投機、冒險心理的美國大眾來說，是一個能藉著更具體、持久投資「一飛衝天」的機會。

由於沒能找到家具行，我只好跟木匠訂製了一張質地粗糙的松木長桌、向戈德菲爾德銀行租用一間位於收納處正前方的辦公室，並聘用了一名來自跛腳溪鎮的男性速記專員。戈德菲爾德──托諾帕廣告仲介公司就這麼誕生了。

開始涉足廣告業

我並沒有想到要向美國報業發行人協會提出申請、尋求認可，那時我不知道廣告仲介執業時需要申請這種東西。但我根據自己在紐約的馬克辛和蓋伊公司的廣告文案撰寫經驗，我相信我寫的文案能夠開啟財源。另外，我針對馬克辛和蓋伊公司在全國各地報紙上廣告刊登、與廣告仲介商簽訂合約的經驗，使我獲得了業務端相關的充分資訊、強化了我在這塊新領域中的地位。

米姆—蘇托公司是一家新成立的證券經紀商。隔天早上我就走進他們的辦公室，敦促他們打廣告。

「我們每個月的開銷已經達到一百美金左右了。」經理說道。

「一個月才花掉一百美金！」我喊道。「噢，這應該是你們每小時的開銷才對哪！」

在這個議題上，最初他們認定我是個偏執狂，但在兩個星期內，我便成功地誘導他們將每日的廣告費增加到一千美金。然而，直到我示範給他們看要如何追蹤廣告成效後，他們才開始相信我。我用電報聯繫幾乎遍及全國各地所有重要的城市報刊，要求他們報價，收到他們的答覆後，我決定將五百美金花在週日於芝加哥發行的《美利堅報》上，並將另外五百美金花在其中一期於舊金山發行的《主審報》上。我把廣告文案和錢一併匯過去，廣告馬上就刊出來了，效果相當良好——事實上，廣告效果是如此良好，以致於在兩個月內，米姆—蘇托公司每週的廣告開銷就飆升到五千到一萬美金，而我的佣金則達到數千美金。

我和廣告商簽署的合約規定，他們必須向我支付一次性的費率，而我和出版業者簽署的合約允許我依據長期性費率向他們寄送文案，獲利約為四五％，由於我總會在下單時寄送現款，我的文案堪稱炙手可熱。我的廣告公司日復一日地收到來自全國各地報紙的空白合約表單，這些報社的經理爭相競奪和戈德菲爾德礦業有關的商機。在米姆—蘇托經紀公司之後，我很快就贏得了許多其他客戶，事實上，此地所有證券經紀商全成了我的客戶。在我抵達戈德菲爾德後的六個月內，我的廣告公司淨利潤達到六萬五千美金。

某些發揮效益的廣告

我第二要好的客戶是知名的威爾斯礦工，雅諾利．瓊斯。隨後，當派屈克—艾略特礦區法人組織做為促銷商、正式推展其業務時，我就放置他們的廣告。我也持續刊載他們的廣告，直到C．H．艾略特過世、公司的控股權落入他人之手，其運營與業務到最後變得亂無章法為止。三年來，我的廣告仲介公司在美國境內（主要是位於大城市）的報刊上投入了近一百萬美金的廣告費，而這些廣告費都帶來了利潤。說直白些，它就是得帶來利潤，原因在於這些製作廣告的掮客除了礦脈以外完全沒有、或幾乎找不到其他任何出發點，而礦脈並非他們的資產。

對我來說，那次廣告活動最特殊的一點在於：我從來不曾擔任過證券經紀商、不曾擔任過礦石推銷商，過去甚至不曾進過採礦場，但即使我完全不具備這一行的知識（至少我對這個行業的技術層面一無所知），我的廣告促銷活動仍帶來大把財源。

我具備高度熱忱，堅信採礦場本身所蘊含的價值，我的熱忱也毫無疑問地傳給了觀看我廣告文案的讀者們。但廣告文案本身的品質，並不足以完全解釋我為何能成功地將大筆金錢引進戈德菲爾德鎮。毫無疑問地，股票的招售可謂**非常成功**。多年來，數以萬計的人們孜孜矻矻地讀著報刊上的財經報導，但他們的收入卻不足以讓他們能夠投入鐵路業與工業的股市，而廉價的礦業股提供了他們熱切追尋的事物，也就是一個能讓他們依據自身投機直覺，以有限資本放手一搏的機會。

在回信的郵件寄達戈德菲爾德鎮以前，買家幾乎都是藉由電報認購我們發起的促銷活動，這種情況發生了許多次。而為了確保股票能在短短幾天內達到超額認購，我們經常必須在週日出刊，在約四十到五十個大城市的報紙上登載篇幅達半頁的廣告，這樣才能在週一晚上前，確保接下來幾天能夠收到以電報拍發到戈德菲爾德鎮的足量預購單。

戈德菲爾德鎮的礦業股票促銷活動這般演進下，使我能夠輕易地發揮自己對創新、實驗的癖好。那套最近在金融圈廣告業人士間引領風騷的舊系統，最初致力的目標就在於先蒐集到投資人的姓名，然後再藉由通信與他們保持聯繫，而不是立刻就想看到廣告的效果。用來宣傳戈德菲爾德的第一批（一千美金）廣告費，我在同一天將款項平均投放於兩家報社。我設計出大篇幅、相當顯眼的廣告，力求獲得直截、迅速的答覆。這招奏效了。

打造知名的金礦場

不久之後，我組織了一家新聞社，做為附屬在廣告仲介公司之下的子公司。

這家新聞社為內華達州貢獻良多，是眾所公認的事實。事實上，戈德菲爾德鎮的開礦先驅和遍及全國各地的礦業證券經紀商大致上都承認：這家新聞社直接為內華達州帶來數千萬美金的投資款項、同時間接促成摩霍克和其他位於戈德菲爾德礦場境內重要金礦區的開設，甚至是美國境內其他主要礦區的開設。

在戈德菲爾德經營業務的勘探者，財力並不豐厚。喬治·溫菲爾德是合併後的戈德菲爾德集團企業現任總裁，當初他進入礦場時，身上僅有一百五十美金。他的老家無力為他提供有效的金援，後來使戈德菲爾德轉型為「全球最大金礦區」的財源均來自外界，新聞社藉由讓美國大眾持續關注投資礦業證券與租賃礦區的重大潛在投機價值，確保財源滾滾而來。其中一處租賃礦區，就是以來自芝加哥的資金運營、被稱為海耶斯—蒙內特的礦場，在後來的一段期間內，當摩霍克採礦公司已經毫無資金的時候，這座礦場開發了摩霍克礦場內礦床上富饒的礦脈，自力進行開礦作業。其他眾多範例，也都能夠證實我的說詞。

我是新聞社的總負責人，而新聞社就是內華達州的公關代理。我總是以看待一種成就的方式來檢視我在這方面的工作。除了我本人以外，沒有其他人對這家新聞社貢獻過一塊美金。

令遠方讀者們為之髮指的故事

當時一桶水在戈德菲爾德鎮要價達到四美金、而愛心或金錢是無法在礦場裡換到煤塊的。這家總部位於沙漠中的新聞社在經營時極盡精心算計之能事、彷彿得到來自全美國最強大勢力的津貼與補助。精明幹練的新聞從業人員，日復一日地發表與礦場、其礦脈及其勞工有關、充滿濃厚人情味的故事。這些故事被發送到總部設置於東岸與西岸的大型日報，於新聞版面發表。

大多數故事被日報社所接受，並予以刊登。一旦察覺到那些日報社發行人的遲疑態度，新聞社就會用大篇幅的廣告文案引誘發行人，讓他們繼續為礦場進行宣傳。

我發現到：這項工作是如此有助於喚醒大眾的興趣，以致於像詹姆斯・霍伯這樣的知名雜誌撰稿人都被派到採礦區，新聞社緊急徵調他們，以便寫出可堪閱讀的故事。有時候，當大眾的興趣看來相當低落時，派駐在採礦區的報社特派員會拍發電報，為各種煽情，但在沙漠中稀鬆平常的事件爭取關注度。關於發現金礦、賭桌前的一擲千金、槍擊與鬥毆事件、賭客之間的愛恨情仇、大規模的逃竄、搶劫、僥倖逃脫、謀殺等事件的報導，其目的都在於喚醒大眾的注意力，使他們正視一個事實：在地平線上，有一處名叫戈德菲爾德的礦場。

充滿投機與冒險心理的大眾，會在戈德菲爾德好好地「大開殺戒」，我對此深具信心。位於該鎮以北二十六英里的托諾帕欣欣向榮，情勢一片大好，已經為來自費城的投資人賺進數百萬美金。我認為：戈德菲爾德完全有理由複製托諾帕的成功故事，在我的人生中，這可是我所待過最振奮人心的環境了。通常，我週邊人們的臉孔是相當粗獷的，許多人的臉部特徵都因為歲月、失眠的夜晚、焦慮、以及長期接觸化學元素而佈滿了傷疤。但他們臉上的每一條皺紋，可都寫滿了勇氣、真誠與認真的精神。

我對下列想法深信不疑：由於這些礦場將會被進一步開發、許多人會賺上一筆錢，而社會大眾也在那樣的時間點上接納了這種發財的機會，將錢押在戈德菲爾德股票上的投資人假如還能教育大眾、讓社會各界對現狀有全面的理解，就有可能名利雙收。

投機的信使

戈德菲爾德鎮發展初期的一項特徵，在於被炒得火熱的宣傳活動，位於遠方，但對這些宣傳活動做出回應的礦業股投機者與投資人確實賺進大筆利潤，我並沒有判斷錯誤。隨著摩霍克礦場的興盛，眾多位於戈德菲爾德鎮的供應商融資建立一家資本額達到三千六百萬美金的股份公司，礦業股票的瘋狂投機行為履見不鮮。不過這種行為終於在十八個月以後，迎來慘重的損失。全國各大城市的投機份子充分利用了這個機會，大眾最後被狠狠剝削了一頓。不過，這個部分我們會留到後面再詳談。

早期，我的廣告仲介公司以每股十五美分的股價為戈德菲爾德拉古納礦業公司進行宣傳，目的在於為該公司的採礦業務營運融資。不到一年，戈德菲爾德拉古納礦業公司便在舊金山股市以每股兩美金的價格售出，而且以同樣的股價被戈德菲爾德集團企業所併吞。許多其他企業複製了拉古納公司的成就，甚至超越它的成就。

在我描述的那段時間（也就是拉古納礦業公司以十五美分的股價進行宣傳的時候），戈德菲爾德大約已經建立達一年。由全國各地進入該鎮定居、來自不同社會階級的人口，已達一千五百人左右。這些人當中有來自鹽湖城、舊金山與科羅拉多州的礦業專家，來自美西礦業帝國每一個區塊的礦工、來自阿拉斯加與墨西哥的酒保、來自美國西部各州的房地產仲介商，以及一小撮裝腔作勢、自抬身價的吹牛者。這裡匯聚了社會上的三教九流，其複雜度堪與世界上任何其他地方相比，但在結構上，他們則像鐵塊般牢固。

這個礦區正享受著建立後的第一波興盛期。六十天內，商務大街上一塊空地的房地產價格從二十五美金飆升到五千五百美金，主要通道兩旁蓋滿了草率搭建的商務建築，一路延伸至兩到三個街區外。大量的民生必需品，得用車輛從托諾帕運來，隨之而生的大量車流與交通，將街道上的灰泥碾成了深達十五英吋、簡直無法撼動的一大堆塵塊。沙漠中不受任何力量控制的狂風自內華達山脈吹起，而後在戈德菲爾德鎮以東生成上升氣流，拍擊沙土，形成足以遮蔽視線的雲狀物，簡直讓人生不如死。

實際上，當地全數人口都居住在散落於山麓丘陵上的帳篷裡。夜間，這些帳棚外觀看來酷似軍隊的紮營區。食物數量稀缺，勉強能支應需求，「摩卡咖啡廳」是最主要的用餐區，它由一座長十四英呎、寬十八英呎的帳篷所構成，直接搭建在泥地上，還附有一個相當粗糙的午餐櫃檯。人們會在這裡排上數小時的隊，就等著付上一美金，領取一杯髒兮兮的咖啡、一小片鹹火腿與兩顆雞蛋——這些蛋的放置時間，甚至已經超過當初下蛋母雞的壽命了。

礦區裡頗受人們歡迎的聚會地點是北區的酒館與賭場，它們乃是由「德州佬」泰克斯．理查德及其合夥人所擁有、經營的。整個營區裡高達七五％的男性人口每天晚上就聚集在此處玩法羅牌、賭輪盤和撲克牌，聊著關於礦石與採礦的事情，變賣資產，同時也將自己隱蔽起來、不致於受內華達山脈冰風雪鎖的山巔傳來、震耳欲聾的爆炸聲所苦。營區內的礦業經紀人們每天晚上聚集在北區酒館，進行非正式的會議，頻繁地交易流動性較高的股票，股數則介於三萬至四萬股之間。

在戈德菲爾德鎮發展初期，會透過我的廣告仲介公司進行宣傳的，多半是每股價值十、二十或三十美分的礦業股。這些企業的法人創立者對於他們即將大發利市的「前景」，都感到興致勃勃，但是我說服自己，假如任何一處這類的潛在礦場被證實為礦場的機會只有二十五分之一到五十分之一，我的仲介公司為二十五家或五十家處於平均水準的企業打廣告，而且其中一家企業以體面的方式賺了錢，這樣的獲益也只夠一個在每家企業購置相同股數的投資人至少「打平」

而已。

隨後，位於戈德菲爾德鎮的摩霍克礦場股價，由每股十美分竄升到二十美金，這種針對保守主義的原則也遭到徹底擊潰，這證明了：如果摩霍克只是五十家公司之一，而其股票以每股十美分的價格賣給某個投資人，他的獲利將會十分可觀。摩霍克礦場的早期股票購買者，其獲利可達兩百倍，這樣的獲利程度遠高於在賭馬時孤注一擲的賭客贏取的收益，而且也不比路易斯安那州樂透彩開獎時幸運贏家拿到的彩金低多少。其實，早期約有一打的礦場在證券交易所與場外交易市場上的價格增幅超過一〇〇〇％，而摩霍克不過就是其中之一。

戈德菲爾德鎮發展的早期階段，除非你能以無可救藥、漫無邊際的想像力，將針對「潛力礦場」股權的孤注一擲定義為「盲目的投機行為」，而且宣傳商與經紀人還有能力供售這種搶手礦場的股票，否則投資這些礦區並不算是「盲目的投機行為」。表現良好的績優股包括股價於兩年內從每股八美分漲到五塊半美金的「紅頂」礦場、每股股價由十美分飆升到六塊美金的「黛西」礦場、股價由十美分漲到兩美金的戈德菲爾德礦業、由每股五十美分提升到五美金的「巨象」礦業公司、每股由十五美分提高到三美金以上的「巨象」礦業公司分部、股價由二十美分躍升到兩塊半美金左右的「大轉彎」礦業公司、股價由十美分竄升到二．六五美金的「銀牌」礦業公司，最初以每股十美分與十五美分求售，最後以每股一．二五美金完成交易的「亞特蘭大」礦業公司、股價由二十五美分抬升到二．二五美金的「科瓦那」礦場，以及其他好幾家企業。即使是在那個階段，仍有人以戈德菲爾德的美名，小規模地進行盲目且瘋狂的投機行為，丹佛也就此成為騙子們的大本營。

就在十八個月後，當戈德菲爾德鎮的摩霍克礦場每半年的產礦量達到最大值、相當於每月達一百萬美金的產能，且礦區內各個重要採礦公司的整併正在進行之際，來自大城市辦公大樓內的短線投機操作變得越來越明顯。最後這段期間，總計有超過兩千家公司被整併，它們當中沒有任何一家獲利，而大眾因這項行動蒙受的損失金額介於一億五千萬至兩億美金之間。在此同時，針對戈德菲爾德鎮上市股票礦產展示進行的哄抬操作，導致紐約場外證券交易所與舊金山股市的投資人再多損失了整整一億五千萬美金。

不過，我故事說得有點太快了。

當時仍是一九〇五年暮春。我已經在戈德菲爾德鎮努力經營了六個月以上，而我的宣傳活動已經開始累積氣勢。然而，當時那些礦場未能保持活力與衝勁。那時，摩霍克尚未被發掘。

「牛蛙」的誕生

在這個轉捩點，位於戈德菲爾德鎮以南六十五英里、名稱為「牛蛙」的新開礦區誕生了。「牛蛙」的礦場主人聯繫我的傳媒公司，以便讓礦場「吸睛」。

C．H．艾略特是戈德菲爾德的礦業先驅，他調了一輛汽車供我本人和我的速記員使用，我們便啟程前往「牛蛙」礦區。艾略特和他的夥伴們聲稱已經取得了鎮上的一片地，他們將那片地稱為「火山岩」。我抵達時，他們就贈予我七塊位於轉角的空地，這使我感到興致蓬勃。

營區裡的主要休閒娛樂場所是一座賭場。我在賭場附設的酒吧裡第一次見到當時還是托諾帕俱樂部老闆的喬治．溫菲爾德。這家位於托諾帕的賭場使他從一文不名、虛張聲勢的賭鬼，一躍成為百萬富翁，美國國會參議員喬治．S．尼克森*是他的夥伴；T．L．歐迪後來當選成為內華達州州長；謝伍德．阿德里奇現在是奇諾—雷伊礦業集團的老闆、身價達數百萬之譜，至於其他因此而積累可觀財富的人，更是所在多有。

他們來到採礦區，大肆競購地產。阿德里奇先生以大約十五萬美金的代價，購得足以掌控「端普集團」的股權。它根據總股數兩百萬股、每股票面價值為一美金的前提組成股份公司。一年後，它在紐約場外證券交易所的票面價值上升到每股三塊美金；如今它竟然以每股三美分的價格讓售，而且從沒付出任何股息。

艾略特先生在愛默賀斯礦場與國家銀行礦場擁有一大筆股利，這兩處礦場各自被核定為具有一百萬股，他從兩處礦場各抽出一萬股送給我。他和合夥人把愛默賀斯礦場的控制權賣給了托諾帕的馬爾康．麥當諾。之後，當位於愛默賀斯礦場附近的蒙哥馬利—休休尼礦場以每股二十美金的價碼售出時，愛默賀斯在舊金山股市的價格被抬高到每股一美金以上，而我賺到了自己應得的利潤。後來愛默賀斯成為礦場經營失敗的顯例，該礦區其他每一處礦產實際上都落得同樣的下場，完全沒賺到任何股息。

「牛蛙國銀」的股票，代表著另一座在某段時間內看似將要盈利、飛黃騰達的礦區。我將它們在舊金山股市以每股四十美分的價碼售出，同時亦將城區內的空地，以一筆讓我能淨賺的價錢賣出，總的來說，這些金額比我的「牛蛙」一日遊行程要多出兩萬美金。

我在「牛蛙」礦區停留期間，對蒙哥馬利—休休尼的礦產印象極其深刻。事實上，這處礦產是一塊強而有力的磁鐵，將所有人吸進礦區。

我在護送下穿過一條長達七十英呎的隧道。我在隧道裡行進時，兩邊都是由滑石鋪成的內壁。他們告訴我：此處每一噸礦石的價值，檢驗後介於兩百到兩千美金之間。傳來的消息也指出：礦體的寬度超過七十英呎。（後來，事實證明，這條隧道乃是沿著礦脈邊緣所修築，並沒有切穿礦體，而礦體的寬度大約為十英呎。）他們將某些種類的礦石交給我進行檢驗，而檢驗的結果令人吃驚：每公噸的價值，介於五百到兩千五百美金之間。

---

* 當尼克森先生在一九一二年六月間於華盛頓特區過世時，溫菲爾德旋即被州長歐迪指定為他的繼任者、擔任美國參議員。溫菲爾德先生在戈德菲爾德鎮的報紙對其老闆表示了恭賀之意，而且宣稱這項任命合乎邏輯、理所當然。然而，溫菲爾德先生聽聞到來自華盛頓、關於參議院議員們對他獲任命一事的反應，因此在三週後通知歐迪州長，他必須婉謝這項榮譽。於是他以其他理由推辭了這項榮譽。

我在感到滿心的熱忱之餘，撰寫關於這塊礦場的報導，這樣的報導想必會誘使讀者相信，一旦這座寶庫裡的所有財富都被發掘出來，金礦就會停止流通。事實上，從我的新聞社所流出、描述這座礦山富饒資產的報導，被人們形容為間接誘使查理．M．施瓦布與他那群合夥人買下礦場的控股權。

關於蒙哥馬利—休休尼礦產的故事令人感到十分憂傷，但深具啟發性。假如要闡述礦業股投機行為的陷阱，這是非常經典、傳神的例子。相關事實如下：

身為礦業工程師的馬爾康．麥當諾藉由分期付款模式，從一位名叫湯姆．愛德華茲的托諾帕商人手中，以十萬美金購得礦場一半的股權。根據這條七十英呎隧道中所展示的結果，業者努力地想在能夠有所獲利的前提下，出售對托諾帕礦業公司具主導性的股份，但並未成功。奧斯卡．亞當斯．透納在紐約與巴爾的摩為業務獲致高度成功的托諾帕礦業公司（截至目前為止，原始股東每投資一美金，就能拿回十六美金的獲利）進行宣傳，他對蒙哥馬利—休休尼礦產進行勘探，由於此產權並未呈現出任何定義明確的礦脈，或其他具耐久性的指標，而礦體在他眼中看來只是一處很淺、不具實質意義的礦床，他便否決了它的未來性。

許多起先被認為「前景看好」的優質礦產曾經先遭到礦業中最具權威的人士否定，而後又獲致利潤，這種情況在內華達州尤其常見。透納先生的否定，並沒有讓礦場主人感到氣餒。

進場吧，查理．M．施瓦布

麥當諾工程師以每股一美金、共一百二十五萬股的條件整併了一家公司，以取得對礦井的所有權與營運權。他允許投資人以每股兩美金的價格，認購少量庫存股。在那之後，麥當諾先生和持有另外一半股權的鮑伯．蒙哥馬利旋即將具有主導權的股份轉賣給施瓦布先生和他那群合作夥伴，而這筆交易的金額從未對外界公開。施瓦布先生馬上對公司進行了重組、購入兩處鄰接但尚未開發的礦場，且將資本額變更為五十萬股、每股發行價格為五美金。他則允許自己的朋友們與大眾以每股十五美金的價格，認購新股票。後來，這些股票在紐約場外證券交易所的價格達到每股二十二美金。

毫無疑問地，施瓦布先生很喜歡這個提議，因為他把五十萬美金借給這家企業，讓他們能在地面上建一座碎石場。

時至今日，這處礦場的設備並沒有獲致應有的績效。礦產的廠房已經被棄置，廠房裡的軋鋼機也已經遭到拍賣。

這家企業仍然欠施瓦布先生二十二萬五千美金左右，六年來採礦所獲得的淨利，居然不足以讓這家企業付清他出借的金額。事實上，這家企業已經被證明是內華達州所經歷過，最慘痛的失敗之一。礦井在六年來生產出兩百萬美金的毛利，即使礦井和軋鋼機的運作模式符合經濟效益，礦石提煉所得到的淨利無法支付施瓦布的借款金額。最近，該企業股票在紐約場外證券交易所收到的報價為每股二到五美分，簡直一文不名。公眾的損失總計可達數百萬美金之譜。

我所做的調查證實：施瓦布先生在礦業領域就只是一個湊熱鬧的業餘人士，放任自己採取一頭熱的行動，但大眾所蒙受的損失是如此慘重，會讓你不禁懷疑，施瓦布先生剛執行了一起冷血無情的詐騙案。

我曾聽過某位股東提出這樣的問題：「在開礦工作營運六年以後，這家公司事實上已經破產了。像施瓦布先生那樣有良好生意頭腦的人，怎麼會有理由以每股十五美金的股價、亦即以整座礦場價值為七百五十萬美金為前提，為蒙哥馬利—休休尼進行宣傳、然後再允許它在紐約證券交易所以每股二十二美金的票面價值，或以整座礦場價值為一千一百萬美金為前提讓售呢？」

一個能夠被礦業界人士所接受而且可能被提出的理由是：蒙哥馬利—休休尼坐落在好幾座其他重要礦脈之間，這使得蒙哥馬利—休休尼的實際價值，高於在宣傳活動進行時所開出的價格數倍。根據經過驗證、認可的礦業實務經驗，當臨近的礦場已經展示出位置頗深且產量富饒的礦脈時，這種「有潛力」的礦場有時會被評估具有重大的潛在價值。但這種理由在這個案例中是不成立的，原因在於，當施瓦布先生為蒙哥馬利—休休尼進行宣傳活動時，整座營區裡的礦坑深度均未達兩百英呎，而當時營區內或營區附近都沒有已經過驗證的礦脈存在。

大約三年前，施瓦布先生曾取道位置偏遠的雷諾鎮前往加州，而我當時就在雷諾鎮。那時，蒙哥馬利—休休尼礦場每股的股價已經跌到三美金左右，內華達州的居民們則公開議論：施瓦布先生因為當初建議眾人投資蒙哥馬利—休休尼礦場，已經遭到一家位於匹茲堡的高檔俱樂部的會員們疏遠。施瓦布先生急急忙忙地在火車站討論這件事情，而他的話就這樣被人引述了，大意是：人們以一種嚴重不實的方式向他介紹這座礦場，從而誤導他，而內華達州的居民們公開談論起這種說法。施瓦布先生在內華達州派任的工程師名叫唐·吉利斯（人們相信，他和馬爾康·麥當諾都是施瓦布先生的礦業顧問），正是出於這個原因，他拍電報給施瓦布先生，直截了當地問施瓦布先生，是否是在影射他。施瓦布先生回答：這番話並不是針對他而說的。他的這項否認，也變得廣為人知。這麼一來，可行的推論就只剩下一種：施瓦布先生是在指涉麥當諾先生。

總而言之：施瓦布先生其實很可能只聽了賣主（有利害關係的一方）的片面之詞，就買下了蒙哥馬利—休休尼礦場，且根據賣方未經證實的正面說辭，便為該礦場進行宣傳與遊說。也許那名賣主完全沒有扭曲事實，他或許只是太有熱忱，並將自己的熱忱傳遞到施瓦布先生身上。

施瓦布先生可能聽信了報紙的說法，根據它們描述的優點為礦產進行宣傳與遊說。若將時間線再往前推，一封來自施瓦布先生的信，也為這個想法增添了色彩。

即使在這一時期以前，施瓦布先生也曾經參與過托諾帕的礦業投資遊戲，他在托諾帕的冒險活動，就是投資托諾帕礦業公司分部。後來進入英國下議院的約翰·麥肯尼以每股十五美分的價碼，從湯瑪斯·洛克哈特手上購得對托諾帕礦業公司分部的控制性股權，該企業的股本總計有一百萬股。約翰．麥肯尼說動了身為匹茲堡證券交易所成員的羅伯特．C．豪爾，使他對這個提案感興趣，他則和施瓦布先生進行了一筆交易。那時，該企業的股價在舊金山與匹茲堡的證券交易所，以及紐約證券交易所飆升到每股十七美金以上。而後，其股價竟能一路下跌到每股六十五美分左右。在過去這半年以來，其平均讓售價格始終保持在每股兩美金。

即使這些股份的市場價格在施瓦布先生仍被認為享有控股權時，一路被允許提升到相當於被估價為一千七百萬美金的礦場，這家公司在此之後竟未能支付一百萬美金的股息，而知名工程師亨利．柯魯伯近來針對礦場中已知礦脈的淨值進行了估價，評估其價值最多不會超出一百萬美金。這份報告書的準確性頗受爭論，因為當時礦脈的分布並未經過公允的採樣。這當中或許存在金額上的不一致，但差異實在不應該高達一千六百萬美金。

托諾帕礦業公司分部股票的票面價值從每股十七美金左右跌到每股低於一美金後，托諾帕的股東們指稱：施瓦布先生和他那夥人已經在上層將資產拋售一空。施瓦布先生回答，他在市場崩盤後所擁有的股權，和他剛進入企業所持有的股權是等量的，對此某些股東則指稱，即使施瓦布先生也許能夠證明他在後期持有的股權，與一開始持有的股份是等量的，這並不意謂施瓦布先生和他的**同事們**沒有在頂層拋售資產，然後在底層進行回購。

山姆．C．敦漢曾經擔任過美國普查局駐阿拉斯加辦公室的主任委員，隨後出任托諾帕《礦工報》編輯，後來我擔任副總編輯的時候，他則是《礦業財經新聞》的礦業新聞編輯。施瓦布先生在下列寫給他的這封信當中，否認自己針對這件事情的罪責，但即使如此，它還是讓讀者們有理由相信，哪怕施瓦布先生沒有親手以高價賣掉自己持有的股權，他的那群合夥人很可能這麼做過。

查理．M．施瓦布

紐約百老匯一百一十一號
一九〇七年十一月一日

山姆．C．敦漢先生，
《托諾帕礦工報》編輯，
內華達州，托諾帕

敬愛的敦漢先生：

我注意到貴報於一九〇七年十月二十六日星期六所刊登的內容。總體來說，我不會就該期內容中對我的批評作出任何回應，因為回應不僅毫無意義，還只會引發進一步的爭論。但迄今為止，貴報始終對我採取相當一致且寬厚的立場、在每一層面上的評語均相當公允。由於我始終將貴報視為朋友，而雙方之間的關係迄今為止亦相當友善，這使我願意針對先前提到的數點批評事項作一簡短回應、以顯示本人立場之一致性。

本人批評內華達州的唯一事項，在於來自內華達州各種說法的不準確性。貴報似乎因為這項陳述，攻擊本人的立論，而貴報文章所指涉的內容，絕大部分缺乏真實與精確性、甚至全無真確性可言。因此貴報的文章其實完全證實了本人立場可堪檢驗的程度。

我在此將逐一反駁貴報的各點說法。你提到：我以每股十五美分的價格向約翰·麥肯尼購得托諾帕礦業公司分部價值達兩萬五千美金的股份。這種說法完全是錯誤的。

你提到：我以每股六美金的價格從羅伯特·C·豪爾手上購買托諾帕礦業公司分部十萬股、並以造紙廠的股權支付。這項陳述當中的每一處細節，都是錯誤的。我從來沒將造紙廠的任何股權移交給豪爾先生，而我也沒有從他手中購入十萬股。從他手中購得的總數，為六萬股。關於我從他手中購入的股份，貴報所引述的購買價是錯誤的。而正如我所提及的，我並未以造紙廠的股票做為交換。

你進一步指出：在今年五月間，於匹茲堡舉辦的托諾帕礦業公司分部最近一次的年度股東大會上，事態顯示我已將早先自豪爾先生手上購得的全數股票，以及我最初所持十六萬六千股當中超過三分之二的股票脫手。這完全是無稽之談。直到今天，我仍然持有自己一開始所持有的全數股票，若將我在所有購股行為後新購的股數相加，我目前持有約二十八萬五千股。我認為：假如你能夠不厭其煩地調閱交易紀錄，將會發現，我針對這些細節的陳述都符合事實。當我最初購進礦業公司分部時，某些在我名下的股票事實上乃屬他人所有，隨後我也將這些股票移交給真實所有人、僅保留由我自己所掌控的二十八萬五千股。現今，這些股票仍由我個人單獨持有。

您在該篇報導中進一步述及：我以每股未達兩美金的股價，購得針對「休休尼」與「北極星」礦場的控股權。您提出的這項說法是不精確的。您表示：我以每股二十美金的股價，大量出售休休尼的股份。無論如何，這項說詞同樣與真相完全不符。事實是：總計有三千股以每股二十美金的價碼售出，而這三千股均來自於公司的資金。您將能找到足以佐證上述所有事實的紀錄。

我確實曾經將近五十萬美金貸款給這家公司，使其能夠興建軋鋼機。假如這家公司的任何一名其他股東願意按屬於自己的比例負擔這筆款項，我會非常開心的。

而您竟然感到納悶，我為什麼對來自內華達州的種種說法加以抨擊。

謹啟。

C·M·施瓦布

就像我之前所推敲的，內華達州居民大致上的看法是：施瓦布先生的礦業投資行為對他本人來說當然是大失所望，但他並未損失鉅額款項，而社會大眾的財務損失則是慘重的。他的敵人甚至宣稱：他本人、他的兄弟與他的連襟（M．R．沃德博士）從社會大眾身上詐取了幾百萬美金。

我心中有個意見，而我總該有表達這個意見的權利。當施瓦布先生成為內華達州各處礦場的宣傳商時，他還是一名專業的鋼鐵製造商。他對銀礦、金礦與銅礦所知甚少，甚至可說是一無所知。他那些在費城的朋友們對礦業的所知與理解，與他對這一行的理解度同樣淺薄，但他們經過一名內行人的提點，在托諾帕賺了一筆錢。這個事實，其實本來不應該影響他的決策的。奧斯卡．A．透納代表托諾帕礦業公司為坐落於托諾帕的密茲派爾礦場進行宣傳，而正是因為這座礦場獲利甚豐，來自賓夕法尼亞州的股東們在這場投資中狠狠地賺了一大筆錢。施瓦布先生被這件事沖昏了頭，對托諾帕礦業公司的分部擴張感到「著迷不已」。

爾後，當托諾帕礦業公司的分部得到市場上超過一千六百萬美金的挹注時，施瓦布先生就被自己心中的理想狀態打動，一心想投資蒙哥馬利—休休尼。

當蒙哥馬利—休休尼在「牛蛙」礦場興盛期中市場價值顯示增加八百萬美金時，他並沒有經過太多論證就進場投資「綠水」礦場（事後證明這是個愚蠢的錯誤，這個部分我們稍後會詳細描述）。

對施瓦布先生來說，市場上的盈利顯然非常有誘惑力。他並沒有認知到：他本人的好名聲，在很大程度上導致他的證券價格升值。

山姆・C・敦漢已經通知我：施瓦布先生告訴過他，他將介於兩百萬與三百萬美金的金額退還給自己在匹茲堡、因聽從他建議而認購蒙哥馬利—休休尼股票的朋友們。這應該很能夠證明，施瓦布先生並沒有任何利用他人，以及謀取暴利的意圖。

然而，對於損失利益的投資人來說，施瓦布先生缺乏警覺心的程度還是很值得借鏡的。這是一個使人吃驚的例子，描述為了企業成就而單憑有良好聲譽人士之名進行銀行業務所隱藏的危險。而它也將下面這句箴言蘊含的真相闡述得淋漓盡致：「各守本分，切勿撈過界。」

施瓦布先生的礦業生涯還不經意地點出了另一條道德規範。它的內容如下：投資人先生吶，如果一名宣傳商指出一家礦業企業很有機會大發利市、而你在往後發現他的預期沒能得到實現，請不要「**望文生義**」，就此認定他是個騙子。大型金融集團是很容易犯錯的，小型金融機構也是如此。毫無疑問地，人們每天都在做出與事實有嚴重出入的虛假陳述，有些人會使用相當邪惡的方式來欺騙你，使你以為許多證券的價值比事實所能告訴你的還要高。但礦業界的宣傳商也只是人，誠實的宣傳商常常放任自己被自己的滿腔熱血所誤導。他們誘導你加入這場大冒險，而這樣的大冒險最後也讓他們一無所有。

榮華為何褪盡

當蒙哥馬利—休休尼還在市面上享受風光、不可一世時，牛蛙金條礦業公司在針對一般百萬股份資本額企業的促銷股價為每股十五美分。一年後，它在舊金山股市的票面價值上升到每股二・六五美金，許多投資人都持有它的股票。最近，這家公司已經遭到警長們的調查，來自阿拉巴馬州的投資人非常信任這些掮客，這使他們成為這場冒險活動中最大的輸家。

其他在「牛蛙」礦區內經營不善、導致社會大眾損失大量金額的公司，包括直布羅陀、牛蛙史坦威、休休尼國銀、牛蛙家椿、牛蛙分部、丹佛淘金熱分部、五月花、四王牌、金節杖、蒙哥馬利山、正宗牛蛙等眾多企業。

在「牛蛙」礦區的發展達到鼎盛之際，各大城市的礦業股仲介商對它的成就感到莫名的狂喜。來自費城的礦業股經紀人將「牛蛙」的端普集團股份，推薦給自己的客戶。匹茲堡的掮客大力推薦蒙哥馬利—休休尼。來自比尤特縣的掮客，控制屬於「愛美赫斯特」企業的大量股票。「金條」公司的股票乃是由來自美國南方的掮客負責發售。「直布羅陀」、「四王牌」、「丹佛淘金熱」、「蒙哥馬利山」、「日蝕」、「金節杖」、「國銀」及其他眾多公司，則是由來自紐約的掮客們負責操盤。

實際上，投資到「牛蛙」的幾百萬美金已經全部付諸東流，無一例外。

「牛蛙」礦區遭致失敗、無法獲利的原因並不在於缺乏含有金礦的岩石，其實這個礦區裡蘊含不少礦脈。但我們發現：這些岩石中，每一公噸的平均價值太低，導致這些礦脈無法獲致商業利潤。「牛蛙」位於沙漠之中，週邊沒有林木，水源非常稀少。直到軋鋼機建成，投資人和推銷商才察覺到這一點，到了那時，一切都太晚了。假如這座營區位於長有林木的哈德遜河河岸邊，該區許多礦場的股票如果以上述的票面價值出售，很可能會相當熱門。

關於「牛蛙」礦區，最特殊的一件事實或許是：在戈德菲爾德鎮開發史初期，美東的經紀人更強烈地推薦它的證券（程度更勝於戈德菲爾德的證券），且使它變得更加流行。當時，美國東岸的經紀人對戈德菲爾德鎮不抱多少信心，而當能反映戈德菲爾德鎮境內礦產價值的股票（這些股票後來可都大放異彩）發行時，他們建議自己的客戶，不要下手搶購。當時一般大眾的口號是：它只是托諾帕鎮開礦第一波真正熱潮後，一種不可信任、暫時性的衍生物罷了。這樣的想法在美國東岸成為主流，其原因在於，當時托諾帕主要賭場的所有人喬治．溫菲爾德影響力變得越來越強，而他聲稱：戈德菲爾德鎮就是賭鬼和盲目投機客的避風港。

就在「牛蛙」開發史早期歷經興盛之際，我的朋友W．J．亞克爾作為礦業掮客的職業生涯便突然劃上了休止符。後人將會記得：當他從戈德菲爾德鎮動身前往托諾帕、準備取得針對「托諾帕之家」礦業公司的控制權時，他身上的資金只剩三十五美金。當股價來到大約每股五美分時，他就終止了針對「托諾帕之家」資本中一百萬份股權買賣權的交易。然後我們僅僅維持了三天的「合作夥伴關係」便嘎然而止。亞克爾回到舊金山，並在那裡宣布和我切割。

作為舊金山礦業股的促銷商，亞克爾在某段時間曾經是個名人，他讓「托諾帕之家」成為舊金山股市的上市公司。然後他開始將價格飆高，直到股票以每股三十八美分賣出，價格才停止上漲，這意謂著股價在數個月內增加了大約七〇〇％。

而後，亞克爾的心理轉折來臨了。

洩漏的情報顯示：他以三分之一的差額買下自己的大量股票，再假其他掮客之手將等量的股票售出，收取現金。這種行徑，相當於借取市場上六六．六％的價值，掮客和各家銀行負責攤付。當亞克爾的策略被發現時，市場上的投資高手隨即展開盲目的賣空交易。亞克爾自己抵押的股份，被用來進行交易。

為了要穩住陣腳、並將流動的股權從市場上帶離，亞克爾啟動了企業整併。「托諾帕之家」礦業公司被更改成有限責任公司。「托諾帕之家」股票的持有者獲邀將他們的原始股權憑證，轉換成整併後新企業的股權。

就在這時，反對的聲浪出現了。美國國會參議員喬治．S．尼克森與後來成為內華達州州長的T．L．奧迪閣下均被列名成為新整併公司的董事。當這幾位紳士們發現那份使用他們名義且篇幅達半頁的廣告，以及被告知亞克爾的處境危如累卵時，他們便拍發電報給舊金山股市，否認與這家企業有任何關聯。

「托諾帕之家」礦業公司在舊金山股市的通告上，地位一落千丈，每股股價跌到只剩三美分左右。隨後，它變得一文不名，亞克爾的操作手法太過生硬粗糙了，而我知道：最終的全面潰敗，遲早會到來的。

這都還是一九〇五年十月底時的情景。當時，「牛蛙」的聲勢正如日中天，而戈德菲爾德最初的榮景看來正陷入風雨飄搖之中。礦場裡的各項工作仍不分晝夜地進行著，但礦區內已很少有什麼新的發現，某些後到者因而放棄了這座礦區。

那些派駐在外地的報社記者們發現了這一幕，不久後，被冠上「礦區榮景灰飛煙滅」等標題，針對該礦區的報導與照片便開始出現在舊金山與洛杉磯的報刊上。戈德菲爾德鎮的礦場主人，被指控欺騙大眾，宣傳商被當成那種常見的詐欺者，遭到公開嘲弄。非常詭異的是：大家視為戈德菲爾德鎮妹妹的「牛蛙」礦場，在後來事態的發展中被證明扼殺了礦業界的榮景與希望，但它竟然毫髮無傷、未遭受抨擊。作者們說到：有實力的大人物在為「牛蛙」礦場操盤，而戈德菲爾德則被描述成賭鬼與「野貓」（投機分子）的落腳處。即使是在戈德菲爾德鎮，這些故事也發揮了影響力，礦區的領導人物們開始找尋有待開發、征服的新礦場。戈德菲爾德鎮大多數礦場主人並沒有對「牛蛙」礦場「一見傾心」，然而牛蛙礦場股份企業的宣傳在美國東岸獲致的成功，充分鼓舞了他們。

坐落於戈德菲爾德鎮以北八十英里的曼哈頓隨後也建立了採礦營區、迎來一段興盛期，這些成就與這段興盛期，泰半要歸功於當時有利的大環境氛圍，而我正是第一批親自體驗曼哈頓礦業熱潮的人士之一。

人稱「比利」的W．F．龐德，是戈德菲爾德鎮的經紀人與宣傳商，消息總是異常靈通，他向我展示的，是一種包覆著游離黃金的礦砂。他表示：它來自曼哈頓，而曼哈頓形同另一座跛腳溪鎮。但我才在前一天晚上，於法羅牌局上和莊家對賭的過程中，痛失數千塊美金。那個時期的戈德菲爾德，法羅牌事實上已經成為每個人的嗜好，我是因為當地缺乏其他休閒活動才玩法羅牌，結果損失不菲。

我在進入礦區當天，就已經破產了。我用賒帳的方式購得幾條毛毯、一套縫著羊皮的帆布帳篷，以及一組鐵製折疊式帆布床。我將全套用品打包妥當，前往托諾帕，在那裡搭上一輛老舊、車體搖晃不穩，屬於那種在西部各州交通線上常見的驛馬車，然後向曼哈頓進發。我們駛過一片冰雪覆蓋的沙漠區，登上高山、深入峽谷——這是一趟險象環生、我完全不願意再經歷一次的旅程。付完旅費後，我口袋裡的十塊美金可都是跟別人借來的錢。我在當天夜裡抵達位於一處海拔高達七千英呎峽谷中的曼哈頓後，在雪地上將帆布床立起、用毛毯包裹住自己的身體，睡在曠野之中。礦區裡只有三座臨時營房以及不到二十座帳篷。

第二天早上，我在各個礦區之間走動。一袋又一袋的礦石在每一側高高地堆疊著、袋子裡的金礦清晰可見。「流浪犬」、「彈跳傑克」和「吉利」是最主要的三個產礦區。它們彼此緊密接合，外觀呈蜂巢狀。我曾向一部份投機客提問並談到與「流浪犬」、「彈跳傑克」和「吉利」接鄰的單獨申請產權的土地名稱。他們告訴我：接鄰處有一組申請產權的土地，可以用五千美金的價格購得。當時我口袋裡僅有十美金，但我還是將它買了下來。我簽發了一張一百美金的支票，簽定了一份在三十天內付清五千美金的合約，如果我沒能付清，這一百美金就會被沒收。我馬上動身回到戈德菲爾德，向銀行總監出示我的支票，試著誘使他兌現我的支票，他也真的這麼做了。

回到戈德菲爾德鎮時，我身上帶著許多優質礦石的樣本，它們被放在一家珠寶店展示。群眾感到非常興奮，就在夜幕降臨前，人們瘋狂地從戈德菲爾德鎮擁進曼哈頓，這波人潮，甚至超越了第一波湧入戈德菲爾德的淘金熱潮。

我在數天後回到曼哈頓售出我的買賣特許權，代價是兩萬美元現鈔。我在那裡遇見了C．H．艾略特，他已經將牛蛙礦區「清理乾淨」，並告訴我：自己已經和大型整併礦場（該礦場日後以四百萬美金的價碼賣給戈德菲爾德集團）所有人之一的L．L．派屈克，以及來自科羅拉多州的礦業工程師索爾．肯普共同成立了一家位於戈德菲爾德的合夥集團，集團的正式名稱為派屈克—艾略特礦區法人組織。他們組織這個集團的目的，就是為礦業公司推行促銷活動。如今派屈克先生已經是戈德菲爾德第一國銀的總裁。

艾略特先生要求我在礦區多停留一天，直到他能物色出一座夠優秀的礦產為止。他和幾個牛仔達成一筆交易，購進一大塊面積必須以英畝數計算的土地，這塊地涵括了被稱為「四月愚人節」的產權土地，而這塊地正是最初發現金礦的地點。這座礦場上仍有二十條執行中且仍有效力的租約，地面上展示廳陳列的樣本使人感到希望無窮。假如礦脈「深入地底」，這整座礦場也許會被證明是一座致富之源。艾略特先生整併了一家叫做席勒—韓佛瑞的公司，以取得對土地的所有權，並進行後續的操作。

我們回到戈德菲爾德鎮。我的廣告仲介公司將曼哈頓發現金礦的消息，以電報拍發給位於美國東西兩岸的眾多報社。隨後我在各大城市發動一系列的「看板式」廣告宣傳，求售席勒—韓佛瑞公司的股份。席勒—韓佛瑞公司總共發行一百萬股，而它們在兩週內被以每股二十五美分的價格售光，甚至出現超額認購的情形。這都要拜價值達一萬五千美金的廣告宣傳活動所賜，使得這家公司的利潤達到十萬美金。艾略特先生迅速地為曼哈頓礦業聯盟與曼哈頓水牛城集團進行了廣告與促銷活動，在六星期之內，這家企業的盈利就已接近二十五萬美金。

大眾又有幾分勝算呢？

就在派屈克—艾略特礦區法人組織從針對這三座位於曼哈頓礦區的礦場廣告營銷活動，賺進屬於第一批利潤的二十五萬美金不久後的某個晚上，我問艾略特先生：他是否覺得社會大眾沒有資格以較低的價位認購他們的股票（這將導致他的集團獲益降低）。

我記得，他當時是這麼說的：「我們賣的，是一項買方有興趣、且願意出價購買的商品。我們開出的價格，符合售出商品的價值。事實就是，我們在礦坑裡受了很多苦，在地表礦場展示的金礦樣本品質並未蓄意誇大的前提下，這個事實使我們有資格盈利。你在廣告與簡報方面的特長，更加速了股票的銷售。城市裡的大型百貨公司和廣告專家每年會支付一萬五千到三萬美金聘用這樣的專業人才，而身處沙漠中的我們，當然也有權利充分利用這一點。」

「可是，萬一那些礦場沒能獲利呢？」我提出疑問。

他回答道：「礦場在地面上的展示廳已經陳列許多優質的樣本，所以認定曼哈頓各家礦業公司能藉由礦場獲利，絕非過度樂觀的看法。只要我們沒有蓄意欺騙，就不會構成任何傷害。假如我們促銷的曼哈頓股票後勢看漲，每股股值達到五美金是很合理的；如果它們表現不佳，股價甚至配不上一美分。所以，假如我們本來可以用每股十五美分的價格出售席勒—韓佛瑞公司的股票且仍獲利，最後還是以每股二十五美分售出，或本來能以每股十美分售出曼哈頓水牛城集團的股票且仍然獲利，最後仍索價每股十五美分，我們又何必質疑，這樣做究竟是否符合道德原則呢？社會大眾都知道，這是一場賭博，假如人們想要購買能讓他們在任何情況下都不至於損失所有投資的股票，他們知道自己可以購買聯合太平洋鐵路、賓夕法尼亞鐵路或紐約中央鐵路發行的股票。然而投資這些股票雖然損失不會太大，獲利卻也是很有限的。說到礦業股票，根據現況與前景來看，社會大眾不是大賺一筆，就是大虧一筆。」

艾略特先生向我承認：還在舊金山時，他常常花錢賭賽馬。他當時就針對股票與價格列出一份清單，並表示：他所說的內容就是關於股票的「一本書」，就好比賭鬼手中會持有針對賽馬下注的指南手冊。這份清單實質的內容如下：

「你看，」艾略特先生說：「這是鐵路與礦業證券其不同價格，以及它們為投機商人帶來獲利的機率。某個參加賭馬並且在被看好的馬匹身上下注的人，其所做所為就和另一個命令仲介商根據當前股市行情，替他購買聯合太平洋鐵路股票的人沒有兩樣。在任何一個交易日根據當前股市行情進行投資的獲利比，大約是二〇%；不過即使股票的增幅達到最大值，投資人仍然很難取得二〇%的獲利。和那個購買席勒—韓佛瑞公司股票的人相比，他獲利的機率只有二十分之一，但如果那座礦場被證實有著富饒的礦產，他能得到二十倍的獲利。然而，鐵路股是一種投資，

股票	股價	賠率
聯合太平洋鐵路	165.00	5賠6
雷丁	155.00	5賠8
密蘇里太平洋鐵路	56.00	1賠2
伊利	28.00	1賠3
席勒—韓佛瑞	.25	1賠20
曼哈頓水牛城集團	.15	1賠30
曼哈頓礦業聯盟	.10	1賠50

礦業股則是一種投機。」

「所以就算有人以押金購買聯合太平洋鐵路股票，他在任一個股票交易日的可能獲利也只有二〇%。你的意思是這樣嗎？」

「想都別想！」他說。「所謂的『內線』操控，目的就是要『徹底擺脫』投機者，一名紐約證券交易所的保證金交易商，如果沒有充足的資本撐腰、對抗內線操控，根本就不可能有機會的！最後他一定會賠錢。我現在所說的，是那種買了股票、完整付款、持有股權證明，然後『緊抱』股權證明不放的人。」

艾略特先生是個冒險的投機者，他在戈德菲爾德鎮與托諾帕的賭場輸了一大筆錢。當時喬治．溫菲爾德和他的合夥人仍然是托諾帕俱樂部的所有人，某個晚上，艾略特先生曾在那裡輸掉兩萬美金的賭金。當人家要求他結帳時，他拿出一張五千美金的支票，以及一張持有戈德菲爾德．拉古納礦業公司十萬份股權的證明書（當時該公司每股的股價為十五美分）。對方接受了他的做法。一年內，拉古納礦業公司的股票就以每股兩美金的價碼拋售。

這起事件充分說明了：在戈德菲爾德採礦熱潮期間所積聚的大筆財富，是在什麼樣的基礎上獲致的。喬治．溫菲爾德在一九〇一年來到托諾帕時，身上只帶了一百五十美金，那還是向當時擔任一家位於內華達州溫尼馬卡的國銀總裁、日後成為美國參議員的喬治．S．尼克森借來的。根據保守估計，溫菲爾德先生現有的財產應介於五百至六百萬美金之間。

就在針對派屈克—艾略特礦區法人組織的促銷獲致成就之際，我心想：戈德菲爾德鎮週邊廣告商大量營利的事實，相當程度上是否能歸功於我貼近社會大眾的古怪能力。我甚至審慎思考：自己是否已經有獨立擔任公司創辦人這種角色的資質。一般公認曼哈頓境內最優質的企業或資產，就是流浪犬公司、「彈跳傑克」與吉利公司，這些肯定就是建材與農業器材的製造商，算是運輸業者，備受礦業界人士敬重。我發現，要想買下吉利公司，簡直是不可能的，原因在於這家企業已經開始宣傳促銷，而且其股票正以每股一美金左右的價格廣泛地發行。喬治・溫菲爾德當時就對吉利公司頗感興趣，現在，他對它依然很感興趣。「彈跳傑克」並未成為有限責任公司。流浪犬公司的股權，事實上仍牢牢地掌握在企業主手中。針對「彈跳傑克」的開價是八萬五千美金；針對流浪犬公司的開價，則保持在五十萬美金。

曼哈頓的「彈跳傑克」

拜我在曼哈頓繁榮期所取得的利潤所賜，我手中再度握有資金，由於缺乏其他任何形式的休閒活動，加上習慣使然，我又開始在晚上打法羅牌。我發現，自己被拿來和雅諾利・瓊斯、賽博・肯達爾、C・H・艾略特、亞爾・梅爾斯，以及其他曾經一夕暴富，轉瞬間又一貧如洗的人士相提並論，成為他人茶餘飯後的話題。

戈德菲爾德鎮規模第二大的賭場主人，乃是來自奧勒岡州波特蘭的賴瑞・蘇利文和彼得・格蘭特。蘇利文宣稱，出現在某份太平洋沿岸報紙週日特刊的報導將他吸引到戈德菲爾德，此報導內容就是在我們位於戈德菲爾德新聞社的密室裡極其謹慎、井然有序地寫成的。蘇利文和格蘭特是有在賺錢，而且是賺進一大筆錢。我有時會光臨蘇立文開設的賭場，我在賭場時，蘇利文通常會親自主持賭局。某天晚上，我一把贏下兩千五百美金，發牌者將一塊塊二十美金的金幣疊在桌面上。就在我準備將這筆錢塞進袋子裡，把袋子裝進賭場的保險櫃裡，等到明天再領出來時，蘇利文會開始用下列這種方式開我的玩笑：

「喂，你這個小樵夫，開礦生意做那麼大，怎麼都不讓我分一杯羹哪？老子可是開賭場的！」

「是嗎？那就請你先搬個兩千五百美金出來，我再瞧瞧你有幾斤幾兩重。」

他走到保險箱前，使勁地將一只裝著二十美金金幣的大型帆布袋搬到桌前。他將錢幣擺在桌面上，每四百美金就分作一堆，和我開出的賭注相符。

「怎樣？」他說。

「把那些錢放進袋子裡，」我說：「然後去把你那件浣熊皮大衣取來，先搭夜車到托諾帕，早上再坐驛馬車到曼哈頓。當你到達曼哈頓時，請你找一下『彈跳傑克』礦產的主人。我見過他，他可是土生土長、血統純正的愛爾蘭人。你可以用比跟別人買要便宜得多的價錢，從這個愛爾蘭人手上買下那座礦產。你現在就去把它買下來。」

「我要拿什麼來付錢？」賴瑞問道。

「他想要八萬五千美金，但是請盡你的能力殺價。」我回答道。

「什麼？就憑這五千美金？」

「是的，」我說：「你直接付給他五千美金，然後跟他簽一份在六十天或九十天之內結清剩餘款項的合約，但請你把他帶回戈德菲爾德，並且確保他身上帶著契據。」

幾天後蘇利文回到戈德菲爾德，興奮之情溢於言表。他一從驛馬車內爬出，就將我拉進他的私人辦公室。

「嘿，」他說：「我還真的逮到了那傢伙，他手上真有礦產的契據。我用四萬五千美金買下了『彈跳傑克』礦場。你吩咐他做什麼，他都會乖乖照辦。」

「很好！」我說。

他將礦產主人介紹給我，而我將礦產主人轉介給我的律師，也就是前參議員普瑞尼。普瑞尼先生針對曼哈頓彈跳傑克礦業公司的地產轉移事宜，起草了一份文件，該公司的資本額拆分為一百萬股，其中三十萬股依據開礦的名目被安置為基金，剩餘的七十萬股則代表了所有權股份。該文件成為附帶條件委付蓋印契約，而我和蘇利文只需支付每股六．五美分的價碼，即能取得股權。他同時也選定了董事會成員名單。

蘇利文對礦業廣告宣傳與掮客業務的理解度，就像一隻鴕鳥對海洋潮汐週期的理解度一樣深入，他在這個節骨眼上質詢我，我的下一步該怎麼走。蘇利文看來一臉困惑，卻又充滿信心。我的處境如下：我已經為一個最為優質、但到目前還不為大眾所熟知的曼哈頓礦場，設想出一個絕妙的宣傳活動方案，但手邊苦無現金執行。我轉向蘇利文，說道：

「你是否認識西聯電報公司位於戈德菲爾德辦公室的主任？」

「認識，我跟他很熟。」

「你打個電話給他或傳話給他，告訴他，我今晚或接下來三天簽發的任何電報，你都會保證付款。我想要傳幾封電報。」我說。

「這事交給我辦。」蘇利文說。幾分鐘之內，我就得到這樣的通報：蘇利文的信用是毫無疑問的。

事實上，我將電報拍發給幾乎全國各地所有知名的礦業股仲介中心，拍發這些電報的費用達到一千兩百美金。當蘇利文聽見這筆款項的金額時，他差點沒崩潰。

「你到底還想怎樣？」他上氣不接下氣地說。

「嗯，」我說：「你怎麼可能會有損失呢？奈伊和昂斯比郡銀行的總裁法蘭克·高登是你的朋友，我們邀請他擔任公司的總裁，他也接受了。我們網羅到的其他官員，全都是社區內最具代表性的居民。除此之外，奈伊和昂斯比郡銀行已經同意接受認捐，面對這麼棒的佈局，你還有什麼好嫌的呢？根據我在這個礦區的經驗，以及我過去從事過的所有廣告與促銷活動，社會大眾可從來沒面對過這麼優渥的條件——首先是一座產量豐富的礦場；其次是一個由銀行總裁主導的高級董事會，最後還有一家真正的銀行擔任銷售仲介。這會像野火一樣燎原的！」

那一整個晚上，我在廣告仲介公司努力撰寫措辭強烈的廣告文案，極力向社會大眾推薦認購曼哈頓礦區「彈跳傑克」公司的股份。早上，我誘導了蘇利文，使他願意為廣告支付一萬美金的刊登費用。當天第一次信件投郵時，這份廣告文案就已經被寄送給全國各地重要的日報社，文案中隨附的說明，要他們在收到廣告文案的隔天就刊登該廣告。

短短六天內，所有廣告版面都曝光了，這種效果就像在變魔術一樣。位於全國各大城市的掮客們之前就已經要求預留股權，廣告版面的曝光幫了他們大忙，使他們能夠在接下來的數天內處置掉預留的股份。在我們最初用電報將宣傳方案內容拍發給美國東岸經紀人後的十天內，蘇利文就向我展示以電報發來、針對曼哈頓「彈跳傑克」一百二十八萬股股權的訂購單，每股股價為二十五美分，超額認購的股數達二十八萬份。早在持股證明手冊印製完成，從當地印刷場正式出貨以前，我們實際上就已經超售了。

在那個星期，以及接下來的一星期中，蘇利文授予我**完整權限**，我得以用合夥的款項購買地區性的礦業股，進行投機生意。就在半個月內，我們藉由曼哈頓的證券又發了一筆小財，它們在舊金山股票交易所的價格增幅，可謂突飛猛進。

我想起，有次我們在一夜之間突然賺進一萬兩千美金。這筆獲利得來全不費工夫，甚至使我感到羞愧、不太敢接受這筆錢。曼哈頓的席勒—韓佛瑞公司股票乃是由派屈克—艾略特礦區法人組織以每股二十五美分的股價進行宣傳與促銷，現在它已經成為戈德菲爾德與舊金山證券交易所的上市公司。其股價維持在每股三十美分，供需相當穩定。

一封據稱由約翰·W·蓋茲所簽署的快遞信由紐約寄達戈德菲爾德鎮，其內容如下：「假如我想在四十八小時之內向各位取得曼哈頓的席勒—韓佛瑞公司二十萬份股權的買賣特許權，需要多少錢？請在今晚向華盛頓的維拉德旅館發出答覆。」

這是向派屈克—艾略特礦區法人組織開出的詢問。半個小時以內，其他位於戈德菲爾德境內的掮客收到約半打左右的類似訊息。

第一封電報寄達時，我剛好就在派屈克—艾略特礦區法人組織的辦公室。我毫不遲疑、立刻到街上，根據當前的股價與行情收購所有來自戈德菲爾德鎮的股票。起先，派屈克—艾略特礦場法人組織的總監魯·布雷克莫爾「感覺到事情不太對勁」。但在他知道我正在購進股權以後，就變得很確信約翰·W·蓋茲是真的很想弄一點席勒—韓佛瑞公司的股權，藉此讓自己的公司打進舊金山的股票交易中心。

我個人將這封訊息視為一個陷阱。我猜想，某個在美國東岸的業者，在幾個星期前的宣傳期間，可能已經用每股二十五美分左右的價碼買下席勒—韓佛瑞一部份的股權，進而下定決心，好好弄成一筆交易。位於戈德菲爾德的掮客們已經收到電報，我認定同樣的訊息也已經被發送給舊金山的掮客們，因為該公司是舊金山股市的上市企業。在我看來，股價在下一個交易日鐵定會上漲，事實也真是如此，隔天股價上漲到每股三十八美分，市場簡直要沸騰了。我就根據這個金額，以及比這還要略高一點的金額，在戈德菲爾德與舊金山股市脫手了近十萬張股票。我才剛在前一天夜裡承接了其中為數不少的股票，但我記得，其中一萬張股票已經在幾個星期前根據經紀人開出的價碼（每股二十美分）分配給我，另外一批分配給我的一萬張股票，則是做為我所採取公關與宣傳措施的獎勵。

在將從庫存股份交易所獲得的款項轉移成曼哈頓彈跳傑克礦業公司的基金，同時將原購買價未結清的部分付清之後，我和蘇利文在我進行小小冒險之後的三個星期之內，就贏取了二十五萬美金的淨利。

「你希望現在就分配利潤嗎？」當我們的共同盈利數字達到二十五萬美金大關時，我這麼問蘇利文。

「才不呢，我是賭徒。我們繼續吧。」他回應道。

隔天，L．M．蘇利文信託公司繳付了二十五萬美金的資本額，正式成立。它將在戈德菲爾德鎮往後的榮景與淘金熱潮中賺進並損失數百萬美金，並且為我打造出屬於促銷商、引人入勝的職業生涯。蘇利文擔任總裁，而我擔任副總裁與總經理。

第三章
農神節醞釀的投機

沙利文先生和賭場之間的關係，並未被視為對信託公司的不利影響。戈德菲爾德主要銀行的副總裁兼最大股東喬治・溫菲爾德也曾是一名賭徒，而溫菲爾德先生也在這些礦山中擁有龐大的利益，他的礦山經營得不錯。現在，賭場所有者與東部的儲蓄銀行董事一樣，在戈德菲爾德鎮擁有相當穩定的財務體系。

至於我自己，我並不害怕。我發誓，此後我將推翻採礦營建立的成規，同時戒掉一切和賭博有關的事情，我的新職位使我必須這樣做，我發現自己也很容易服從我為自己施加的約束。不久，信託公司的股市開始操作，我的投機本能也得以在任何情況下隨心所欲地發洩。

幾天後，清醒的感覺促使我下定決心，我必須離開賭桌，並化為替信託公司成就大事的堅定雄心。我像個真男人一樣認真看待眼前的生意，他眼前的金色權杖使他眼花撩亂，他深信如果他發揮力量，就能抓住獎金。全數同意，信託公司將專門從事礦業公司的推廣，我堅信，信託公司就應當像信託公司那樣開展業務。

在沙漠上素以「傑克」之名行走江湖的約翰．道格拉斯．坎伯，被信託公司聘為礦業顧問和礦山經理。我們同意付他每年兩萬美元的薪水，也讓他有權獲得我們推廣的每家新礦業公司的股票紅利，我們後來發現這筆薪金相當於每年五萬美元。

坎伯先生在托諾帕和戈德菲爾德礦業界已經立足三年，並廣受好評。來到托諾帕之前的八年間，他被猶他州身價上億的礦山運營商山姆．紐豪斯聘為科羅拉多州的礦業總監。在科羅拉多州，坎伯先生的聲譽也很好。來到托諾帕時，他受僱於約翰．麥肯因，也與查爾斯．M．施瓦伯有聯繫。後來，他負責處理柯尼克和富勒—麥當諾租賃戈德菲爾德「巨象」礦山事宜，一年之內就從中挖出了價值一百萬美元的黃金。之後，坎伯先生在戈德菲爾德附近的「鑽石田」戴蒙菲爾德取得了「石英岩」礦山租賃權，幾個月後他又從該股份中賺了二十萬美元。隨後，他在戈德菲爾德知名的萊里租賃「翡冷翠」礦山，並取得了創紀錄的產量，在兩個月內達到了六十五萬美元。在萊里租約到期日三十天內，坎伯先生被找來負責信託公司的採礦部門。

坎伯先生出任礦山經理後，股市立即反映出「跳躍傑克曼哈頓礦業公司」股票的上漲，這支股票現已定期在舊金山證券交易所上市，漲至每股四十美分，比上個交易日的促銷價上漲了十五點，這樣的急劇上升無疑在股市引起了轟動。曾將跳躍傑克賣給大城市客戶的掮客大聲呼籲，要求蘇利文信託進行新的促銷。只要蘇利文信託公司擔任某個新的採礦企業發起者，這個企業都將獲得大量認購，並擁有廣闊的大眾市場。

在「流浪犬」上賭一把

「曼哈頓流浪犬」礦山產量豐富，產出也相當規律，大家對此習以為常。不過我向公司內部提出，無論利潤多麼小，沙利文信託公司都應從推廣「流浪犬」這類物產開始，拓展公司的業績。「流浪犬」開放出售，而且索價不菲。其中，戈德菲爾德地位最高的律師事務所「佛彌利亞—艾德蒙茲—史坦利」擁有三十五萬股股份，可以每股四十五美分的價格收購；另外，發現這座礦山的探礦者們擁有三十五萬股股份，每股售價二十美分，必須一次全部購入，否則不賣。剩餘的股票則留在公司的財務部。要擁有全部七十萬股，需要二十二萬七千五百美元的現金。而另一個與「流浪犬」相鄰的礦山——「印第安營」，則可以五萬美元全部買下。我們知道，一旦確定我們買下「流浪犬」，「印第安營」的價值就會翻倍，因此我們決定在接管「流浪犬」的同時，一併吃下「印第安營」。

這些可能的支出，比我們手中擁有的資產還多，於是我開始尋求協助。鹽湖有個務實的礦業生意人亨利．佩里，一直在就「流浪犬」進行談判，以求獲得猶他州銀行家的資助。我們同意讓佩里先生參與三分之一的利益，信託公司則參與三分之二。佩里先生除了會提供完成交易所需的現金額度外，還同意為公司提供一位總裁。他說，他認識一位對礦業企業很感興趣的人，這位人物就是鹽湖的銀行家亨利．麥考尼克，他是麥考尼克公司負責人的兒子，被譽為密西西比河以西最富有的私人銀行家。於是我們達成協議。

我們立即著手以每股四十五美分的價格推廣「曼哈頓流浪犬」礦業公司，這支股票我們的平均成本為三十二．五美分。想要在「流浪犬」的成本價和銷售價之間賺取每股十二．五美分的收益並獲得巨額利潤，是不可能的，因為促銷的花費看來差不多就等於這個價錢。因此我們後來想出，促銷要賺取利潤，只有從「印第安營」下手才行。「印第安營」的資本為一百萬股，但其中已有六十五萬股支付給信託公司和佩里先生。剩餘的三十五萬股股票已存入公司的財政部，以進行礦山開發。信託公司擁有所有權股票，平均每股成本只有不到八美分的零頭。我們決定，一旦「流浪犬」推廣開來，我們將以每股二十美分的淨價將「印第安營」股票促銷給掮客，並以每股二十五美分賣給大眾。而且我們期盼，如果成功的話，兩個營利事業都能獲得約七萬五千美元的淨利潤。

信託公司在接管「流浪犬」和「印第安營」的控制權後，立即購買了兩家公司的庫存股票，並派出大批人員來開闢這些物產。在曼哈頓「金山」信託公司成立後的三十天內，「流浪犬」、「跳躍傑克」和「印第安營」都湧入大批礦工。我們給傑克．坎伯工程師的命令是，盡可能到處找人來礦山工作，只要能獲得成果，開支再多也在所不惜。我們也安裝了井架和二十五馬力汽油發動機，並訂購了其他必要的採礦設備，也在地表設立了鐵匠鋪、工人臥鋪和倉庫。我們還幫礦工排班，確保晝夜都有人力投入。為了保證負責的工程師能固定在礦山停留，沙利文信託公司在「印第安營」的土地上建造了價值六千美元的住宅，供工程師使用。

我們就採礦的意圖向當地人深表歉意之後，便以每股四十五美分的價格促銷「流浪犬」股票。採礦營的大家都知道，我們以每股四十五美分的價格購買了三十五萬股股票，而採礦營的追隨者也是最早認購這支股票的群眾之一。然後，我們透過廣告和礦業經紀人，將這支股票大量出售給東部的大眾。

我們對這個廣告活動採取相當謹慎的態度。首先，「流浪犬」的賣價為四十五美分，比戈德菲爾德或曼哈頓營已進行的其他廣告促銷價都高出八〇%。其次，在我看來，一家信託公司開始促銷礦業股票，確實更需要小心以對。何況，也有其他以前沒有出現過的因素開始影響戈德菲爾德。

由戈德菲爾德領導的大型廣告行動一開始能獲得成功，似乎是由於一個事實：美國大眾對採礦業的投機行為充滿了長期的滿足感，因為他們可以放縱自己在相對有限的資源上大肆投機、賭博一番——資源的稀缺使他們在進行高價鐵路和工業品等大型交易時，能「尋前人未尋之路」。

給有頭腦的人看的廣告

我已經掏心掏肺嘗試不同廣告方式將近兩年，也就是說，已經為礦業股票推廣者開設了一家廣告代理公司，並用他們的錢學到了這門生意的道理。我已經度過了實驗階段，現在我挑出幾個感興趣的重點，能讓我在實際操作中直接訴諸對的人。

我下定決心，如果一個廣告無法說服有頭腦的人，我就決不讓這支廣告從辦公室發出來。我斷定，如果我的論點能說服擔任要職的人，那肯定也說服得了普羅大眾。

我把我的想法綜合成以下精華：

永遠不要跟蠢蛋爭辯，無論他們有多容易把手中的錢交出來。把你的精力放在有想法的人身上，然後說服他們，隨後那些沒有想法的人就會趨之若鶩。

這項原則也適用於生成廣告的**論點**。

但廣告的標題是根據完全不同的原則構建的，也就是說要非常非常正面積極。

聖經是我的榜樣。聖經的用語總是「是」或「以前是」，「你應該」或「你不應該」，而且聖經很少解釋原因。

所以，

標題的優勢在於它的正面與積極。

邏輯告訴我，我應該用大型、顯眼廣告展示的文案標題表達非常正面、積極的陳述，小寫的**論點**則用來說服有頭腦的人。這個道理很簡單：我們要不斷用大膽的文字吸引人們的注意力，但分析才是讓有想法的人信服的最後手段。

在選擇登廣告的媒體時，也需要更加小心。理論上，那些未曾在新聞專欄發表過紐約證券交易所、波士頓證券交易所、鹽湖證券交易所或舊金山證券交易所交易的礦業股票報價的報紙千萬不能登。畢竟礦業股票的交易已經流行了一段時間，可以吸引固定的追隨者；而且比起從未進行過投機事業的人，具有某些程度礦業股票投機經驗的人更容易被吸引。

之後的廣告都是按照這個路線進行。我的「流浪犬」促銷廣告雖然也走這路線，但並沒有讓大眾如癡如醉，我之後會解釋原因。後來，當沙利文信託公司發展壯大，我去了東部了解越來越多的有關鐵路、工業和礦業股的大型華爾街促銷遊戲的內部機制時，我發現我的宣傳原則與華爾街普遍接受的水準相當。

華爾街的強大力量確認了一個事實：愚蠢的人擁有很多錢並不是重點，重點在於有思考能力的人才是現代成功的促銷者（不管地位高低，誠實與否）應該鎖定的獵物。

一知半解是件危險的事情，有些人以為自己見多識廣，那是因為他在自己企業的舒適圈當中累積了很多錢，但在當代成功的千萬富翁華爾街金融家眼中，這種人不過就是白老鼠而已。

誠實的促銷者不但要鎖定自以為參透道理、但其實沒有參透的人，也要鎖定真的參透道理的人。促銷者一定要能夠吸引這兩個階層的人，因為在下手買股票的人當中，前者與後者的比例大約為一千比一。

總之，「聰明人」每投入一塊錢到投機遊戲中，「不聰明的人」就會投入一千塊，這一千塊也被認為是愚蠢的投資。

最初的「流浪犬」和「印地安營」促銷活動一開始僅成功了一半。當曼哈頓熱潮開始減弱時，約有六十五萬股「流浪犬」和三十五萬股「印第安營」已找到買家。宣傳太快了，大眾無法消化。曼哈頓營中的礦工是前所未有的多，但是對證券的需求卻供不應求。「曼哈頓」第一次的繁榮似乎像戈德菲爾德一樣，大家開始習以為常了。

我們在其他地方也遇到挫折。亨利．麥考尼克在鹽湖的銀行人脈反對使用他的名字作為「流浪犬」的總裁。在我們全力炒熱廣告的時期，麥考尼克先生辭職了。於是我們推出我們的工程師傑克．坎伯擔任總裁，但傷害已經造成。

沒錯，生意歸生意

信託公司的辦公室陳設精緻，和大都市的銀行機構內部很像。每當東部的礦業股票掮客來到採礦營地時，這些信託公司的辦公室便成為他們的總部。

紐約礦業股票經紀人J．C．衛爾和他的公司，從我們的信託公司獲得十萬股「流浪狗」股票選擇權，而衛爾先生某天早上入駐了信託公司用作行政辦公室的兩個佈置豪華的房間之一。他曾是紐約市礦業股票經紀人協會的會長，他的公司也是我們在紐約的銷售代理商之一。早期戈德菲爾德的電話服務尚未完善的時候，想要聽到辦公室的來電內容，只要拿起最近的話筒就可以，不過大多數人非必要並不會這麼做。但據我了解，衛爾先生一直使用這類方式，直接學習俯拾即來的新事物。

「嘿，萊斯，」某天早上沙利文先生對我說，「每次有人打電話找你時，衛爾都會聽到你講話的內容。他會藉機佔你的便宜，我希望你能讓我幫你解決這個問題。」

「好啊，你想怎麼做？」我回答。

「嗯，」沙利文先生說，「我們的工程師坎伯在曼哈頓。我會從公共電話亭打電話給他，要他打給你，告訴你一些有關流浪犬礦山開發的熱門新聞，我會確保衛爾在他的辦公室。如果衛爾沒藉此偷走這一大堆關於流浪犬的情報，那就算我猜錯了。」

我們對經紀人的所有選擇均將於三月十五日到期，而今天是十三日。

下午四點，我在辦公室裡，衛爾先生則在對面房間的桌子旁。電話鈴響了。

「您好，」我說，「哪裡找？」

「坎伯，從曼哈頓打來的。」電話另一端回答。

「有什麼消息嗎，傑克？」我問。

「我們挖到了六英尺高的兩千美元礦石！它簡直和鯨魚一樣大！我這輩子從未見過這麼大的礦山！不要再以每股五美元的價格出售流浪犬啦！」坎伯先生大喊。

我說：「妙哉，傑克。但要把這些資訊保密，不要告訴你的媽媽，也不要讓更多的礦工走下井道。把這條消息鎖起來，直到我能買回一些和我賣價一樣便宜的股票為止。」

十五分鐘後，沙利文先生和我看見衛爾先生離開房間。

「衛爾，」我說：「您對『流浪犬』的選擇權於十五日中午到期。到目前為止，您在紐約的辦公室只訂了分配給您的十萬股中的八萬五千股。我們決定暫時停止開放大家購買這支股票，同時希望您能發電報給紐約的辦事處，不要再出售。」

「您錯了，」衛爾先生說，「為什麼呢，因為我離開紐約的時候，我們已經超賣了！如果辦公室沒有通知您，那就是個失誤。實際上，我們還需要至少兩萬五千股才夠。」

我說：「您不可以這麼做。」

「想都別想！」沙利文先生補上一句。

衛爾先生向紐約發送了許多加密消息。第二天，沙利文先生去找衛爾先生，他接受了衛爾先生的甜言蜜語，讓他擁有全部股票。最後，衛爾先生和沙利文先生達成共識，無論我是否同意，沙利文先生都會給他額外的股票。根據衛爾先生的想法，沙利文先生私下在我不知情且違背我意願的情況下向他屈服了。

第二天，沙利文信託公司將兩萬五千股「流浪犬」的股票，以每股四十五美分的價格運往衛爾先生位於紐約的公司，匯票已付清。不過復仇天使緊跟著衛爾先生，因為在紐約經紀人收購「流浪犬」之後不久，一場災難就使內華達州礦業股——尤其是曼哈頓眾多礦業公司的股價幾乎歸零。舊金山被地震和大火摧毀，而有超過一半的曼哈頓股票投資資金來自舊金山市。地震對曼哈頓來說簡直是致命打擊。

作為曼哈頓礦業股票主要市場的舊金山證券交易所被迫停業兩個多月。經紀人和轉匯公司失去了他們的交易紀錄，沿岸地帶遭受鉅額財產和金錢損失，使得採礦企業再也無法從那裡獲得金源。內華達州每家銀行都關閉了，就如同加州的每一家銀行，這兩個州的州長宣布了一系列的停班規劃，讓金融機構能夠騰出時間應付巨變。內華達州的銀行通常是透過舊金山的銀行清算的，實際上，內華達州的所有現金都被這場災難綁住了。

沙利文信託公司面臨危機。當曼哈頓熱潮從最初的緊張局勢開始緩和時，我認為在股票市場上為「跳躍傑克」提供支持是一件好事。信託公司累積了數十萬股股票，平均每股收益三十五美分。地震發生時，信託公司的金庫中只有八千美元的黃金，而存入銀行的款項無法挪用。八千美元的金幣中，有六千五百美元是在地震發生後兩天付給威爾斯—法戈快遞公司的，當時威爾斯—法戈有輛汽車幫我們處理運輸事宜，他們要求以金幣付款。因此在內華達州或舊金山想要找出任何形式的礦業證券是不可能的。沙利文信託公司的資金被綁在關閉的銀行中，而且保險庫中有無法出售的成排證券，這對沙利文信託公司來說，簡直像被困在死胡同中。

這段時間以來我們感覺隨時要破產了。在兩個月的時間裡，我們以低價直接向東部經紀人出售了曼哈頓證券，勉強維持生計。這種購買力主要來自經紀人，這些經紀人以較高的範圍做出承諾向公眾「賣空」股票，而且他們需要實際交付的證書。

內華達州的銀行和舊金山證券交易所花了超過六十天的時間才從災害中復原。舊金山證券交易所必須開業，沙利文信託公司才有可能從曼哈頓證券中挪用一些現金充作急用，而曼哈頓證券的現金過剩。信託公司透過舊金山證券交易所的成員獲得了大約十萬美元，戈德菲爾德銀行又以同樣的方式再提供了十萬美元。我們終於能撥雲見日了。

遺失的財富

不久，戈德菲爾德的「莫霍克」礦山，開始證明自己是一座奇妙的寶藏庫。「海耶斯和莫內特公司」擁有這塊礦山一小部分租賃權。他們挖到了高級礦石，日產量為三千美元。幾週後，據報導，日產量增加到五千美元。

「莫霍克」與「聯合」礦山的距離只有一箭之遙，在戈德菲爾德地區，大家都認為「莫霍克」可能成為另一個「聯合」。海耶斯和莫內特公司對他們的成功感到震驚——甚至感到恐懼。海耶斯和莫內特的朋友不斷敦促他們盡快開採礦石，但他們這時突然來到我們信託公司的辦事處，表示想要出售他們的租約，租期為六個月，售價為六十萬美元，其中二十萬美元付現金，另外四十萬美元將從礦石的淨收益中扣除。此時我的賭博本性又故態復萌。

「我會接受的。」我說。

我把申請寄給了國家銀行和信託公司，並且附上一張二十萬美元的證明支票。當沙利文先生和傑克・坎伯抗議時，我已經快要完成這筆交易了。

「我該有十五天的時間來檢查礦脈才對。」坎伯先生呼籲。

「這風險太高了。」沙利文先生說。

海耶斯和莫內特聽到我們的提議，表示若是允許進行十五天的礦脈檢查，實際上代表著這段期間礦山必須關閉，由於租期有限，這絕對會給他們帶來損失。如果交易失敗，損失的程度將會超乎想像，於是他們拒絕了。

這段時間坎伯先生和沙利文先生一直拖拖拉拉，租賃地的產量也不斷增加。兩週後，我們三個人總算一致贊成這一提議，海耶斯和莫內特卻斷然拒絕出售。半年內，「莫霍克」這塊租賃地所生產的礦石總價值約為六百萬美元，租戶淨賺了約四百五十萬美元。沙利文信託公司眼睜睜看著煮熟的鴨子飛了。

在此期間，我與亨利．佩里和綽號「老爹」的W．H．克拉克度過了一個夜晚。克拉克先生和佩里先生一樣，都來自鹽湖，克拉克先生成功地將「直布羅陀牛蛙」礦脈推廣出去。我們坐在「棕櫚餐廳」的桌子旁，談話轉向了新的採礦營地。

「萊斯，」克拉克先生說，「我希望能夠在幾週內將您帶入核心交易，如果您承諾接下營地的宣傳任務，這將為您帶來一些收益。」

「好。」我說。

「我正在進行一些化驗，」他說，「化驗昨晚幾個探礦者帶入營地的一些樣品。如果結果和探礦者所聲稱的一樣、或是差不多，我們就會需要您的服務讓它大鳴大放。」

那天晚上，佩里先生從化驗師那裡得知，十六個樣本化驗結果，最便宜的價錢為每噸八十六美元，最貴則為每噸四百七十五美元。第二天早上，佩里先生告訴我，他整夜都待在克拉克先生身邊，了解礦石的來源。佩里先生說，克拉克先生在凌晨告訴他說，礦石的來源是法倫（Fallon）以東五十英里處的「錦繡峰」（Fairview Peak）。

「萊斯，」佩里先生說，「讓我們搶先一步。我們明天就派人用騾子帶著需要的裝備穿越沙漠，因為前往錦繡峰需要一周的時間。」

牛蛙企業有個與佩里先生同樣對此事感興趣的比利．泰勒參加了聚會，我們各給了佩里先生五百美元的支票，這樣總共是一千五百美元，足夠派一個人到錦繡峰那裡購買礦山。佩里先生用電匯向鹽湖「共和銀行」支付了一千五百美元給班．盧斯，並指示盧斯先生用電匯將這筆錢帶到錦繡峰並展開業務。

從上次聽到克拉克先生或盧斯先生的消息到現在，差不多過了兩個星期了。克拉克先生回到營地後表示，他從一群巡迴探礦者那裡，以五千美元的價格買下這個「內華達山」礦產，是個礦藏豐富的地方，簡直可說是「世界一流」。

「你在那裡見過任何其他外人嗎？」佩里先生問。

「有，」克拉克先生說，「我遇到了一個名叫盧斯的人，他幾乎快我一步。實際上，他確實在我到達那裡之前就購買了礦山，但他沒有錢，他們也不會接受五百美元的支票，因為那是所需的押金。我隨身攜帶了黃金，所以我搞定了這件事。」

幾天後，盧斯先生來到了戈德菲爾德。

他說：「我沒得到這個大物，但我以七千美元的價格買了附近的『鷹巢』，其中五百美元是訂金。那裡面有礦石，我認為看起來不錯，所以當我到達錦繡峰時，我沒錢了。他們拒絕了我為『內華達山』開出的支票，但鷹巢的小子們用五百美元拿下了錦繡峰。」

當佩里先生的急件到達鹽湖時，盧斯先生不在家。盧斯先生收到後，銀行已經關門了。他為了趕上第一班火車，只好把錢留著沒取。他到達錦繡峰時身上少了一千五百美元，因此佩里先生、泰勒先生和沙利文信託公司在內華達山爭奪戰敗下陣來。

克拉克先生和他的合夥人以每股面值五美元、共一百萬股的價格，整併了「內華達山」公司，並接受每股一美元的認購。

幾個月後，「內華達山」從礦石中支付了三十七．五萬美元的股利，此後不久，在金礦熱潮達到頂峰時，據報導，擁有控制權的所有者拒絕了對這座礦山的六百萬美元報價。這個礦山後來證明是一個富礦，而「內華達山」公司的股票最近在紐約證券交易所和舊金山證券交易所以三百萬美元的估值售出，知情的礦業界人士認為這筆錢值得。戈德菲爾德集團總裁喬治．溫菲爾德跟著沙利文信託公司進入錦繡峰，購買了位於內華達山丘和鷹巢之間的「錦繡峰老鷹」，溫菲爾德先生現在也成了「內華達山」的總裁。「錦繡峰之鷹」的庫存股票在戈德菲爾德以每股四十美分的價格出售。最近，「內華達山」和「錦繡峰之鷹」合併了。

傑克．坎伯認為「鷹巢」廣受歡迎，我們決定組織並推廣一間公司來擁有、開發這座礦山。

沙利文信託公司各以八千美元的價格購買了泰勒先生和盧斯先生在鷹巢中的權益（後者的工作獲得了四分之一的利息），並以三萬美元的價格購買了佩里先生的權益。這使得「鷹巢」成為推廣「鷹巢錦繡峰礦業公司」的基礎。「鷹巢錦繡峰礦業公司」以一百萬股、每股面值五美元的股票進行資本化，約翰・史帕克斯州長接受了我們的邀請成為公司總裁。全部股本在三十天內透過東部和西部股票經紀人公開出售，認購價為每股三十五美分。款項支付後，我們的淨利潤約為十五萬美元。

「鷹巢」交易案使我們的信託公司能夠償還舊金山地震後借來的大部分資金，公司再次復甦。

牛蛙熱的故事

在強打一波「鷹巢」後，沙利文信託公司成為「牛蛙熱」（Bullfrog Rush）的贊助商。幾年前，我在薩拉托加「美國飯店」一間小屋的草坪上遇見了礦山所有者J・葛蘭特・萊曼博士。他在那裡玩賽馬，身邊出入的都是一些好人，這偏偏就是他惡名昭著的原因，只是我對此還一無所知。萊曼博士以十五萬美元的價格購買了「牛蛙熱」礦山，當他在戈德菲爾德的約翰・S・庫克公司的銀行以現金支付了十萬美元時，我也在場。「牛蛙熱」物業面積大，表面光彩奪目，與「川普士集團」（Tramps Consolidated）礦坑相鄰，後者當時的股價約為三美元。總之「牛蛙熱」

前景看好。

萊曼博士以一百萬股票、每股面值一美元的價值成立了公司。沙利文信託公司的服務被用來為企業的礦山開發提供資金，信託公司以每股三十五美分的價格獲得了該公司的庫存股票，並透過東部股票經紀人出售，也藉由廣告直接向大眾出售。賣給經紀人的價值是每股四十五美分，給投資者則是每股五十美分。我們賣出了二十萬股股票，在不到三十天的時間內實現了九萬美元的收益，保留了兩美元的佣金和費用，然後將七萬美元的股票轉為「牛蛙熱」公司的庫存，這些錢全都交給了我們的信託公司以進行礦山開發。

「牛蛙熱」開鑿了六個隧道，也挖了多個豎井，深度達四百英尺，這個礦脈似乎很有前途。豎井在四百英尺深時遇到了石灰層，看來，「牛蛙熱」所在的富礦山（Bonanza Mountain）上的所有物業，包括當時在市場上以三百萬美元售出的「川普士集團」礦坑，注定要成為一個失敗的採礦點。根據我們的工程師的說法，整個山丘都是「滑坡」，而且在四百英尺以下不可能存在礦石。

我們隨即通知萊曼博士，將停止出售這支股票，直到這座礦山顯示出更好的開採跡象。

幾週後，萊曼博士未經通知進入我的私人辦公室。在此期間，「跳躍傑克」、「流浪犬」、「印地安營」和「鷹巢」在舊金山證券交易所的平均售價都比促銷價高三五％。沙利文信託公司讓投資者大發利市，此時「牛蛙熱」尚未上市，我們也怕將它推向市場、換來一個不怎麼樣的報價。

「我已經在戈德菲爾德區成立了『聯盟證券公司』。」萊曼博士來到我的桌旁坐下，「而我本人將從事促銷業務。我不相信那些說牛蛙熱是失敗的報導，我正在進行促銷。」

我提出異議。我說，「我不會批准的。沙利文信託公司最好的朋友史帕克斯州長接受了牛蛙熱主席一職，因為我們保證這座礦山是好的礦山。本鎮重要的銀行家約翰．S．庫克接受了這座礦山的財務長一職。這家信託公司的總裁沙利文先生則是『牛蛙熱』的副總裁。就目前的情況而言，我們夠忙了。你最好不要給我再繼續促銷。」

萊曼博士一言不發離開我的辦公室。

兩天後，我收到史帕克斯州長的通知，稱「聯盟證券公司」的整版廣告刊登在雷諾的《內華達州日報》上，這間公司提供「牛蛙熱」股票認購。州長對出售該股票一事表達強烈抗議，我們此前已經跟他通報過礦山大致的最新情況。

我將沙利文先生在皇宮的合夥人之一彼得．格蘭特派去向萊曼博士提出抗議。但我們得到的回答是，《內華達州日報》那篇廣告還會在整個東部發行的所有報紙上出現，而且這些廣告的訂單不會被取消。半小時後，萊曼博士隨著格蘭特先生進入辦公室。格蘭特先生顯得很火大，萊曼博士則朝我怒目以對。

我請萊曼博士找張椅子坐下。

「如果您敢動手阻止我，」他邊說邊在他上回坐的地方坐下，「我就會揭發自您有生以來所有一舉一動，並讓您瞧瞧誰才是這家信託公司的老闆！」

萊曼博士和白楊樹一樣高，而且肌肉發達，活像聖經中的參孫（Samson）。他剛從東部來到此地，脾氣暴躁，打扮得整整齊齊。相比之下，我簡直像一具死屍，衣著破舊不堪，看起來滿臉庸碌之相，身材矮小，如果來場拳擊賽，萊曼博士可能不用一分鐘就能把我打倒。但是這並沒有真的發生——不義的感受使我忘記了萊曼博士勒索威脅的一切。我跳了起來。萊曼博士背對著玻璃門，我朝他揮了一拳。他退後一步躲開了。一秒鐘後，他撞上了一塊大玻璃，玻璃砸毀在地上。又過一會，他重新站起，轉身落荒而逃。他的臉滿是碎玻璃留下的刮痕。有幾名職員以為他動粗，跟在他後面跑了一陣子，回來報告說，他直到六百英尺外的街道盡頭才停下來。

「噢，」他喘著粗氣，「我再也不想在其他男人眼中看到這種表情。我以為他要伸手去掏槍。」

儘管我很生氣，但掏槍是我最不可能做的事情。我想是萊曼博士突然良心發現了。

我很快決定了要採取的行動。

信託公司的立場是這樣的：除了「牛蛙熱」之外，我們在股票市場上還有許多贏得大眾信任的獲利股。如果我們允許萊曼博士繼續推動他的「牛蛙熱」股票促銷，那麼除非我們放棄保護市場上現有股票這項規則，否則我們某天應該會被迫回購他出售的所有股票。關於這座礦山的真相必定會顯露出來，而面對大眾的人，是作為贊助者的我們，而非萊曼博士。

我決定，信託公司應退還「牛蛙熱」股東支付的款項，並阻止萊曼博士出售更多股票。對於透過我們向大眾售出大部分股票的經紀人，我們發了電報，表示我們將退還經紀人取得我們發出的證書時，所支付的確切金額。我們還與州長史帕克斯聯繫，要求他准許在報紙上刊登廣告並附上他的簽名，並宣布這個礦山已被證明是失敗的採礦行動，同時建議大眾不要再購買任何股份。這讓州長非常高興，因為他很快就回傳電報表示同意，並對我們採取的立場表示祝賀。

當晚我們便向大眾發出警告，上面有州長約翰．史帕克斯的簽名，另外還有沙利文信託公司的另一則廣告，提供大眾針對所購買的「牛蛙熱」股份進行退款，這則廣告也以電報發給東部所有主要報紙。第二天，這兩個公告與萊曼博士的戈德菲爾德「聯盟證券公司」開放大家認購「牛蛙熱」的半頁和整頁廣告並排出現。怪的是，報紙毫不畏懼地表演了一個前後矛盾的絕技。

但大眾確實不再購買「牛蛙」的股票。

「牛蛙熱」事件讓沙利文信託花的錢不到九萬美元──這筆錢是退還給股東的，還加上用於廣告宣傳我們譴責「牛蛙熱」的額外費用。萊曼博士被剝奪了對礦山的全部投資。至於報社，則損失了數千美元，這是萊曼博士未付的廣告費。還有一些礦業股票經紀人也沒收了一些錢，因為他們得退還佣金。

紐約礦業股票經紀人J．C．衛爾，以衛爾兄弟公司的名義開展業務，他已向其客戶出售了大約十萬股「牛蛙熱」股份，他對我們決定不退還超過支付給我們的淨價一事大感意外，他認為我們不應強迫他的公司分散這些利潤。我們適時挺身而出並且辯稱，他應該對於我們用與眾不同的方式擺平股東的這項「成就」感到驕傲，並與我們共享榮譽才對。這是西部礦業促銷史上第一次出現這樣的事情，我們向衛爾先生指出，這將為他本人和信託公司贏得聲譽。衛爾先生與信託公司進行了一段時間的書信戰爭，這兩個月他都拒絕屈服。最後，我們收到了衛爾先生的一封信，信中說，由於我們拒絕接受他的條款，他將接受我們的條款，並且以四千五百美元的價格採納我們的建議，並附上一萬股「牛蛙熱」股票。收到這封信後，我立即指示出納員兌現匯票。

一個小時後，出納員報告說已經出示了匯票，而檢查了股票證書以後出納員發現，這裡頭沒有一張是由信託公司透過衛爾先生的公司出售的股票證書；事實上，這些股票根本從未由信託公司提供給任何人過。我們匆忙檢查了「牛蛙熱」公司的股票證書簿，這些簿冊是從「牛蛙熱」公司位於戈德菲爾德、萊曼博士的業務員兼公司秘書所掌握，裡面有大量空白證書被撕掉了，存根上沒有再附帶任何條目。

衛爾先生退還給我們的證明書，上面的日期是幾個月前，而我們直接的假設是，萊曼博士在我們根據具有約束力的合約銷售庫存股票的那一刻起，禁止他或任何其他人在各種情況下處置股份，每張「牛蛙熱」股票他都是私下秘密地在處理。看來，衛爾先生忘記將萊曼博士的證書與信託公司發給他的證書分開。另一個假設是，這些證書根本沒有售出，而只是從萊曼博士那裡收到、然後再轉交給我們，以便要求我們退還從未支付的款項。

當然，我們退還了未付的匯票，但這並沒有讓事情結束。我的合夥人沙利文先生將自己的想法傳達給衛爾兄弟公司，內容如下：「你大錯特錯，就好像你吞下了三英寸的釘子，然後吐了出來後，它卻成了拔塞鑽一樣。」這是典型「沙利文式」表達意見的方法。

戈德菲爾德經過了一年的風塵交加，總算迎來了夏日的光芒。八月的寂靜之氣瀰漫在高海拔稀薄的空氣中。大約兩年前，這種稀薄空氣使得採礦營中有個機智的傢伙，對我的新聞社誕生發表評論，「高空對於混合夢想所創造的遠見是相當理想的」，過了兩年，這句話的預言意味已經淡了。有很多具體跡象表明，黃色的金屬益發常見，礦山的產量每天都在增加，投機者的錢正從各方湧入採礦營。

巨大的採礦業正在繁榮壯大。戈德菲爾德的「莫霍克」公司的註冊價為一百萬股、每股面值一美元。在初期，它可是以每股十美分的低價乞求買家青睞，現在卻以兩美元的價格在舊金山證券交易所、戈德菲爾德證券交易所和紐約證券交易所出售。其他金礦股在比例上也有所提高，「聯合分數」從二十五美分上升至一．一五美元；「銀牌」從每股十五美分跳升每股五十美分；「巨象分部」則從十五美分升至六十美分。兩年前以每股八美分的價格大批量發售的「紅頂」，目前售價來到一美元。「巨象」股價從二十五美分上漲至一．二五美元。「亞特蘭大」從十二美分上升到四十美分。另外有其他五十支股票很有前景，同時享受了相應的增長。

沙利文的股票也搭上了這股潮流。「跳躍傑克」在舊金山證券交易所和紐約證券交易所的價格為四十五美分，「流浪犬」為七十美分，「印地安營」則為八十美分，「鷹巢」為五十美分。「印地安營」的持有者可以套現二〇〇％以上。

這股「淘金熱」在全國各地傳開來，我在戈德菲爾德的宣傳局不斷趕工加班。在著名小說家兼雜誌專欄作家詹姆斯．霍珀和哈里．亨瑞克及其他採礦記者的大力協助、「為人民服務」下，全國各大報的新聞欄上，充斥著金礦場激動人心的故事。

人們開始蜂擁而至。這個鎮現在充滿一片喧囂，以及歡快的人聲，各色人等在各個角落聚會，討論「莫霍克」帶來的巨大生產量，以及代表戈德菲爾德各類金屬礦物帶來的巨大市場發展。每當「莫霍克」租約的擁有者海耶斯和莫內特在街道上出現時，後面跟著的便是營地裡蜂擁而至的人群，他們總是大聲吆喝、張口大笑著。

採礦營中的礦業股份投機令大家瘋狂，開始逐漸超過賭桌上原本令人興奮的遊戲。現在就連街道上的空地，也充滿了興奮之情。

每次在戈德菲爾德證券交易所舉行的董事會議都很擁擠，會議也非常激烈。每一步階梯和每一道走廊都擠滿了男男女女，他們的臉配合著室內的光和影不斷閃爍著。採礦相關的競標、抬價無比瘋狂，利潤也很高。除非某支股票的報價比上回大幅上漲，否則幾乎每個人都想買入、卻沒人願意賣出。人人都幻想著一舉發跡，幻想的煙霧奪走了理性。

銀行存款可說是突飛猛進，採礦營的發跡使人快速沉醉其中。

曼哈頓現在雖然是沾了戈德菲爾德的光，但是曼哈頓的股票卻在蓬勃發展。這使得沙利文信託公司可以處理掉舊金山災難後結轉的幾乎所有曼哈頓證券，並積累大量現金。

市場對「錦繡峰」公司股票的需求很大。「內華達山錦繡峰」的股票，在證券交易所以每股三美元的價格出售，這座礦山的估計價值為三百萬美元。就在幾個月前，它以五千美元的價格落入了戈德菲爾德和鹽湖手中。沙利文信託公司接受的「錦繡峰鷹巢」認購價為每股三十五美分，而在舊金山證券交易所的售價則為七十美分。

沙利文信託公司宣布以二十五美分的價格發行一百萬股股票，包括「錦繡峰冰雹採礦公司」的全部資本。我們以八美分的價格購買了這支股票，而且在一周內就賣光了。舊金山和鹽湖是主要的買家，我們甚至連登報廣告都不用，各地的股票經紀人彼此競相以電報方式認購股票。

獎金拳賽和促銷採礦

過去兩周，發現金礦的消息總算告一段落，但即將到來的甘斯（Gans）與尼爾森（Nelson）拳擊賽（原定於九月三日勞動節在戈德菲爾德舉行）為全國報紙提供了足夠的激動人心的閱讀材料，也讓戈德菲爾德再度登上新聞版面。沙利文信託公司向宣傳這場拳賽的人提出保證，金額高達一萬美元，其他礦業同行再使之墊高至五萬美元。拳手之一的甘斯沒錢繳交保證金參賽，因此沙利文信託公司墊付了這筆錢。沙利文先生成為甘斯的經理。甘斯抵達鎮上時，沙利文先生就此與他會談：

「甘斯，如果你輸掉了這場比賽，他們會在戈德菲爾德把你宰了；他們會認為你沒出全力。我和我的朋友們會下重注押你獲勝，你一定得贏。」

甘斯答應他會盡力而為。

「德州佬」泰克斯．里卡德和他的朋友則押尼爾森。沙利文信託公司的出納員得到指示，吃下所有想要以八賠十和七賠十的賠率押甘斯獲勝的資金，我們打算「高位做空」。我們在櫥窗上掛了個標語：「麻薩諸塞州來了大筆錢押甘斯獲勝。押尼爾森獲勝的錢則來自內線。」沙利文先生沉浸在他的榮耀之中。與高端的財務工作相比，獎金拳賽更適合他的品味，他忙得不可開交。

關於誰應該主持這場比賽也引發不少爭論。泰克斯．里卡德提名了芝加哥的喬治．賽勒，而尼爾森很快就同意這個選擇。沙利文先生公開表示反對，他認為這招有鬼。他派人去報社找來記者，並在接受採訪時宣稱，賽勒先生會因為甘斯是黑人而有偏見，他不認為賽勒先生會給甘斯公平的吹判。

報社人員離開辦公室後，沙利文輕聲說，「萊斯，我只是拿種族偏見當幌子，但這其實不會造成任何傷害。賽勒需要這份工作，他破產了，在我同意讓他擔任裁判之前，我會讓他百依百順的。他們已經邀請了賽勒來這裡，而且我無法再聘請一名裁判，但我將在自己的比賽中擊敗他們。當賽勒到達這裡時，我會與他討論並同意選擇他，但首先我要他知道誰是老大。」

賽勒先生到了。一個小時後，他與沙利文先生在信託公司辦公室的一間後廳裡閉門談話。隨後進行的對話大致如下：

賽勒先生：沙利文，您完完全全誤會我了。我想吹判這場拳賽，我希望您撤回反對。

沙利文先生。好吧，我的消息來源告訴我，您對於甘斯只有討厭，而且我無法同意您擔任裁判。

賽勒先生：我需要這場拳賽，而且我從芝加哥一路來到此地，就是希望能判這場比賽。就算我想找甘斯麻煩也沒辦法。他是個誠實的鬥士，我沒有藉口。

沙利文先生：甘斯是個誠實的鬥士，但尼爾森不是。他手段骯髒，破壞公平競爭的原則。

賽勒先生：如果他在這場拳賽中犯規，我會揪出來，或宣布他失格。

沙利文先生：我能得到什麼保證，確保您不會找甘斯麻煩？

賽勒先生：好吧，我告訴您，沙利文，如果您撤銷反對，我將向您保證我會很公平。不管尼爾森有沒有要小手段，我都會在所有疑點上讓甘斯得利，以展示我的公平。這樣您滿意嗎？

沙利文先生：很好，這會讓我很滿意。但是請記住，如果您不遵守諾言，您將有可能像甘斯輸掉比賽的下場一樣，難以活著離開這個小鎮！明白嗎？

賽勒先生：明白。

拳賽開始前的下午，沙利文信託公司進行了結帳，發現押甘斯獲勝的下注金額為四萬五千美元，而押尼爾森的賭客則總共下注了三萬兩千五百美元。

沙利文先生與我商量之後，接受擔任擂台旁主持人的榮譽職位。沙利文雖不具備貴族風度，但他的體格優美，從容不迫，還帶有一點虛張聲勢的樣子。我充滿信心，他的誠懇態度必能吸引遠方的人們。

拳手登上擂台之前，沙利文跳入了擂台。他站在大批舉起雙手揮舞的觀眾之上，向廣大群眾致意：

「先生們，我們聚在這個盛大的**競競場**，準備觀賞擂台上的戰鬥。這場戰鬥是在泰德．里卡德的主持下進行的，里卡德是一個**負名廣盛**的人……」

沙利文沒法再講下去，因為觀眾狂笑起來，而且不斷大喊大叫，直到聲音嘶啞方休。他的話被眾人的嘲弄聲給淹沒了。靠近擂台的朋友告訴我，他試著以同樣方式又講了幾分鐘，但我自己也不確定，因為他的「負名廣盛」和「兢兢場」害我無法聽到其他聲音。

拳賽進行到大約二十多回合，我開始懷疑甘斯能否獲勝。沙利文先生在擂台邊有一個專員，他到目前為止不斷收到六賠十押甘斯獲勝的賭注。我來到擂台邊向沙利文先生打招呼。

「我對甘斯獲勝沒有太多把握。」我小聲說。

「你先等一下。這回合結束我就會到甘斯的角落問他感覺如何。」沙利文先生回答。

沙利文先生走到甘斯的角落，然後回來了。

「甘斯說他贏不下這場戰鬥，但他不會輸。他是個優秀的將軍，他會讓我們全身而退。別再下注了，我要回去擂台邊了，仔細看著吧。」

很明顯的，在接下來的十個回合中，甘斯利用一切機會給觀眾留下深刻的印象：尼爾森慢慢使出骯髒的打法，沒多久觀眾就對他的小手段飽以噓聲。另一方面，甘斯表現得很公平，像個紳士。很快也很明顯的，甘斯贏得了觀眾的同情和青睞。

雙方一路糾纏到第四十回合，沙利文先生再次隨著群眾湧向甘斯的角落，並對他講了一些悄悄話。

第四十二回合，甘斯突然倒地並且翻了個身，痛苦地握住他腰帶下的手，發出一陣哀號。激動的觀眾都看得出來，尼爾森對他使出了惡意犯規。

沙利文先生又一次爬進了擂台。現場一片混亂，觀眾紛紛站起來。沙利文先生將拳頭伸向裁判的臉，喊道：「現在，賽勒，您看到犯規了，對吧？這是犯規，對吧？甘斯贏了，對吧？」

一切都來得太快了。賽勒先生面色蒼白得跟鬼一樣，喃喃自語著。

沙利文先生轉過身去，抬起雙手向天空大喊：

「先生們，裁判宣布甘斯因為對手犯規獲勝！」

觀眾紛紛讚揚他的決定。儘管尼爾森立即抗議並表示自己的清白，但群眾似乎沒有人懷疑這是個犯規。

第二天，沙利文先生告訴我，在第二十四回合左右，甘斯的手腕就斷了，已經知道自己無法將對方擊倒獲勝。他還說，為了這天能全身而退，甘斯選擇在第四十二回合倒下。

「我贏了這場戰鬥。」沙利文先生說。「第四十回合時，我到甘斯的角落告訴他，如果他輸了，他會害他的朋友們全部完蛋，但觀眾是站在他這邊的，所以該趁勢利用尼爾森的骯髒手段博取同情了。」

這是我第一次參加拳擊獎金賽，也是最後一次，但是，我對獲勝者表示同情。直到最後一回合，甘斯的打法都是很紳士的，尼爾森的打法則相當的髒。甚至押尼爾森的人們在拳賽後也同意，甘斯整整四十二回合都不是在公平的條件下競賽，他絕對有資格獲勝。

尼爾森幾乎每一回合都有犯規的嫌疑，但事實上甘斯很可能並沒有在第四十二回合中被犯規打到無法再戰，很可能只是利用了他的男子氣概營造出一種情緒感染力——竭力奮鬥至此，在一個重要的時刻倒下，肉體上輸了，心理上卻獲勝了。

比賽結束後，我見了賽勒先生。他的判決受到許多人的讚揚，他看起來也很開心，但他向我保證，如果邀請他到任何一個採礦營中再次擔任裁判，他都會拒絕的。

當然，沙利文信託公司靠這這個比賽結果贏來了大筆賭金，不過卻在隔天的作戰輸掉了更大筆的賭金。主持人沙利文在向觀眾致辭時，試圖用滔滔辯才打高空，但這所產生的印象其實對信託公司不利，而且沙利文信託公司需要在第二天使用超過十萬美元，來支應沙利文股票湧入舊金山證券交易所的大量賣單。

大數字時代

我很快就彌補了這些股市損失。幾天後，下午大約四點，一位白天工作的礦工來到信託公司辦公室。這名礦工礦工是根據「聯合分數」的洛芙特斯—史溫尼租約工作的，他來向我購買一千股「聯合分數」股。他向我吐露，正當他下班時，才知道這裡找到了高級礦石，而且數量驚人。當天下午，「聯合分數」的收盤價為一．一五美元。我出門上街，買了所有我看得到的「聯合分數」股票。在半小時內，我以每股一．三美元的價格發行了約六萬股股票。一個小時後，租約持有人得知我的行動，當晚八點，當戈德菲爾德證券交易所開始夜間交易時，價格跳升至一．八五美元。此後一周內，價格飆升至三．七五美元。這個數字讓我獲利近十五萬美元，如果我堅持更長的時間，利潤還可以翻倍，因為幾週後，「聯合分數」的價格超過了六美元。

這次「聯合分數」挖出大量礦產之後，又出現了幾次重大礦藏，各方的力量也匯聚到這裡來。十月份，「戈德菲爾德銀牌」已漲至每股一美元，上漲了六〇〇%。「戈德菲爾德紅頂」的售價為兩美元，「巨象」的售價為兩美元，「莫霍克」的售價為五美元，利潤率在二〇〇〇%至五〇〇〇%之間，其他股則按比例增加。實際上，有超過二十支戈德菲爾德股票在交易所上市，向大眾展示的股市利潤從一〇〇%到五〇〇〇%不等。

各種各樣的採礦機械都被運到營地。在「聯合」礦坑周圍半英里處，組裝好的豎井看上去就像一個巨大的油田，到處都有採礦活動的跡象。在「聯合」礦坑以東四英里、以南六英里的範圍，每英寸地表都有礦山。而離這些礦山數英里外的地方，每小時都有人開價，各種股票不斷以高價轉手、成交。

沙利文的股票與其他繁榮的股票在市場上保持同步，這間信託公司顯然在成功浪潮中不斷乘風破浪。在此期間，我們的利潤超過了一百五十萬美元，而我們才剛成立滿八個月。

短短兩週內，沙利文信託公司以每股二十五美分的價格推廣了「戈德菲爾德盧迪隆」礦業公司，這間公司預估價值高達二十五萬美元，我們支出的成本為五萬美元；而「銀牌分部」也以同樣價格出售，我們支出的成本為兩萬五千美元，我們在這兩筆交易中淨賺了幾十萬美元。沙利文信託公司購買了位於「聯合」礦山五百英尺範圍內的「盧迪隆」和「銀牌分部」，並擁有數月之久的期權，它們的增值幅度達到了當天在戈德菲爾德為「盧迪隆」開出了每股二十五美分的認購價；一家名叫「鳳凰」的探礦公司將整個礦山以五萬美元賣給沙利文信託公司，它認購了十萬股，這個額度高達該公司的十分之一，它也為此支付了兩萬五千美元。

沙利文信託公司的規則是，在其廣告文案以郵寄方式離開東部營地的那一天，才會在戈德菲爾德開放認購，並總是要求報社在收到廣告後的第二天發布廣告，這些廣告通常是整版的。而「盧迪隆」的情況則是，有必要發電報給芝加哥以東的所有報社請他們不要發布廣告，因為不然的話，在廣告發到報社之前股份就會超賣。至於「銀牌分部」，則在透過電報取消廣告之前，帶有廣告副本的郵件就已經到達了堪薩斯市。「盧迪隆」和「銀牌分部」全部的產品中，來自舊金山、洛杉磯和鹽湖的認購就佔了五〇%，戈德菲爾德則佔二五%。事實上，如果我們願意，我們可以在不登任何廣告的情況下，將全部產品賣給戈德菲爾德、托諾帕和雷諾地區。光是內華達一州就對這些股票相當興奮了。

在此期間，由沙利文信託公司推動的礦業公司的月工資總額超過五萬美元，在開採礦產方面也取得了出色的進展。

此時是戈德菲爾德的初秋時節，溫暖、乾燥，塵土飛揚，天空完全沒有烏雲的蹤跡。我每天在辦公桌前十八個小時，我喜歡我的工作，所有事情都以我們想要的方式發展。

沙利文信託公司也在政治參上一腳。沙利文先生在礦工中很受歡迎，而史帕克斯州長是信託公司的重要資產，因為他一直掛名總裁，並用自己的名字推動所有礦業公司。然而，當州長選舉將臨時，州長卻沒有錢支付競選費用。他從卡森市（Carson）給信託公司打了電報：

「我無法爭取再次得到提名。」

我們回覆：「您肯定會當選，如果您願意，您將以鼓掌方式獲得再次提名。」

「除非你保證我會當選，否則我不會投入競選。」他回電報說。

我們回答：「我們保證你會當選。」

於是州長獲得了民主黨提名。共和黨則提名礦業工程師兼礦主J．F．密契爾，他在礦山經營者中很受歡迎。

戈德菲爾德擁有成千上萬名礦工，而「西部礦工聯盟」占有主導地位。

「沙利文，」我說，「既然礦主們提名了密契爾，礦工是否一定會投給民主黨？是否有必要花點錢打點西部礦工聯盟？」

「一毛都不用！」沙利文先生回答。「明天有執行委員會議。他們開會時我會去的，不用花一毛錢就能搞定，看我的吧！」

第二天沙利文向我報告說他已經完成了任務。

「我沒有參加會議，」他說，「但是我確實看出哪裡比較吃緊。執委們告訴我，州長捐贈修建礦工醫院是大家愛戴的德政，但即使那樣也沒有必要，不管怎樣史帕克斯都會勝選。」

沙利文信託公司唯一墊付的競選活動資金用在了讓沙利文先生前往雷諾。他要價一千美元，然後用它在「黃金酒店」一樓舉行公開招待會，召見人們並與之致意。雷諾似乎是共和黨的據點，而沙利文先生藉由引誘天主教徒反對新教徒，成功壓制了共和黨多數，使他們完全無法招架礦工在戈德菲爾德動員聚集的民主黨多數。最後史帕克斯州長輕鬆以過半的票數當選。如果情況真的吃緊，我們會來點「公器私用」，但這毫無必要。

戈德菲爾德集團的故事

傳言說，在戈德菲爾德有幾間巨大的公司將要合併，這個傳言不絕於耳。儘管這傳得像採礦營發現黃金一樣震耳欲聾，但它們並不能證明股市出現驚人漲幅是正當的，而且顯然必須先有一些非同尋常的東西，來證明市場的動態是正當的。

喬治．溫菲爾德的生涯發展飛快，五年內從托諾帕的一名法羅牌荷官，搖身變為持有「莫霍克」和許多其他礦業公司控制權的人物，然後又持有戈德菲爾德主要銀行「約翰．庫克公司」的部分所有權，「約翰．庫克公司」據說存有七百萬美元，似乎要醞釀一筆交易，但關於這個交易我們完全不知道人名、地名或公司名，也沒有確切的數字。我想到，進行中的任何合併，都必須考慮到「巨象」和「紅頂」的中心位置。我找出了查爾斯．D．泰勒，他和他的兄弟H．L．泰勒和J．B．梅納迪上尉擁有這些財產的控制權。他以每股二．五美元的價格買入他的股票和他合夥人的股票——全有或全無。泰勒先生曾當過探礦者，也進過採礦營。他大部分夜晚都花在了賭台上，據報導，對專業賭客來說，他是個軟柿子，不斷輸錢，而且輸得很多。我指示沙利文先生開始調查他，沙利文先生向我報告說，溫菲爾德先生正在和泰勒先生結交。

我對沙利文先生說：「把這些礦山的選擇權從泰勒手中弄來，而且要快。」

第二天早上我遇到了沙利文先生。他手中持有兩萬股「巨象」股票，在戈德菲爾德股票交易所以每股一．七五美元的價格出售。

「我昨晚在泰勒和溫菲爾德的撲克牌局中獲勝，」他說。「我得到口頭許可，能以二．五美元的價格買到物業選擇權，為期三天。但如果您讓我繼續處理此事，我有把握靠著和他玩牌把這些礦山通通贏下來。」

我有一個星期沒有再見到沙利文先生了。接下來，我聽說他重新開了酒戒，據說他正在托諾帕慶祝此事。當沙利文先生「吹噓」自己的撲克牌能力時，溫菲爾德先生與泰勒先生達成和解，並以每股平均二．一美元的價格購買了「巨象」和「紅頂」的控制權。這代表沙利文先生栽了，但是，我還是深深責怪自己——沙利文先生哪能與溫菲爾德先生匹敵呀？無論是梭哈撲克，還是礦業股市場等任何遊戲，溫菲爾德先生都比沙利文強過一百倍有餘。

兩家公司的總股本均為一百萬股，出售時要求支付一筆資產。溫菲爾德先生付了一筆小錢，泰勒先生將這兩家公司的股票交由約翰．庫克公司的銀行處理，一個月後付清。

溫菲爾德和尼克森公司購買了「巨象」和「紅頂」的控制權，這意味著股票價格上漲活動的開始。內華達州礦業股票投機歷史上，這應是一八七一至七二年卡姆斯托克礦脈（Comstocklode）熱潮以來第一次有這麼大膽和激烈的活動。

戈德菲爾德所有上市股票的股價日復一日地往上跳動。「巨象」和「紅頂」從每股兩美元升至五美元，「拉古納」從四十美分升至兩美元，「戈德菲爾德礦業」從五十美分升至兩美元，「莫霍克」從五美元升到二十美元。三週之內，光是這五支股票已發行資本的市價上漲數字，就代表了八百萬美元與兩千六百萬美元之間的差距。

達到最高價格的前幾天，「莫霍克」、「紅頂」、「巨象」，「戈德菲爾德礦業」和「拉古納」正式合併為「戈德菲爾德聯合礦業公司」，收購價分別如下：「莫霍克」二十美元，「紅頂」五美元，「巨象」五美元，「戈德菲爾德礦業」兩美元，「拉古納」兩美元。同時還有消息指出，推廣人溫菲爾德和尼克森為自己分配了公司股票中的兩百五十萬美元作為推廣費。最重要的是，隨後「聯合」礦業宣布合併，以現金和股票形式達到賣價四百萬美元，據悉，中間人確保了這個物業的購股權維持在三百萬美元，在這次交易中獲利一百萬美元。

簡而言之，礦山和股票交易讓合併順利完成，合併完成當天已發行的資本，在已經膨脹的市場上，以一千一百萬美元的價格出售，估值為三千三百萬美元，此外，推廣人還獲得了兩百五十萬美元的獎金。如果這些礦山在三週前根據其出售價格進行合併，那麼三百五十萬股合併股票的等值價值，將比三美元高一些些。就目前而言，在不斷膨脹的過程中，市場價值為十美元，而且是面值。

合併時，礦山的運作條件如下：

「莫霍克」估價為兩千萬美元，其租賃下的生產價值約為八百萬美元，其中不到兩百萬美元已進入「莫霍克礦業公司」的庫房，餘額則給了承租人。承租人幾乎已將礦山的高級礦物全部賣出，剩餘的高級礦物價值不到一百萬美元，但承租人卻不承認他們有這麼做過，甚至說在此租賃期間，他們沒有能力這麼有系統地挑出礦井中的所有礦石。因此，除了眼前的噸位外，「莫霍克」還存有巨大但尚未確定的預期價值。

「拉古納」以兩百萬美元的股票支付，但一磅礦石都沒見著，而溫菲爾德和尼克森的花費不到十萬美元。

「戈德菲爾德礦業」是採礦營初期轟動一時的生產現場，估價高於兩百萬美元，後來卻虎頭蛇尾。

「巨象」以五百萬美元的價格被收購，上一年幾乎沒有或根本沒有生產過礦石，它大部分時間都將深沉的豎井挖得殆盡，而且可見剩餘價值不到五十萬美元。

「紅頂」價值五百萬美元，其中超過兩百萬美元的中級礦石已被挑揀出來。

溫菲爾德和尼克森對「哥倫比亞山」、「沙塵暴」、「藍牛」、「克拉克」、「紅山」、「奧羅」、「布斯」、「米爾城」、「肯德爾」、「五月皇后」和其他戈德菲爾德股票也很感興趣。前述組成合併的五支股票開始展現驚人的市場漲勢，而溫菲爾德和尼克森的雜項股名單顯示出迅速上漲的趨勢以後，這些股票全都出現驚人的漲幅。不久，所有在舊金山證券交易所掛牌交易，並在全國各地交易所和路邊交易的礦業股，諸如托諾帕、曼哈頓、牛蛙和其他內華達州礦業證券，都令人感受到驚人的崛起力量，並一同飆升至聞所未聞的高度。

為了更清楚表達由於合併的迅速發展，而導致這些股票的價格上漲超過其實際價值的想法，我在這裡給出一些比較。

榮景時，「哥倫比亞山」的售價可是高於一．五美元，現在的價格則只有五美分；「藍牛」、「克拉克」、「奧羅」、「布斯」、「紅山」、「米爾城」、「肯德爾」、「征服者」、「希伯尼亞」、「伊塞爾」、「基瓦納斯」、「沙塵暴」和「五月皇后」興旺時期的平均銷售價格為七十五美分，現在的平均售價則不到五美分。其他一百種戈德菲爾德證券，在這種劇烈漲勢之下使得人人瘋狂搶購，價格為五十美分至二．五美元不等，現在卻可用每股一至五美分的價格購買，而許多其他有希望被一頭熱的大眾超額購買的證券，現在根本無人問津。

最瘋狂的時期

一九〇六年十一月十五日在內華達上市股票的市價，與今天的市價之差超過兩億美元。大眾在上市股票中遭受的實際貨幣損失，合理估計為一億五千萬美元。

這還不是已經造成的全部損害。當戈爾菲爾德的上市股票熱到極點時，從城市運籌帷幄的野貓投機者開始操作，在三個月內，差不多有兩千家擁有戈德菲爾德方圓數英里內現有礦山、或尚未探明礦產的物業的公司，被迫向公眾兜售超過一．五億美元。

事實上，「莫霍克」在戈德菲爾德成立之初，收購價是十美分，後來漲到了二十美元，且購買者獲得了二〇〇〇〇%的利潤。「拉古納」在不到兩年的時間裡從十五美分漲到了兩美元；「巨象」和「紅頂」的售價為五美元，一兩年前可能只要十美分就能買到；早些時候在採礦營附近以十五美分兜售的「戈德菲爾德礦業」已漲至兩美元，以此類推。這讓「野貓」們相信，誰來做都能賺錢，而且能賺大錢。這兩千隻「野貓」最後沒有一隻能賺到錢，而且投入的每一美元都丟了。

從推算中你會注意到，光是採礦營上市與未上市股票的損失就已經多不勝數。

實際上，採礦營內外經驗豐富的礦業股票買家，損失的現金和那些沒經驗的人一樣多。舊金山雖然已有多年經營採礦事業的經驗，但遭受的打擊可能與金礦熱潮中的其他城市一樣嚴重。舊金山以為自己懂得怎麼玩這個遊戲，並將其業務範圍限制在只有在卡姆斯托克交易所上市的股票。但是，舊金山不知道合併交易的內幕，而內華達州可是連小孩都知道這筆交易了。

操作內幕在此。溫菲爾德和尼克森擁有戈德菲爾德的約翰・S・庫克銀行，他們擁有將近幾十家礦業公司的控制權，這些公司的帳目很少，而且已經獲得了採礦營最大礦山的控制權。在繁榮時期，他們精心策劃了合併的過程，處置了一大堆公司、總計數百萬股的股票，並使用數百萬美元的收益來收購「巨象」、「紅頂」及其在「莫霍克」和其他未完成合約地區的整併。他們同樣能夠在漲勢驚人的交易期間，以十五至二十美元的價格出售許多「莫霍克」股票，以四至五美元的價格出售大量「巨象」，以四至五美元的價格出售「紅頂」，這比它們花費的成本要低得多，因此拿得出完成交易所需的資金。

我剛剛指出，為了完成合併，有必要刺激發起人感興趣的所有戈德菲爾德證券市場，以使內部的人能夠在某些巨額款項到期之前將其輸出。為了實現此一目標並完成付款，發起人試圖建立一個價格約落在票面價格的合併股份市場。為了做到這一點，促銷者們非常感興趣的戈德菲爾德銀行，宣布願意借貸合併股份面值的六〇至八〇％，從而刺激了投機行為，並確保大家都感受到某種程度的保障。

這拖垮了整個戈德菲爾德，採礦營因此破產。

此後的十八個月，戈德菲爾德集團在市場上下跌至三・五美元，賣出保證金股票，以求購買更多抵押品的保證金交易者和借款人遭到坑殺。銀行在保證金用盡後就迅速取消了抵押。這場坑殺真的可怕。

顯然，如上所述，溫菲爾德和尼克森都是直接和間接導致大眾損失三億美元的重要因素，這兩家公司都因戈德菲爾德的採礦業務而成為千萬巨賈。可以肯定的是，他們在發行合併中價值三千五百萬美元的股票，以及製造以這個虛擬價格水準出售股票的市場時，已經開採了價值不到七百萬美元的礦石作為儲備。由於後來發現了轟動的深層礦山，戈德菲爾德集團並沒有實現諾言、退還股東幾乎與股票面值等值的金額，現在看來那些金額可能僅僅是他們手上資金的利息而已。

事實很明顯了：儘管戈德菲爾德集團一開始就擁有一座富礦，但股東們只有兩種結果。他們可能實現收支平衡或虧損，如果以轟動的方式使礦井變好（這在當時是一場大賭注），則投資的收支相抵；否則，如果礦山沒有變好，他們就是虧損。他們完全沒有贏的可能。

尼克森先生是來自內華達州的美國參議員，還是內華達州雷諾市尼克森國家銀行行長。合併當時，他擔任過這兩個職位，而這項大膽展開的合併操作，很大程度上也是由於尼克森先生的政治和財務狀況的影響，才能如此成功。

一九〇七年五月二十五日，發行量兩萬八千份的《內華達州礦業新聞》刊登了美國內華達州參議員尼克森的採訪，其內容如下：

採訪手稿已交給參議員，並得到參議員的批准。無需任何記號或標題就可以印出來，就像從他手中拿出來一樣。甚至現在，參議員擁有書寫原始手稿的副本，如果我們違背了我們承諾的信念，這個副本可以用來烙印在我們身上。

我引用《內華達州礦業新聞》那期的參議員訪談內容：

「敢問您如何估計戈德菲爾德集團的最終收益？」

「從現在起三到四年後，集團將成為更大的生產商。」尼克森參議員回答，「我相信，這座礦山最終將賺取一百萬美元的每月淨值，都算是很保守的估計。」

「那麼，作為一項投資，這支股票會很容易成為二十美元的股票嗎？」

「我會說這是對其未來價值的最低估計。」尼克森如是回應。

關於這次採訪，尼克森先生說，在三到四年內（期限會有所增加），二十美元是該股的最低價格。從那以後，他們只觸及過十美元，或說他估算價格的一半。接受採訪後不久，他們的售價低至三．五美元。直到最近，市場報價為四美元。

他還說，這些礦山最終每月將賺取一百萬美元，這個說法也遠遠沒有實現。

不久之後，作為戈德菲爾德集團公司總裁的喬治．S．尼克森接受了公開訪問，根據他自己後來承認，他出售了手上所有的股份，並以平均價格售出，每股低於八美元。

這只是戈德菲爾德歷史上重大事件的表象，但已經足夠提供一個範例，展示了從上位散發出來的快速致富影響下，就能使一般大眾毫不猶豫地掏出億萬財富。

多年以來，這種起伏不定的「快速致富」一直很對美國大眾的胃口。數以百萬計充滿戀物癖的推廣者，讓大眾不斷蒙受損失，實際上這些推銷員才是當今暴富的快速致富者。

「綠水」是一個有錢人的營地，大眾在三個月內砸進了三千萬美元，這標誌著金礦熱潮的頂峰。這是另一個充滿信心的投資大眾跟隨了詐欺的光芒，卻被狠狠地噱了的例子。

第四章
綠水的慘敗

正當戈德菲爾德證券的市場價格每小時都在急遽上升時，整個戈德菲爾德鎮都為此興奮不已。有消息傳出，「綠水死谷」礦業公司已在紐約成功上市，資本化以後，它的價值為三百萬股、每股面值一美元的股票。這支股票已經登上紐約場外證券交易所和匹茲堡證券交易所，以每股一美元的價格承銷，並攀升至五．五美元左右，相當於這間公司的估值為一千六百五十萬美元。該公司的高級管理人員包括查爾斯．M．施瓦伯的姐夫M．R．瓦德，現任內華達州州長T．L．歐迪，和後來的內華達州托諾帕第一國民銀行行長馬爾康．麥當諾。

「綠水」位於戈德菲爾德以南約一百五十英里處，橫跨加州的州際線，要到那裡一定得經過戈德菲爾德。如果「綠水」發跡了，那麼與內華達州所有礦業事務大有關係的戈德菲爾德，也就是我們，怎麼可能不知道呢？戈德菲爾德的促銷人很快就開始關注，不久他們就上鉤了，隨後也毫不意外地發生了從戈德菲爾德到綠水的礦工大遷徙。實際上，人們從各個方向蜂擁而至。由頑強的馬爾康·麥當諾率領的一群托諾帕賺錢者，正在紐約的綠水股票上搶錢，戈德菲爾德則被晾在一邊。

人們第一次從戈德菲爾德大舉遷往「綠水」，但後來傳出的報告令人對這個地方感到懷疑。根據人們描述，「綠水死谷」的礦產，每股價值不超過十美分，而且是很原始的礦產，戈德菲爾德這裡的人看了紛紛搖頭，但是，「綠水死谷」在東部股票市場上表現得非常成功是無庸置疑的。據報導，「綠水死谷」背後的影武者是查爾斯·施瓦伯。施瓦伯的另外兩家企業「蒙哥馬利—休休尼」和「托諾帕分部」在股市上的利潤為百分之數百。施瓦伯先生對採礦營感興趣的事實，引起了內華達州促銷者的極大興趣，因為同行們在開始促銷之前已經學到一課：擁有市場和擁有礦山一樣重要。

沙利文信託公司在市場上沒有發生過任何失敗，我猶豫是否該委託信託公司處理新營地的任何問題。不過最後我們還是無法完全置身事外，我派了我們的工程師傑克·坎伯到該地區採訪所有礦山。

來自美東紐約市場的消息迅速傳來，綠水大獲成功。據報導，「熔爐溪銅業公司」最初由史波肯（Spokane）的「膽小鬼」帕特西·克拉克以每股二十五美分的價格推銷，它擁有一百萬股的資本，正從克拉克先生在紐約場外證交所的個人市場業務和股票中受益，而且很快就達到五·

五美金的高價。帕特西以大約五十美分的價格接受約翰．W．蓋茨的認購，據報導已釋出四十萬股，從一美元至五．五美元，經歷各種價格，然後再下跌。

緊隨其後的是關於「聯合綠水公司」成功推廣的消息，紐約證券交易所成員C．S．敏茲史邁爾公司擔任該公司的財務代理。發起人分別為馬爾康．麥當諾、唐納德．B．吉利斯和查爾斯．M．施瓦伯。據報導，紐約礦業股票經紀人J．C．衛爾透過郵件在全國各地主打「綠水」的市場宣傳活動，據信這些活動讓「綠水」以每股一美元的價格售出了十五萬至二十萬股。據說該產品被超額認購了兩次，然後，它的股價在紐約場外交易所飆升至二．五美元。市場簡直可說是沸騰了。

據說，最瘋「綠水」的地區是費城。當「聯合綠水」的股價升至一．五美元、「綠水死谷」的股價突破四美元時，施瓦伯那幫人宣布成立「綠水銅礦冶煉公司」，以合併「綠水死谷」和「聯合綠水」兩公司。這家新的母公司資本額為兩千五百萬美元，每股面值五美元，擁有五百萬股。據報導，東部人正嗜血地瘋狂蒐購這些新股。該公司的總裁是「托諾帕和戈德菲爾德」鐵路公司的總裁查爾斯．R．米勒，副總裁是查爾斯．M．施瓦伯的姊夫M．R．瓦德。董事會成員包括施瓦伯先生，代表費城利益集團成功創立托諾帕礦業公司的約翰．W．布羅克；成功把內華達州推廣到全國各地的促銷冠軍馬爾康．麥當諾；托諾帕礦業公司總經理法蘭克．基斯等人。這個董事會可說是「人才濟濟」。

據悉，這家新公司的股票已經由紐約證券交易所的承銷商承銷，對象主要是那些在費城和匹茲堡、施瓦伯擁有影響力的分行，每股價格為一．八美元，且大量股票已在紐約場外證交所上販賣，最高可達三．二五美元，這些財產的估值超過一千六百萬美元。

進入遊戲

這項耗資兩千五百萬美元的合併案的誕生，是為了獲得兩個資產，但這兩項資產甚至還沒資格被稱為礦山。實際上，戈德菲爾德的採礦從業人員開始懷疑它們是靠不住的企業（俗稱「野貓」）。這個合併案很可能是迅速釋出股份、讓股東接手的信號。來自各地的「綠水」促銷活動，在全國的商業紀事中都沒有記載。

在繁榮的高峰期，「熔爐溪聯合銅業公司」於洛杉磯和紐約大舉推廣，資本額為五百萬美元。「熔爐溪支線銅礦開採公司」在銅礦業所在地巴特（Butte）得到推廣，其資本額為五百萬美元，還有資本額為一百五十萬美元的「巴特和綠水」。「牛蛙」的「蒙哥馬利─休休尼」的「大英雄」馬爾康．麥當諾，從比尤特（Butte）致上歡呼。正是他對綠水的施瓦伯熱潮感興趣，就像他在托諾帕和牛蛙所做的那樣。

史波肯的著名礦山運營商「膽小鬼」帕特西．克拉克藉著其「熔爐溪銅礦公司」在市場上蒸蒸日上，迅速又開了一家新公司：「熔爐谷銅業公司」，資本額為六百二十五萬美元。這些股票在史波肯、比尤特和洛杉磯證券交易所上市，但未在紐約場外交易所上市。

之後舊金山一群經紀人和股市操作員組織了「綠水雙金屬銅業公司」。他們肆無忌憚地發展，資本為一百萬美元。

丹佛的「C．M．森姆納投資證券公司」開放認購「綠水—死谷銅礦公司」的股票。（這個公司的名稱是仿照「綠水死谷銅礦公司」。）

托諾帕的公民不甘示弱，搞出了「綠水旱菸袋」，提出以一百五十萬美元註冊成立的要求。可敬的T．L．歐迪，也就是後來的內華達州州長和托諾帕首長，和他的兄弟C．M．歐迪跟進，領導了「綠水阿克圖爾斯銅礦公司」，資本額為三百萬美元。

合併後的「綠水銅業公司」從匹茲堡的低谷餵飽了飢餓的大眾。它在「奇斯頓銀行」大樓設有總辦事處，在首長級理事會中也有高水準的托諾帕人。托諾帕銀行公司出納員尤金．豪威爾是財務員，美國參議員尼克森擔任總裁。鹽湖城的約翰．A．柯比也曾擔任總裁，他最近還與「內華達山」擁有者喬治．溫菲爾德保持聯繫。

亞瑟．昆茲將「綠水死谷銅業公司」的控制權賣給了馬爾康．麥當諾，後者又對該組織的施瓦伯小圈子產生了興趣，他推出了一家新公司，名為「綠水銅礦公司」，資本為五百萬美元。

Ｈ．Ｔ．布拉格頓是戈德菲爾德集團旗下的「戈德菲爾德礦業工司」的前總裁，領導「綠水黑傑克銅礦公司」，其資本為一百萬美元。

世界上所有的銅

美國內華達州參議員喬治．Ｓ．尼克森和Ｈ．Ｈ．克拉克、威廉．貝雷伊和Ｈ．Ｊ．伍拉寇特等人掛名成為「綠水熔爐溪礦業公司」的董事，資本額為一百五十萬美元。該公司的招股說明書中宣布，礦石是「玄武岩、藍銅礦、輝銅礦，偶爾還有矽孔雀石，（銅）礦石品位平均為一八至三六％」。

霍勒斯．史蒂芬斯（Horace Stevens）在一九〇八年出版的《銅礦手冊》（*Copper Handbook*）中說：「這間公司所發的報告說，根據他們的礦體規模，在這塊奇妙的土地上，最初的一百英尺深度將帶有兩千萬噸精煉銅，價值為每磅十三美分，換算出來價值的是無足輕重的五十二億美元。」

史蒂芬斯先生還說：「事實上，市長是該公司的經理，而美國參議員是副總裁，這將為股東帶來極大的安慰。確實值得一提的是，這座宏偉的礦山據該公司自己的說法，閒置的銅礦比世界上所有已開發的銅礦還多，而目前的辦公地點還是個謎。」

戈德菲爾德的唐納德・麥肯齊是成功的「法蘭西斯─莫霍克採礦與租賃公司」推廣人，該公司從「莫霍克」礦石中淨賺了一百五十萬美元，並將這筆款項整整二〇％以股利的形式分配給了股東。因此「綠水紅孩兒礦業公司」和「綠水薩拉托加礦業公司」應運而生，各自的註冊資本額為一百萬美元。戈德菲爾德、托諾帕和卡森市的國家銀行總裁托馬斯・B・瑞奇曾擔任這兩家公司的總裁，而曾任「國家銀行」收銀員、人稱「神賜福」的J・L・林希則擔任掌櫃。

「綠水集團」、「綠水銅礦」、「熔爐溪氧化銅」、「綠水黑氧化銅」、「綠水加州銅礦」、「綠水北極星銅礦」、「綠水買銅」、「匹茲堡和綠水銅礦」、「綠水銅脈」、「綠水伊利集團」、「綠水日落」、「紐約綠水」、「綠水埃特納」、「綠水優勝」、「綠水維克多」、「綠水伊比克斯」、「綠水復仇者」、「綠水勘礦者」、「綠水船長」、「綠水死谷分部」、「綠水銅皇后」、「綠水頭盔」、「托諾帕綠水」、「熔爐溪金銅礦」和「綠水柳溪」等等幾十個其他公司，資本額範圍都介於一百萬到五百萬美元之間。

其中，「綠水柳溪銅業公司」是首屈一指的領頭羊。內華達州唯一的國會議員喬治・A・巴特利特擔任總裁，而當時聞名遐邇的「蘇特羅兄弟公司」紐約分行行長理查・蘇特羅被推舉為第一副總裁。廣受歡迎的托諾帕股票經紀人亨利・E・艾普斯坦是第二副總裁，「托諾帕暨戈德菲爾德鐵路公司」的總經理阿隆索・崔普是董事。

我上了「綠水」的當嗎？是的，而且偏偏還是最後一刻才上當。

在信託公司的工程師傑克・坎伯半心半意的推薦下，沙利文信託公司以十二萬五千美元的價格購買了綠水極力兜售的一個擁有兩個十英尺深洞的礦坑。它的兩側與「熔爐溪銅業公司」的礦坑相鄰，原址就在採礦營中。我們的工程師報告說，如果「膽小鬼」帕特西・克拉克的「熔爐溪銅業公司」（該公司的股票在市場上以五百五十萬美元的價格出售）有任何礦石，我們當然不能錯過。無論礦脈以哪種方式發展，我們的地都必須與「膽小鬼」的地一樣好，因為相同的礦脈一定會通過這座礦坑。

沙利文信託公司隨即成立了「銅爐溪南分部銅業公司」以經營這座物業。股本為一百二十五萬股，每股面值一美元，其中五十萬股已放入公司的金庫，以進行礦山開發。

紐約證券交易所確定這一系列股票開放認購以後，沙利文信託公司將「熔爐溪南分部」要出售的代理人庫存股票，以招標形式給了紐約證券交易所的E・A・曼尼斯公司，其官員位於摩根大通集團在紐約的同一棟樓裡。我們透過E・A・曼尼斯公司以每股面值一美元、共十萬股的庫存股票提供大眾下單，該公司在紐約報紙上刊登具名廣告，於是沙利文信託公司買了他們的帳。

綠水的崩潰

最終，這個產品成了「愚蠢」的錯誤，這也是沙利文信託公司遇到的第一個愚蠢錯誤。E・

A．曼尼斯公司並未出售多達三萬股股票。沙利文信託公司後來透過其他城市的經紀人提供的股票也沒有自由出售。而就在我們宣布提供「熔爐溪南支線」股票的那一刻，卻也是「綠水熱」幻滅的開始。

推廣「內華達州托諾帕礦業公司」的奧斯卡．亞當斯．透納可說是最早讓這場夢破滅的人物，該公司就其一百萬美元股本支付了八百萬美元的股利。透納先生根據工程師的報告，在「綠水」採礦營進行了投資。他組織了「綠水中央銅業公司」，然後，他認為最好自己看看這座礦坑產，於是他親自走了一趟「綠水」。到達採礦營兩個小時後，他向費城發了電報，內容大致如下：

別再搞什麼綠水中央銅業了，也別再為這座礦坑付款，也請不要再使用我的名字了。這裡啥都沒有。

這則消息的內容外流了。費城某間知名銀行湧進人群，大家搶著兜售滿坑滿谷的「綠水」股票。其他人也紛紛效仿，整個市場都病了。

出現市場挫折最初的跡象是，內華達州開始湧入來自東部的詢價活動，還有來自蒙大拿州、亞利桑那州、加州以及其他地方的知名銅專家湧入了「綠水」營地，以檢查這些礦產。很快的，各種各樣的反對意見湧入了每個金融中心。市場價值的下降速度與上升速度一樣快，紙上財富在稀薄的空氣中快速蒸發。

當我說美國公眾在不到四個月的時間裡，就在格林沃特把整整三千萬美元放水流時，我做了一個保守的聲明。

並不是所有的「綠水」促銷活動都被超額認購——有些連一半或四分之一都沒賣掉。美國公眾可能會為自己感到慶幸，這場夢破滅時，只有大約三千萬美元進了推廣人的口袋。

那採礦營呢？

根本就不存在了，很久以前，所有礦山的開發工作就都停止了。這裡有表面帶綠色的碳酸鹽，但沒有銅礦。礦山早已將機械和其他設備拆除了，甚至沒有一個孤獨的守望者能向沙漠游牧者指出這場「世紀礦業股票大騙局」發生的地方。民眾投入的每一美元都付諸流水，只有沙塵籠罩的沙漠乾燥、炎熱的焚風為這些錢唱起安魂曲。

看官可以試試釐清責任歸屬，這個工作並不容易，且讓我嘗試一下。股市蟑螂將「綠水死谷」帶到了紐約，以查爾斯．施瓦伯的名字作為誘餌吸引大家認購，並對外宣稱該物業的估值超過三百萬美元，然後把物業售價吹捧到一千六百萬美元才開始出售股票，但整個採礦營完全沒有出現一次確定的成功開採。我個人認為，這些人才應當扛起責任，但他們從未被要求出來面對。

紐約證券交易所的成員署名煽動這些股票達成交易；而查爾斯．施瓦伯則因為他和他姐夫都有掛名參與，因此這兩方都負有道義上的責任。我完全不認為，證券交易所的人群和施瓦伯先生知道他們公司的礦坑是毫無價值的，但我確實堅持認為，具有地位和聲譽的人會有機會翻身、逃脫，但那些沒有影響力的大眾卻沒有這個機會，所以這些人的行為應受到譴責。

恥辱與責備

我決定把沙利文信託公司栽在「綠水」的慘痛例子舉出來——特別是我猶豫了幾個禮拜，卻還決定投資，但我確信其他人也是如此。沙利文信託公司一直沒有接觸「綠水」的物業，直到客戶和整個聯盟掮客的客戶大吹大擂「綠水」，當我們真的投入時，我們再也拿不回自己的錢了。但作為投資者，我們的損失已經算少了，因為我們和其他少數投資者，在這股熱潮的末期才認購了相對較少量的庫存股票。

但是，並非所有的促銷者都是「無辜」上當的。聯盟中幾乎每個城市都有半生不熟的促銷員和礦業股票經紀人，他們見證了金礦熱潮期間的價值上漲，一直渴望「長青」，人類長久以來就是用這個態度在地表上生存的。首先「綠水」被吹捧得老高，接著由查爾斯・M・施瓦伯接管，他並沒有浪費任何時間吞併該地區的其他礦山，只是以合併公司和以數千百分比的利潤向大眾兜售股票。事情就是這麼簡單。

綠水採礦熱的慘敗本身就是一個礦業陷阱的例子，目前唯一在市場上報價的「綠水」股票是「綠水礦業冶煉廠」，它透過以低於公司庫存資金的價格——三百萬股股票、每股六美分——反映了大眾心中對所有「綠水」礦場真實狀態的認知。資金庫中的十八萬九千美元以及「C．S．敏茲史邁爾公司」的金融要求權（I.O.U.），價格為七萬一千美元，此公司將透過破產管理者，以單價二十七美分變現。

第五章
在偉大的戈德菲爾德崩潰前夕

那是一九〇六年十一月上旬，雖已入秋，但宜人的氣候擁抱著整個戈德菲爾德。大自然換上金色的制服，讓人們將其與豐饒聯想在一起。該地區的礦山不斷被挖空，平均帶來每月一百萬美元營利，在短期租賃系統的高壓下，新的生產紀錄不斷刷新。這裡的人口只有一萬五千人，銀行存款總額卻有一千五百萬美元。大街上的房地產要價來到每英尺一千美元，街上到處都是人，每個人都有錢。

人類過往的歷史，人們總是敗在貪念。三年前，這裡沒有礦物，居民人數少得可憐，但現在時代變了。三年內，勇敢開拓者的夢想，勇敢地冒險穿越危險沙漠以尋找該地區，現在已經變成了現實。兩年前，這個營地被金融財經作家稱為「前景蠻荒」和「投機客與賭徒的避風港」，但現在已經發展壯大。戈德菲爾德新聞局早期還吹噓說，戈德菲爾德將被證明是美國最大的金礦坑，現在這已是既成事實。

戈德菲爾德上市的採礦類股顯示，市場增加了近一．五億美元。鄰近採礦營的股票市值增加了五千萬美元，戈德菲爾德在一片景氣看好的頂峰上昂首前進，歷史上自從卡姆斯托克（Comstock）著名的銀礦之王「馬基、費爾、佛洛德和歐布萊恩」（MacKay, Fair, Flood, and O'Brien）以後，就沒有再發生過。

我們並沒有預見，市值攀升終將有一天達到高潮然後崩盤的情況，更不知道這其實已近在咫尺。

對於已發行股本，戈德菲爾德集團股票在交易所以高於面值十美元的價格出售，或以超過三千六百萬美元的市場估值出售。你確實可能在這個營地首次成立時，就以不到十五萬美元的價格購買了該公司的所有資產。大量租賃者經營著戈德菲爾德集團公司的物產，這些租約即將到期，集團公司攢集了很大的市場資本，因為它能夠獨當一面已經是個事實。

證券交易所和場外交易所列出了超過一百七十五種戈德菲爾德和附近採礦營的股票，全數都以驚人的價格出售，並擁有一個很活躍的市場。溫菲爾德和尼克森以三千六百萬美元的估值成功合併了戈德菲爾德的主要生產地，是已知礦石儲量價值的四倍以上。這大大刺激了所有的上市股票。

由戈德菲爾德集團的合併者推廣的「哥倫比亞山」，由於不與其他整併公司相鄰、並且因為沒有礦石而被排除在合併之外，它以一百萬股的資本化，市價迅速升至每股一．三五美元，並在市場上站穩了腳跟，儘管它仍然只是一個沒啥前景的礦山。併購推廣人控制的其他十幾家公司的已發行股票，出售總價值更是高達數百萬美元。在這些特定股票中，最被鄙視的是自負的「米爾城」，我們連預期價值都不知道。然而，它卻很容易就以每股的價格為這個「礦山」定下了市場估值四十萬美元的數字。

「銀牌」以一百萬股、每股面值一美元的股本進行了資本化，其股價從每股十五美分上漲至二．六五美元，而在該礦山上連一磅礦石也沒找著，但市場價格依舊沒有動搖。

「科瓦納斯」是另一家擁有一百萬股股份的公司，市場需求極高，每股二．二五美元，該物業的估值為兩百二十五萬美元，比促銷價高出二二五〇%。儘管礦山開發未能開採出商業用途所需的有利礦石，「科瓦納斯」仍獲得收益。八個月前，我曾得到全部土地三萬五千美元的報價，但我拒絕購買。

由喬治．溫菲爾德的托諾帕賭博聯合組織的法羅牌荷官法蘭克．霍頓促銷的「戈德菲爾德雛菊」，資本額一百五十萬股，其市值從每股十五美分升至每股六美元。它從未為股東賺取一美元，但實際上在公開市場上以九百萬美元的估值出售，價格毫無減弱的跡象。

擁有幾英畝土地的「聯合分數」，由於發現了礦石且與「莫霍克」毗鄰，它的股票以每股二十美分的價格上漲，資本化之後共一百萬股，股價隨後快速上漲至每股八．五美元，且股東們並沒有要脫手的意思。

「大轉彎」位於戈德菲爾德的鑽石田區，距生產區四英里，在尚未開採礦山的情況下，每股價格從十美分漲至二．五美元，市場對該物業的市場估價為兩千五百萬美元。

這些只是價格上漲中一些比較明顯的例子。除戈德菲爾德集團外，上述所有股票現在每股的價格都只剩幾美分，平均價格不超過十美分。另外還有一百多支戈德菲爾德股票，原本也有出色的市場表現，但現在大家連看都不看一眼。

溫菲爾德和尼克森的崛起

戈德菲爾德任何願意承認當時股票拋售價過高的人，都被大家指責為吹毛求疵。你可以在約翰．S．庫克公司的銀行，以所有上市的戈德菲爾德股票作為抵押品，這些股票歸戈德菲爾德集團的發起人所有，因此，採礦營的人認為幾乎所有股票背後肯定都有具體的價值。東部城市的經紀人報告指出，就算股票價格飛漲，他們的客戶也很少願意套利。這些城市的大多數礦業股票經紀人，在股價上漲前幾天就大肆吹噓採礦營的股票。在現階段，當價格達到無法想像的水準時，經紀人並未告知客戶其價值已經超出了內在價值。確實，他們充滿熱情地建議大家購買，但其實每句話都是放屁。

戈德菲爾德證券交易所的交易時段反映了這種熱潮的程度。在交易所之外，可以聽到距離半個街區不遠的經紀人狂熱、嘶啞、尖銳的聲音，這些經紀人在每次交易中不斷推動市場上漲。後來，你根本找不到方法擠進擁擠的會議室，得以接近瘋癲的狀態，跟著大家揮舞筆記本、手臂、拳頭、食指、帽子，還要跟著所有人的頭甩動、搖晃。這種瘋狂又暴力的場面，像是完美的遠景，卻又像詛咒。

喬治．溫菲爾德和他的搭檔喬治．S．尼克森，便是當時的風雲人物。不到五年前，溫菲爾德先生就以一百五十美元的股份進入了托諾帕，該股份由尼克森先生提供，而尼克森先生的老家位於內華達州的溫尼馬卡（Winnemucca）。溫菲爾德先生以前是一個無禮的牛仔賭徒，他出生於阿肯色州和俄勒岡州的偏僻地區，後來在內華達州的戈爾康達（Golconda）長大。當時尼克森先生將他的股份押在了溫菲爾德先生身上，直到一九〇四年當選美國參議員之前，他一直是內華達州南太平洋運輸公司的州代表，成功擺平難搞的「黑哥」華勒斯，後者多年來一直為內華達州亨廷頓市（Huntington）管理「黃狗」基金，要獲得特許使用基金，必須買通立法機關。尼克森先生還曾是溫尼馬卡一家銀行的行長，該銀行是南太平洋鐵路公司的一個中轉站。

溫菲爾德先生用尼克森先生提供的一百五十美元打造了「托諾帕俱樂部」（即托諾帕最大的賭場），並擔任主要持有人。他等於將尼克森的一百五十美元變成一百萬美元，隨後「分攤」了自己和合夥人的所有權，這代表他賺錢能力過人。在合併了價值三千六百萬美元的戈德菲爾德集團以後，他們的公司就此創立。

據說是溫菲爾德先生在幕後操盤，他被視為採礦合夥企業真正的老闆，尼克森則負責隨機應變。溫菲爾德先生幾乎可說是戈德菲爾德證券交易所成員中最傑出的人物，傍晚時分，在場外交易所舉行的非正式會議，或在某些喧鬧的地方都可以看到他，他一直在工作。

當時，溫菲爾德先生大約三十歲。他的臉色蒼白、體態單薄，看起來很不健康，多年的困苦生活或糟糕的生活習慣，使他的臉極為蒼白。他的眼眶潮濕，看起來猶豫不決；他的動作粗魯，舉止冷淡，個性寡言，正常人看到他絕不會想到他擁有高端的能力。在採礦營及其周圍，他是出了名的神祕，大家對他的評價則是冷靜、洞察人心、自私，而且簡直可說逢賭必贏，是個充滿神祕、從不信任任何人、願意等待很長時間來實現既定目標，不說話只做事的人，不允許瑣碎的細節妨礙最終一舉擒來的利益。他在光顧托納帕、戈德菲爾德和牛蛙的賭桌的梭哈撲克玩家之中，以一種狡猾的表情表達聞名，這種表情欺騙了他的對手，以為他在沒牌的時候吹牛。在紙牌遊戲中，他通常是一貫的贏家。

他的搭檔喬治．S．尼克森，個性溫文爾雅，看上去仍像他成為參議員之前曾擔任過的小溫尼馬卡銀行經理，和南太平洋運輸公司州代表。他的體重遠低於平均，腰部以上的部分曾被一個政敵稱為是他「思想和靈感的神龕」。他灰白的眼睛絕對沒有表情，算是暴發戶，金錢和他與南太平洋的關係，為他謀得了公職，但他卻沒有因此自負過人。在戈德菲爾德一帶，他受到的擁戴簡直和西班牙元勛沒兩樣。

他們倆控制著礦山、銀行和市場情勢。經紀人、銀行職員和礦業公司的官員都會等待他們回覆，然後才出價。到了晚上，這一帶上流人士都會前往蒙特祖瑪俱樂部聚會，溫菲爾德先生有時會誇張地打賭說些「戈德菲爾德集團將以十五美元的價格售出，之前的價格為九美元」之類的話。那些從各處前來的有錢人們會全神貫注地聆聽，不久後，他們就會把各種消息秘密地傳給東部的朋友們，隔天早上，市場就會反映消息，有更多大眾以更高的價格購買股票。對於這些人來說，標高價格確實比降低價格容易。

新手的獲利

那我呢？我站在哪裡，此時我的立場是什麼？我有遠見嗎？我是否意識到，股票的出售價格遠高於內在價值和投機價值所保證的價格？難道戈德菲爾德集團的合併者和灌溉者掌握了礦山、市場和銀行的狀況，讓我毫不懷疑這一切可能有詐或是已經有詐嗎？而我到底知不知道情況有多危險，知不知道接下來是否會崩盤？遺憾的是，馬後炮畢竟比不上先見之明，也只有在這種情況下，我才能為自己感到高興——至少我不是完全不知不覺。

我在地面上待了兩年多。儘管實際上我仍算新手，但我的經歷非常獨特——而且都很有建設性。我已經掌握了這場賽局的前期準備——但也只有最前期的準備。以我對戈德菲爾德礦業股票價值的概念來說，內在價值並非唯一重點。採礦營的百萬富翁不是以採礦為業的人，他們對任何採礦資產價值的判斷，都無法說動古根漢、萊恩或羅斯柴爾德等龐大家族在開發任何可能礦產上提供太多支持——他們肯拿出四美元就很偷笑了。戈德菲爾德是一個窮人的採礦營，儘管在學校受過訓練的工程師們對這裡有許多牢騷，一開始還拒絕前來此地——就像在托諾帕一樣，但這裡的情況還是不錯的。

在此期間，我勤儉過活，完全沒碰牌局，連同週日在內，我平均每天伏案工作十六小時，且從未放鬆。儘管我到達採礦營地時身無分文，但如果有人想用兩百萬美元買下我在L·M·沙利文信託公司的一半權益，我想我應該還是會拒絕。

我喜歡我的工作，這個環境對我的潛移默化直接吸引、改變了我的看法。我充分吸收了西部的「採礦運氣」傳統，以及那些硬頸鄰居們的樂觀態度。這些人在營地「試煉與苦難」初期就站穩了腳跟，而且會屹立不搖。他們就像卡姆斯托克、利德維爾（Leadville）和跛腳溪的頑強先驅，以及像托諾帕的兄弟們一樣取得了勝利。他們對我的影響是無限的，無論如何，我都很喜歡這項工作。實際上，除了做生意以外，我很少花錢。**從來沒有人建議我現在該「收山」了**。

L·M·沙利文信託公司在我擔任副總裁兼總經理時表現出色，由信託公司組織和推廣的礦業公司股票，在舊金山證券交易所和紐約場外交易所上市，並展現出高於推廣價三百萬美元的市場升值。「印第安營」的促銷價為二十五美分，但現在市價已經跳升為一．三美元。最初接受認購價格為二十五美分的「跳躍傑克」，現在要六十二美分才能入手。「流浪犬」最初以四十五美分的價格出售給公眾，現在則來到八十五美分左右的價格，且扶搖直上。不到一個月前發行的「盧迪隆」的價格為二十五美分，目前已升至六十四美分。「銀牌分部」的訂價為二十五美分，在我們宣布收盤的兩個小時後，它的價格為三十五美分，在全國各地的證券交易所和場外交易所賣出的價格為四十九美分。最初訂戶以三十五美分的價格購買了「鷹巢錦繡峰」，但許多人想以六十五美分的價格入手。「錦繡峰冰雹」一開始價格在二十五美分上下浮動，現在的恆定需求則來到四十美分。

目前州長約翰．史帕克斯為上述所有公司的總裁。

你可以在全國的任何礦業交易所和場外交易所以這些獲利價格出售大量沙利文股票，而不需要降低價格。因此，大眾的需求相當穩定，市場是如此的廣泛。除了「牛蛙熱」——沙利文信託公司在開發中的礦井被證明是「瑕疵品」，已向訂戶退錢——信託公司每次促銷活動都向投資者展示了可觀的股市利潤。七個沙利文礦業公司的促銷價總計為兩百萬美元，這些產品的市場價格現在是五百萬美元，平均收益為一五〇%。

這是一個值得驕傲的紀錄，我**確實**為此感到驕傲，不僅因為我是信託公司的副總裁兼總經理，還因為舊金山美國國家銀行推薦的一家專業會計師事務所。信託公司的帳目接受審查時，報告指出我們的資產超出負債三百萬美元，所有資產都是在大約十個月的時間內募集到的。其中約一百萬美元代表促銷利潤，其餘部分是從繁榮時期帶進來，或積累的礦業證券價格上漲而獲得的。

喬治．溫菲爾德和對方「討回」或「贖回」了一百萬美元，代表他在托諾帕賭博場所的利潤，並與他的搭檔尼克森一起獲得了三千六百萬美元戈德菲爾德集團的控制權——這是戈德菲爾德採礦營的大家都知道的豪言大話。如同我前面說過的，到目前為止，我十分倒楣地碰上很多難關，而且總是與好運失之交臂，例如假設我們擁有「莫霍克」和「內華達山」兩座礦山的海耶斯—莫內特租約，就會使我們的利潤增加八百萬美元。但我很高興自己在一家蓬勃發展的信託公司工作，將兩千五百美元節節升高，打造成一間價值三百萬美元的公司，並享有一半的權益。公司的業績非常好，我很虛榮地相信自己的成就與溫菲爾德先生一樣獨特，因為他受到了美國參議員的影響，並且把錢存入了一些位於戈德菲爾德、托諾帕和其他地點新成立的銀行，以供他操作。

相較於此，我不僅被迫依靠自己的資源，而且實際上還得和那些勒索者競爭，這些勒索者還不時試圖向溫菲爾德等大頭們納款輸誠。我未能完全擺脫這些困境（也從未成功過），在這過程中，他們毫不猶豫地對沙利文信託公司進行惡意的文宣攻擊，因為過去幾年，這些勒索者已經不再是原來活躍的領袖，能做的只剩下攻擊新手——即使他們知道過去的成就不再屬於自己，就像過去的里程碑一樣不會再回頭了。

我孤立無援來到這裡

內華達州選舉於十一月舉行，民主黨在人稱「老實人」的約翰．史帕克斯以及丹佛．S．迪克森帶領下，於選舉大獲全勝，拿下了州長和副州長的大位。而共和黨政治領袖、美國參議員尼克森支持的礦業促銷者兼工程師J．F．密契爾和其帶領的共和黨，則遭受了恥辱的失敗。

丹佛．S．迪克森是工會的候選人。在踱腳溪罷工事件中，當政府試圖干預以平息勞工騷亂時，迪克森先生被關在俗稱「牛棚」的臨時拘留所。面對這樣一個人物，戈德菲爾德礦工自然是投票支持他。州長史帕克斯應L．M．沙利文信託公司的緊急請求接受了提名，他的勝選以及得票的情況，很大程度上歸功於沙利文信託公司的政治運籌帷幄。

沙利文信託公司並非銀行機構，其業務範圍僅限於礦業企業的融資，因此並未接受城鎮居民的現金存款，但由於其財務和政治活動的增加，在政治和商業領域顯得尤為重要。這家信託公司將其所有資金都存放在與溫菲爾德—尼克森聯盟無關的銀行中，與此同時也展開跨部門工作。

溫菲爾德—尼克森一眾，收購了托諾帕一間賭場和溫尼馬卡一間非常小的銀行，從而擁有了價值三千六百萬美元的戈德菲爾德集團控制權；接著又擁有了約翰．S．庫克公司在戈德菲爾德的銀行的所有權，該銀行貸記了總計八百萬美元的存款；然後是托諾帕的一家新銀行，即「托諾帕銀行公司」；最後又打進雷諾一家新成立的銀行，即「尼克森國民銀行」。以政治角度來說，它成功地使尼克森先生打進美國參議院，得以任意施展聯邦政府的影響力。

溫菲爾德—尼克森聯盟正在打開觸角。

在戈德菲爾德，溫菲爾德—尼克森聯盟克服了「奈伊和昂斯比縣銀行」和「國家銀行暨信託公司」等強大的銀行業反對派，這兩家公司在約翰．S．庫克公司羨煞眾人前就已經開始營業了。溫菲爾德—尼克森聯盟透過採礦營的礦業股票，向戈德菲爾德經紀人和其他民眾借入大量資金，實現了這一目標，當時其他銀行還不輕易接受這類證券為良好的抵押品。在托諾帕，新成立的尼克森銀行（名為「托諾帕銀行公司」）逐漸追上「奈伊和昂斯比」和「國家銀行暨信託公司」，但後者仍然佔據這個營地業務的七五%。在雷諾，「尼克森國民銀行」發現很難與「內華達銀行」、「沃索縣銀行」和「農民與商人國民銀行」之類的老機構競爭，但謠言已經傳得滿天飛，說尼克森銀行很快就會買斷並合併強大的「內華達銀行」。

在戈德菲爾德，溫菲爾德—尼克森聯盟的權力，在除政治之外的所有方面都是最強的。它在戈德菲爾德已經掌握了採礦和金融業務的咽喉，並透過其銀行的市外匯票部門掌握了礦業股票市場的脈搏。它的痛點是政治。

溫菲爾德和尼克森的市場操作籠罩著神秘的色彩，沒有人確切知道他們的在市場上的位置。戈德菲爾德和舊金山的幾個經紀人比較票據以後確信，兩家公司已出售了不包括合併中較小公司的數百萬股股票，並且由於這次出售而在繁榮時期賺了至少一千萬美元。但是，溫菲爾德和尼克森處置巨額股票並沒有被解釋為股票賣得太高。普遍的想法是，收益被用於使溫菲爾德和尼克森聯盟能夠將資金提供給整合後的公司，讓其收購股票，並為其新的銀行鏈提供資金。

大約十一月中旬，戈德菲爾德證券市場轉壞，價格表明已經到達停損點。戈德菲爾德促銷者開始抱怨說，由於許多股票的拋售行為無法解釋，他們不得不向市場提供強有力的支持，市場壓力很大。幾天後，市場變得不穩定，然後變得疲軟，然後又開始波動。據說，在採礦營中，溫菲爾德和尼克森仍然看漲。

沙利文信託公司的證券在所有市場上都受到攻擊。據說，鹽湖和舊金山正大量湧出股票，成堆的大宗股票被拋出來。

我馬上就給予了支持。

沒有任何後悔。

十天內，我被迫在檯面下輸出整整一百萬美元才能保住這些股票。

這並沒有使我震驚。我正在花錢得到股票證書，我相信它們物有所值。

但是我對於這一切的箇中道理仍相當困惑。

攻擊的開始

不久，有消息傳給我，尼克森參議員正在建議所有持有沙利文股票，或可能持有股票的人應該脫手。從舊金山傳來的消息是，一群經紀人正為了因應股票下跌而開始操盤。

接下來的星期一，舊金山證券交易所的股票市場開盤強勁，拋售的氣氛似乎已經煙消雲散，我鬆了一口氣。

就在這時，我的電話鈴響了，托諾帕的一位股票經紀人打了通長途電話給我。

他說：「我有一萬股『盧迪隆』，每股四十八美分。你要嗎？」

「盧迪隆」是沙利文的股票，一開始的促銷價是二十五美分，但四十八美分仍比市場價低了一點。

「我們會收下。」我說：「怎麼了？」

「這裡有流言說，你們的帳目正受到郵政署（Post-Office Department）的檢查。根據帳目，你在過去的幾周新聘了五個人，而且有人在這裡散佈消息，說尼克森對政府說你們的壞話。」

我當然否認了。他指的五個人，是由美國國家銀行推薦給我們的會計師事務所，從舊金山派來的專家，他們是應我們的要求而存在的。這個流言簡直是胡扯。

沙利文信託公司整天都被要求當舊金山市場的後盾，並吸收托諾帕和曼哈頓採礦營擁有、幾乎所有的沙利文大宗股票。在我們回應賣方並否認的消息傳到賣方之前，傷害已經造成。我們連續四天、每天花二十五萬美元來抵禦這種新的衝擊。

由於我在一年前於《丹佛礦業紀錄》的條目中被黑函攻擊，我現在深陷各種關於郵政調查的謠言之中，謠言說一切將又重複。採礦營成立之初，我擔任戈德菲爾德—托納帕廣告公司的負責人時，我曾代表戈德菲爾德出現在《丹佛礦業紀錄》上。作為代理商，我為其贏得了廣告合約，這使我的代理商每年獲得約一萬美元的佣金。報紙的所有者認為我佣金賺太多，並把之前待在鹽湖的溫恩．B．艾倫派到現場取代我，艾倫先生的薪水較低。他要我與他分攤常務委員會的費用，我拒絕了，出版商接受了艾倫先生的角色。結果，我把我們代理負責的《丹佛礦業紀錄》廣告全撤下，《丹佛礦業紀錄》從此再也未能收復失地。

在對我們的股票進行突襲之前沒多久，艾倫先生就曾因為L．M．沙利文發出宣誓的逮捕令在戈德菲爾德被捕，他被帶到貝爾法官和大陪審團面前受審，罪名是敲詐勒索。在貝爾法官舉行的聽證會上，沙利文信託公司提交了證據，證明艾倫先生曾威脅說，如果我們促銷沙利文信託公司時不分給他的報紙一小部分的廣告，《丹佛礦業紀錄》就會開始對我人身攻擊。根據我過往的經驗，《丹佛礦業紀錄》的專欄出現不利內容，會對信託公司造成嚴重損害。

在聽證會上，庭上收到了艾倫先生向西聯匯款電報公司戈德菲爾德辦事處提交的郵件，他在信中告知，《丹佛礦業紀錄》最好繼續進行攻擊，因為沙利文先生和我都並未表示屈服。在擠滿人群的聽證會上，我公開發誓並譴責艾倫先生和他的報紙是最卑鄙的勒索，沙利文先生也跟著譴責。貝爾法官在看到西聯公司所提交艾倫先生發出關於自己公司的文件後，立即為大陪審團將他扣押。

在科羅拉多州前州長托馬斯的建議下，沙利文信託公司向其聘請了一名固定律師，後來他成為了戈德菲爾德集團公司的首席律師，我聘用了丹佛的克里斯多福·C·克萊對《丹佛礦業紀錄》的所有人提起訴訟，但最後我和他們達成和解，他們同意不在報紙中再提及我的名字。接受和解時我已經不堪其擾，否則我是到底都不會妥協的。《丹佛礦業紀錄》刊的東西，每篇文章差不多都是對我的黑函惡意攻擊，換湯不換藥；所提內容為真的比例大概只有二〇%。這是貨真價實的匿名黑函惡意攻擊，這些敲詐者幾年前在我還在紐約擔任馬克辛和蓋伊公司負責人時就曾試圖攻擊。當時我已經花了數千美元來找出這些黑函作者是誰，但無濟於事。律師成功查封了數千份《丹佛礦業紀錄》，並逮捕了報社裡頭的傢伙，但他們未能證明這些黑函的作者身份，也找不出報紙的所有者，因此，肇事者未受到懲罰。當克萊先生在丹佛申請刑事逮捕令時，他首先必須提供作者身份證明，但我們根本不可能知道，因為這些文章根本沒有署名。

而最近，同樣的東西又以匿名的方式出現在戈德菲爾德的兩份報紙上。第一份報紙原本是喬治·溫菲爾德透過取消抵押品贖回權程序持有的，另一份則是雷諾的一份晚報，是尼克森參議員持有的，該報向他抵押借了一大筆錢。這些文章也出現在其他和溫菲爾德與尼克森「友好」的報紙中。這些帶有匿名誹謗的出版品，在戈德菲爾德以千份萬份的數字被廣為傳播。

其他報紙也複製了這些誹謗文章，其中有一些動機單純，但也有一些動機惡劣，而且後來這些充滿惡意的文章越來越多。我的職業生涯充滿了被敵人勒索和試圖勒索的實例，請容我列出一些案例，這些案例包括我冒犯了無禮的報紙記者和財經報紙的發行人，得罪了礦業股票經紀人和市場運營商的利益；這些相關人等都是在幕後發布市場信函或為礦業出版品提供資金，他們用如此邪惡的武器一邊向大頭們輸誠，一邊要我屈服。我想我搞不好可以出一本關於這個主題的大書。

我對自己的過去的看法是，我的礦業金融生涯的主要缺陷似乎在於我的年少輕狂——過去十年，那些與我保持著密切業務關係的人從未認真看待我，但是那些我所不屈從的人和集團卻把我當眼中釘、肉中刺。

如果有人舉例說，我在職業生涯中在礦業交易或任何類型的商業交易中犯了欺詐罪，我一定誓死反對。我一直無所畏懼——或者可說太大膽了。我一直是狂熱的愛好者，我試圖建立一番基業。我不斷付出，但從未要求回報。我一直很誠實，如果我真的很不誠實，我大可以提前放低姿態，屈服於那些惡意攻擊以防止更多糟糕的後果，當時如果妥協，現在肯定會讓我擁有數百萬美金。但不變的真理是，當我遭到報刊攻擊時，十個案例中有九個是攻擊方的動機邪惡低劣，事實被大幅扭曲，文章根本通篇謊言。更可惡的是，這些殘酷的行動並非出自單一人士之手。

因為我的律師在法庭上解決了誹謗訴訟，《丹佛礦業紀錄》不會再對沙利文信託公司進行攻擊。當我知道這個消息時，戈德菲爾德又傳出新的謠言，那就是《丹佛礦業紀錄》正準備發起另一次攻擊，而且準備發行數萬份，偏偏你又無法透過聲明真相遏止謠言。而沙利文信託公司已經決定，以書面形式否認謠言是不明智的，因為這樣做只會向所有股東證實沙利文股票確實遭受攻擊，只會導致更多「受驚而拋售」的情況。

紐約、芝加哥、鹽湖和舊金山的經紀人開給沙利文信託公司的即期匯票、同時附有大筆沙利文股票，正透過當地銀行湧入我們的辦公室，準備開給大眾。約翰·S·庫克公司專門負責相關的金融事務，而我們大多數的匯票已透過溫菲爾德—尼克森銀行清算。據我了解，尼克森參議員正在公開討論即將到來的大量股票，並質疑我們能否遏制這一潮流。沙利文信託公司決定採取一種策略：在舊金山證券交易所進行「交叉」銷售，使它可以透過銀行從採礦營運送出大批股票，並附有開給舊金山經紀人的匯票。這能間接向當地銀行家傳達一個消息，那就是我們出售同時買進大筆股票。「交叉」交易的數量在舊金山引發了一些討論，而且經紀人必須針對交易量下降進行運作，也擴大了輿論討論的範圍。

金錢開始發揮影響力

現在，我們在舊金山的一些經紀人要求獨立的銀行擔保，以保證兌付給我們的匯票能兌現。我們要求國家銀行和信託公司提供信貸額度，並及時得到了所指定的額度。正如經紀人要求保證的速度一樣，國家銀行與信託公司正式發電報給他們，將在所有情況下為我們的票據支付兩萬或三萬美元之譜。為了保護銀行並能夠借入大量資金，如果接下來發生另一次賣盤活動需要這筆錢，我們會向國家銀行和信託公司存入市值一千五百萬美元的股票，同時簽署一份文件，這個抵押品將抵銷國家銀行和信託公司在未結帳戶上可能向我們提供的任何金額貸款。

幾天後，我們從銀行借了三十萬美元現金並商定，如果我們需要在同一抵押品上再增加三十萬美元，我們會立即進行處置。我們還不需要錢，但我意識到在這樣的緊急情況下有必要收集現金。這也並非不尋常的程序，曼哈頓蓬勃發展時期曾有一段時間，沙利文信託公司在奈伊和昂斯比縣銀行的透支額為六十九萬五千美元。不過銀行拒絕沙利文以促銷價透支股票。早期，這些股票幾乎全都無法上市。

不過，我根本沒有撤銷貸款、讓市場崩潰的想法。如前所述，我相信這些股票值得，但這不是讓我在市場上採取固執作法的主要原因。沙利文信託公司所有的上市股票，我都能向股東展示豐厚的利潤，我深感自豪。我認為，信託公司最大的資產不是錢，而是信譽。我有很多想法，想為公司擘畫未來，我完全不懷疑，許多有組織的詭計正在打擊、摧毀我們，大家也越來越靠近採礦營最主要的利益。但我也沒有任何囤積金錢的目的，唯一令我感到震驚的是，沙利文信託公司被迫轉為借款人。

第一次銷售活動開始之前，我們的資產比負債多了三百萬美元，但是這三百萬美元並非全為現金。實際上，它有一部分代表我們在市場上購買的股票，這些股票被認為是值得擁有的好股票，並且會像之前那些股票一樣，為信託公司帶來巨大的利潤。我們本可以輕鬆帶走三百萬美元的現金，但我們沒有這樣做，現在，一個月內，我們所有可用現金都被放到了我們自己一系列新的證券中，我們被迫出售其他系列證券，而我們的公司是借款人。我是很固執，但一個經驗那麼少的人玩這麼大的一場賭局，我這麼做確實太固執了。我篤信，患難才能打磨一個人的品性，我在一場激烈、充滿不確定的戰鬥中，殺出自己的一條路，我滿喜歡這種感覺。

我這幾年來的行事作風，背後還有另一個深層的主因，那就是我的哲學告訴我，你不能否認真相，謊言無法生存，「**正義最終將獲得伸張**」。不過，假設我稍微調整，將重點放在「最終」上，套用在我本來的哲學，就會變成「正義**最終**將獲得伸張」，而「不義通常只是**暫時**的」，那我可能會做得更好。

在前面的章節中，我說過「華爾街專門做傻瓜的生意」，「認為自己參透道理但其實沒有參透的人」，就是落入華爾街為其佈下羅網的傻瓜。我還說過，華爾街的促銷者意識到耍小聰明是一件危險的事情，而這種「小聰明」特別會讓前述那種傻瓜誤入歧途。我相信「正義最終將獲得伸張」而一頭栽進戈德菲爾德，而且我沒有考慮到正義雖然最終會得到伸張，但有時會遲到。我頒給自己一塊「傻瓜」獎牌，這是學術意義上的傻瓜，也是我通常指涉的傻瓜——但我可說是傻瓜界的佼佼者。

於是，大家又再次停止拋售了。看來，沙利文信託公司只能被迫等待市場普遍好轉，才能藉由處置在大量清算期間積累的大宗股票，來緩解自身的資金壓力。

西部天空的雲

一團新的烏雲籠罩了地平線，戈德菲爾德發生了勞工戰爭。從喬治．溫菲爾德的舉動能明顯看出，他在誘捕礦工，戈德菲爾德的人們普遍認為，他試圖製造麻煩。礦工們要求更高的工資，沙利文信託公司經營著七個願意按月發放工資、工資每月總計達五萬美元的物業，沙利文信託公司也是第一個表示願意同意這些條款的人。但溫菲爾德和尼克森卻拒絕了，於是礦工要求仲裁，仲裁結果是礦工的要求遭到拒絕。接著，礦山關閉了幾天，並延長了租賃期限。

停工期間，所有戈德菲爾德股票都發生了大跌。現在，到處都有傳聞說，溫菲爾德和尼克森正在拋售大量股票。他們是不是在破壞自己打造的光環呢？

沙利文信託公司再次被要求當市場的靠山。

很快的，在營地中聽到了投資者和股票經紀人的求救之聲，他們負擔了過多的證券，對銀行負有數以百萬計的債務，而以營地的股票作為抵押。調查顯示，所有戈德菲爾德和托諾帕銀行都超負荷了，而這個情況，是溫菲爾德—尼克森銀行在戈德菲爾德集團蓬勃發展期開出的寬鬆條件所造成的，當時，大家普遍認為，溫菲爾德—尼克森聯盟正在拋售價值數百萬美元的小公司股票，並用所得款項來購買幾間公司的股票，以進行大型合併案。

我努力試著去理解其中的蹊蹺。我從來沒有和溫菲爾德或尼克森生先生討論過此事，也從未與他們進行過任何商業交易。他們針對信託公司而來的行動，我認為從一開始就是出於共和黨政治機器的利益而構思的陰謀，我現在懷疑這是一項掌握營地所有有價之物的總計劃。他們想粉碎沙利文信託公司，可能還會傷害我們州的民主黨，而目前大家都相信我們正在為民主黨提供選戰的資源。他想打敗我們，原因也可能是想掣肘我們執行業務的銀行。在戈德菲爾德和托諾帕（特別是托諾帕），我們的銀行都與他們有巨大的利益衝突，因此，他們也可能會鼓動市場下跌，從而使他們銀行的借款人搖搖欲墜。

我是這樣想的：溫菲爾德和尼克森知道我們愚蠢地試圖為我們的股票提供市場支持，戈德菲爾德其他的促銷者也這樣做，而且戈德菲爾德的投資者和經紀人從所有銀行大量借錢。約翰·S·庫克公司要求他們的客戶提供更多抵押品，房地產也被添加到礦業證券的質押中。比起「忍受」市場，甩掉營地中各個重要礦山的股東，透過止贖將股票從他們手中奪走，然後以破產出售價，重新持有他們在繁榮時期拋售的價值數百萬美元的證券股票，後者根本容易多了，甚至是具有高度破壞性的。

如果這是溫菲爾德和尼克森的計劃，那麼後來確實發生的事情，可能就沒有他們想像中那麼完美了。

溫菲爾德先生日夜行走在街道上，全副武裝，並公開地挑釁，看有哪個礦工敢「動」他。他威脅要再次停工，降低工資，在礦山加裝門鎖以及其他可怕的事情，這一切似乎都是為了激起礦工的憤怒。

礦工們上當了，變得好戰，而且開始做出一些社區不支持且惹人生厭的事情。情況日益嚴重。

在隨後的一次停工中，尼克森參議員召開了兩次戈德菲爾德證券交易所的執行委員會會議，掀了自己的底牌。他堅持交易所必須關閉，並認為應該讓股票價格降低以對付勞工問題。對於營地裡的人來說，他們並未想到，自己以繁榮的價格致力於市場的長期發展、日以繼夜地努力創造繁榮，最後這些繁榮卻進了溫菲爾德和尼克森的貪婪夢想圈套。經紀人拒絕關閉交易所。

戈德菲爾德礦工緩慢地掌握了正在發生的事情的真正含義，事情非常不穩定。如今，樂觀的看法佔據主導地位，有謠言說，礦主與礦工之間即將達成共識。由於聯盟對和平計劃採取不利的行動，第二天的陰霾籠罩著整個採礦營。每晚都有會議舉行，自然也無法準確掌握狀況。人群聚集在舉行會議的礦工聯盟附近，每個人都在尋求切實可行的基礎以開展市場活動。聯盟的官員們在市場上進進出出，利用他們的職權，來判斷每一個有利或不利的發展。

此時市場情勢非常敏感，然而，走勢無疑是向下的。春季解凍時，價值開始像雪一樣融化。

經歷此過程後，沙利文信託公司在所有交易市場，都勇敢地扛下自己發行的證券。我們無所不用其極，我很頑固，以前從未經歷過如此規模的採礦營榮景，而且我太晚意識到必須做出反應——無論情況是不是由溫菲爾德和尼克森強迫實施的。每天有數萬股沙利文股票，被拋給我們在舊金山證券交易所和紐約場外交易所的經紀人，我們全盤接受，拒絕讓市場承受壓力。

從信貸到崩潰

為了讓大家更了解L·M·沙利文信託公司在這個關鍵時期的角色，我舉一個例子。「羅根布萊恩」是紐約證券交易所、芝加哥證券交易所、芝加哥商品交易所、紐爾良棉花交易所和所有其他重要交易所的成員，他們以每年三十萬美元的成本租用橫跨美國兩端的電報系統，他們在幾乎所有城市都有通訊員，總數超過一百名，都是股票經紀人，信譽卓著。他們於十二月初向沙利文信託公司提出了要約，以將其電線系統與我們在戈德菲爾德的辦公室連接起來，並為我們提供獨家線路連接內華達州，年租金為十萬美元。如果我們沒有努力把沙利文信託公司的信譽保持得那麼好，或者如果我本人沒辦法使人相信我的本性善良，那麼我們根本就不會收到這份要約，這是一翻兩瞪眼的事實。

「羅根布萊恩」公司的主要成員班・布萊恩當時在戈德菲爾德，他詢問我們的財務狀況，當時在旁的還有國家銀行和信託公司的出納員J・L・林賽。

「您的銀行會以未背書的形式，並在接到通知時向沙利文信託公司貸款多少？」我問林賽先生。

「至少二十五萬。」林賽先生回答。

這顯然使布萊恩先生相當滿意。

我們在企業資訊與金融分析公司「鄧白氏」（Dun & Bradstreet）*的評級為AA1。鄧白氏發表的私人聲明表明，雖然我們的評級僅為一百萬美元，而我們在評級時所要求的資本溢價也只達到一百萬美元，但戈德菲爾德當地認為我們的價值更高，而我們實際上還報低了我們的資源，因為我們認為在促銷業務中洩露豐厚的利潤，是錯誤的政策。

---

* 美國歷史最悠久的資訊金融分析公司，目前所知的AC尼爾森、穆迪等評等公司皆曾為其子公司，前美國總統林肯也曾在此公司任職。

到了十二月十五日，沙利文信託公司的狀況已變得大致如下：

我們的三百萬美元盈餘已減少到兩百萬美元，這兩百萬美元，加上虧損，都呈現在我們自己的回購股票上。從國家銀行和信託公司借來的三十萬美元中，除了剩餘的五萬美元左右，我們沒有錢了。我們向經紀人承諾將這五萬美元以上的款項用於交易中的股票，但是透過「交叉」過程，我們得以維持一條供應鏈，使我們的現金餘額保持不變。我們認為，除了已經從國家銀行和信託公司獲得的三十萬美元之外，再提供三十萬美元的新貸款，將使我們能夠處理所有票據並停止「交叉」交易。我們及時安排了這筆貸款，國家銀行與信託公司的出納員林賽通知我們，只要需要這筆錢，便會立即計入我們的帳戶。當時營地的利息是每月一%，因此，我沒有要求立即將這筆款項計入貸方。我將另一批大宗股票交給國家銀行和信託公司，以作為抵押貸款的抵押品，並收到了一張收據，上面表明這些股票已被接受為我們「未清貸款」帳戶的抵押品。

沙利文股票的市場現在已經穩定下來，目前看來似乎不可能再有更多拋售了。我們在公開市場上將信託公司推銷的所有股票中的五〇%完全回購。我們早期促銷產品的股票分配，最初以廣泛的方式進行，現在看來銷售當然顯得十分分散。我們感到有些綁手綁腳，但倒沒有感到危險，我們只是仍然處於困境罷了。

沙利文信託公司梭了

到了這個時候，我的身體狀態可說是「梭了」，我的後腦杓有一個長了十五年的囊腫，它被感染了。我受到血液中毒的威脅，使我痛苦不堪。我在沙漠待了近三年，一天都沒有離開過，我的同事們強烈要求我立即去洛杉磯接受治療和休息，因為我相信這家信託公司是安全的，所以我做了準備工作。我製作了十來份關於沙利文物產的整版廣告素材，並和鹽湖《論壇報》和鹽湖《先驅報》簽訂合約，將在「元旦特刊」上刊登，這些都是上述報紙刊的年度專題。我決定從洛杉磯返回後順道經過鹽湖，並在元旦與我們的郵寄清單一起前往那裡，將文件郵寄給沙利文物業的所有股東。基於我們對郵寄清單的高度重視，這件事我一定要親自處理，不想假他人之手。我在洛杉磯度過聖誕節，然後在元旦抵達鹽湖城，準備開工。

第二天，我在鹽湖《先驅報》辦公室忙碌著，沙利文先生的合夥人，可親的彼得．格蘭特走了進來。沙利文先生一開始就與他分享了沙利文信託公司的利益，我不在的時候，格蘭特先生一直隨侍沙利文先生左右。我問格蘭特先生，我不在的時候，戈德菲爾德的生意怎麼樣，他向我保證，「國家銀行和信託公司」不只會根據需要提供金援，而且出納員林賽告訴他，如果我們真的需要的話，我們可以得到五十萬美元而不是三十萬美元，而且如有必要，銀行將總共支持我們一百萬。

第二天早上，我打到我們在鹽湖的通訊記者詹姆斯．A．波洛克公司的辦公室。令我震驚的是，他們得到舊金山發來的電報，上面流傳說我們的報紙被扣在戈德菲爾德。

「這是胡說！」格蘭特先生說。「為什麼呢，因為我有林賽給我們的保證，這是絕對沒有疑問的。」

我說：「但也許他已經撇下我們了，那就代表……！」

「胡說八道！」格蘭特先生說。「我會給他打電報，除了用我們從他那裡借來的錢來紀念我們的戈德菲爾德報紙外，他還必須將十五萬美元匯到我們在舊金山的戶頭，您和我今天可以跳上火車去舊金山並支持當地市場。如果這些謠言在舊金山各地流傳開來，將會發生很多賣空交易，市場將需要支持。」

我同意。

我、格蘭特先生和詹姆斯．A．波拉克公司非常有信心，相信我們給予支持是正確的。他們接下了一份巨大的支援訂單，將在接下來的一天，於舊金山證券交易所使用，那時格蘭特先生和我應該會在去沿海城市的火車上。

我們於深夜到達了舊金山。許多經紀人會見了我們，並傳達了「國家銀行與信託公司」撇下我們的消息。同時，沙利文信託公司的出納員發送給我們的郵件已經累積了一大疊放在酒店裡，郵件裡出納員解釋了情況：

新年前兩天，所有將匯票郵件送往戈德菲爾德的火車都被暴風雪擋住。隔天是星期日，星期一是元旦，是國定假日。因此，累積的郵件量高達了五天之多，星期二才將延誤的匯票送到，堆了一大堆。

信託公司總裁L．M．沙利文原本應該在戈德菲爾德坐鎮，但他當時卻在托納帕，據說他因為在新年鬥毆中差點用槍柄砸了一名司機的腦袋，隨時有被捕的危險。

銀行界人士都大感震驚。

在要求這三十萬美元時，我們曾說過，我們將像過去的習慣那樣，不要完整收到而要是零散的，而五天的郵件幾乎就是全部金額的匯票。我人不在戈德菲爾德，格蘭特先生不在，沙利文先生也不在，只剩員工在經營公司。出納員林賽得出結論，我們被陰了，最重要的是，「國家銀行和信託公司」最大的存款人唐納德．麥肯齊當日早上拿出一大筆錢，據說總額為四十萬美元，他把這筆錢轉移到了舊金山。我們從戈德菲爾德發出的電報中說，他被謠傳嚇到了，以為沙利文信託公司遇到麻煩，他怕「國家銀行與信託公司」也將被捲入其中。

就這樣。一個微薄的小企業好不容易發展成為一家價值三百萬美元的信託公司，現在又因為採礦業務過熱而陷入財務困境。

後知後覺來得太晚

我將沙利文信託公司的覆滅歸因於六個因素，即，一、政治；二、勒索；三、後來的促銷活動分佈不夠廣。在令人興奮的繁榮時期，我們透過經紀人向投機者出售了這些股票中的大部分，而不是將其直接出售給投資者；四、我缺乏市場知識，缺乏市場操作經驗；五、我自己的頑固和過度樂觀，以及六、「國家銀行和信託公司」未遵守其援助承諾。

內華達州所有誠實的人都承認，毫無疑問，L．M．沙利文信託公司所推銷的所有財產都是值得的，只要信託公司存在，就可以慷慨地提供資金用於礦山開發。這些礦山是精心挑選的，它們的品質比平均水準高得多。到今天為止，曼哈頓的那些人都在生財，並且從採礦的角度來看，表現可能還算不錯，那些在「錦繡峰」競標的人可以複製這套作法。如果我不搞任何政治、專心當一個好的市場大將，並且意識到供需定律在礦業股票市場，就像在人類其他所有事業一樣，是不可撼動的鐵律，那麼我大可以早早將自己和同事從財務崩潰的困境拯救出來。

效仿鮑勃．阿克雷斯（Bob Acres），勇敢地面對錯誤，認輸並「為新的一天而戰」，應該是最好的選擇。但我沒有。我嘗試了不可能成功的事情，來阻止大家脫手的浪潮，並用盡最後一美元的資源，以高於促銷價的高價回購了沙利文股票。那時，我不知道（我現在才知道），成功的市場運營商公認的做法是與人群同進退，在幫助大眾購買時取得漲勢，這樣就可以在股市下跌，每個人都想賣時進一步下跌。這是我的第一次經歷，並且像許多初學者一樣，我過於自信，缺乏判斷力且對遊戲的細節重點一無所知。

我辛苦努力構建的金融結構完全崩潰，這是壓垮戈德菲爾德營地的最後一根稻草，標誌著戈德菲爾德礦業股票熱潮終結的開端。

我們的敵人太過分了。信託公司的失敗粉碎了大眾的信心，而如果戈德菲爾德和內華達州擁有像溫菲爾德和尼克森那麼聰明有遠見的人來進行營救，而不是加速其毀滅，那對戈德菲爾德和內華達州來說會更好。當初用於礦山開發的資金，一個月又一個月不停地流出採礦營。

不到一年後，當華爾街的金融災難使各種市場活動陷入一片沉寂時，溫菲爾德和尼克森本身的巨額財富卻遲遲不進場救援。假如美國造幣廠沒有因為快速交易而陷入困境，使得舊金山那邊以特快專遞給雷諾和戈德菲爾德轉發了五十萬美元的黃金，溫菲爾德和尼克森及旗下銀行的倒閉，可能恰好就發生在他們一開始宣傳的增長計劃的高潮時刻。

當時有傳言說，這筆錢要不是從政府那裡獲得的，作為雷諾尼克森國家銀行的存款，要不就是華爾街銀行家的巨大犧牲而獲得的，而這僅是由於尼克森先生擔任美國參議院國家銀行委員會主席的緣故，才得以令紐約的次財政部指示舊金山造幣廠在這個關鍵時期提供黃金。不管這是否是政府存款，參議員尼克森都得到了——他需要這筆錢。

直到今天，搞垮戈德菲爾德各大礦山、標誌著百萬富翁希望之墓的重罪，仍不斷透過溫菲爾德和尼克森加諸在我身上。

一九〇七年華爾街恐慌爆發前夕，戈德菲爾德和托諾帕每家經歷過採礦業榮景的銀行，以及每個戈德菲爾德礦業經紀人（一兩個除外）都破產了，但溫菲爾德和尼克森的銀行除外。營地的商業利益遭受到同樣的狀況，溫菲爾德和尼克森成功吞併了戈德菲爾德剩餘的銀行業務，並控制了他們似乎一直在爭奪的戈德菲爾德幾乎所有物產。實際上，溫菲爾德和尼克森如今已控制著該州的政治、銀行和貴金屬採礦業。他們取得了勝利，但是戈德菲爾德除了一座大礦山和其他一兩個他們不擁有、也不重要的礦山之外，全都遭扼殺並處於垂死邊緣。如果溫菲爾德和尼克森不要針對戈德菲爾德殺得那麼狠，戈德菲爾德這個點肯定還會留在採礦業的地圖上，不像現在只剩兩三個礦坑，而是可能還有三十個礦坑。

我立刻召開了一次沙利文信託公司債權人會議，所有債權人都是西部的經紀人或銀行。市場一塌糊塗，我們的債務為一百二十萬美元。此資產數字是根據我們公開宣布財務拮据後，以證券市場低價計算的，仍然超過了負債。債權人立刻同意，如果我們將所有證券上交，他們將接受淨收益的八〇%作為我們債務的全額款項，並將其餘二〇%退還給信託公司。

國家銀行與信託公司總裁托馬斯·B·里奇被任命為這個現金部位的經理，也當選為沙利文信託公司總裁。沙利文信託公司至今仍處於垂死狀態，里奇先生認定的證券價值甚至比我們估算的還要高，他堅持拒絕以當時的價格出售任何證券。在一九〇七年銀行大恐慌期間，「國家銀行和信託公司」因短少約三百萬美元倒閉。沙利文礦山被迫關閉，里奇先生仍然堅持不退，曼哈頓採礦營股價暴跌，同時，戈德菲爾德證券的榮景也崩潰了。與其他上市股票一樣，沙利文的股票幾乎萎縮至零。

據我所知，無論是銀行、經紀人信貸機構，還是沙利文信託公司的任何成員，都沒有從和解中獲得一美元。如果在財務拮据之後立即處置證券，信託公司還可以賣一分賺一分。那些在我們向市場提供超過三百萬美元支持時，沒有出售其沙利文公司股份的大眾，大部分投資都血本無歸，那些確實賣出的人（也就是大部分的人）則賺了錢。在繁榮時期，這些證券的市場價值超過五百萬美元，如前所述，大眾為此付出的成本價約為兩百萬美元。

在根據上述概述，與沙利文信託公司的債權人達成和解後，我離開戈德菲爾德。離開時的景況就如同三年前我剛來時一樣。在信託公司的整個生命週期中，我或我的合夥人從業務中獲得的唯一收入約為五千美元，勉強支付生活費用。我去紐約找出路（你感到驚訝嗎？），這筆旅費甚至還是出售我在戈德菲爾德一家證券交易所的席位收益換得的，我從中獲利四百美元。我帶著口袋裡的兩百美元回到了大都市，而兩百美元正是三年前我離開這裡的確切數額。

我在沙漠上三年不懈的工作，所獲得的獎勵是一筆名為「經驗」的巨款。相信我，我以為它會支持我一段時間的！但事實並非如此。

第六章
尼佩欣與戈德菲爾德騙局

L．M．沙利文信託公司的窘況，對戈德菲爾德鎮而言是災難性的。礦區的衰敗與沒落從那一刻就已經注定了。

那段日子，《戈德菲爾德新聞報》還是能在全國發行的大報，到那時為止，它也仍未受到任何管制，試圖扭轉頹勢。該報刊登一篇雙導語、以粗體字印刷的社論，明確指稱：沙利文信託公司已經崩潰，它的旗幟還插在已經衰敗的市場桅杆之上，損失了能支應其股份的最後一點美金。

礦區上下鼓起勇氣奮鬥，事態很快就變得明顯了：股票市場價格最初的震盪並不足以說服當地人，市場已經為一系列的礦業證券敲響了喪鐘。

戈德菲爾德鎮的人口有一萬五千人，它的生命力還不致於在短時間內被榨乾。戈德菲爾德鎮礦業收益市價上的貶值確實是很嚴重，但還沒到蓋棺論定、價值近乎一文不名的地步（不過這個狀況後來還是發生了）。投資人方面拒絕繼續投注資本，逐漸脫手，使得戈德菲爾德陷入糧盡援絕般的圍城式處境，在那之後，總股市行情（扣除零星的幾個例外）才遭到毀滅性的最後一擊。

戈德菲爾德鎮登記上市發行的證券約有近兩百家；極盛時期，它們在市場上的價值超出一億五千萬美金。兩個月之內，它們的市價就下跌了六千萬美金，然而，這些證券的平均報價仍然高於促銷價。

就在全國各大報社以頭版新聞報導沙利文信託公司的失敗後十五天、也就是一九〇七年一月十八日，由沙利文信託公司所促銷的股票在全國所有的礦業股市上仍有需求，其平均價格並未低於大眾所提出且被接受的初始認購價格。

「彈跳傑克」的促銷價為每股二十五美分，其接到的報價為每股三十美分；「曼哈頓流浪犬」每股促銷價為四十五美分，接到的報價則為每股四十九美分；「盧迪隆」的促銷價為每股二十五美分，而收到的報價仍有每股二十六美分；「印地安營」最初售予大眾的價碼為每股二十五美分，但接到每股八十五美分的報價；「銀牌分部」的促銷價格為每股二十五美分，接到的報價為每股二十一美分，比促銷價少了四美分；「鷹巢錦繡峰」收到的報價是每股二十五美分，比促銷價少了十美分。和戈德菲爾德鎮發展處於極盛期時所達到的「高點」相比，這些價格意謂著慘重的損失，然而，市場的平均價格仍然高於大眾最初進場、認購的股價。關於這個實例，一個值得注意的環節是：這些股票在二十天內，均未獲得任何內線支援。沙利文信託公司既已陷入困境，一般而論，各股市就只能任憑賣空操作者，和市場上預測精準的風險投機客擺佈了。

在將公司所有的證券與其他資產交付信託（債主們同意減免八〇%的債務，將剩餘的二〇%返還給信託公司），結清信託公司高達一百二十萬美金的種種債務以後，我便在一月份的最後一週回到紐約。我再度失業而且身無分文。

我拜會位於華爾街和百老街礦業股經紀公司的官員們，無論到哪，我都和與會者熱忱地握手。美國東岸所有股票經紀人，都沒有受到沙利文信託公司經營失敗的波及。

這些經紀人確信：這樣的窘況，是十分真確的。過往，這家信託公司在經濟上的信譽始終良好，假如這樣的經營失敗是刻意計劃、精打細算後的結果，我完全可以將美國東岸這些經紀商牽扯進來，讓他們至少撥出一百萬美金的紓困金。由於我沒有這麼做，紐約的經紀人們很快就表達了他們的正面情緒，假如我希望開始經營新的企業，他們當中有好幾人甚至願意伸出援手。

在浪擲了信託公司的數百萬美金（其中一半還是我自己的資本），企圖支援市場上的股份卻落得徒勞無功以後，我反而精神抖擻，一如春回大地的五月份。這真是太古怪了——不過我或許應該說，這其實是很自然的。我以前就有破產的經驗，這種感覺對我而言已不再新穎，而且，我還曾經獲利。我累積了新的經驗，即使我沒能因為在戈德菲爾德鎮付出過努力就賺進大把銀子，還是學到了某些經驗——我已經習得建立優質企業的基礎。

戈德菲爾德曾是礦業重鎮——也就是這些證券背後的工廠，而紐約則是公認的市場核心。市場操作始終是我的弱點，如今，我有機會見證某些市場操盤大師的精湛表現，也盡力把握住這個機會。

我聚精會神地觀察紐約場外證券交易所每天的走勢，幾乎每小時都在走訪各經紀商的辦公室。所有的動態，都被我觀測到了。

一個月內，我的所見所聞已經夠充分，足以說服我：就算戈德菲爾德集團企業併購商與贊助商的行動夠大膽（一開始，他們將自己手中證券的價碼膨脹到高於其實際價值約達兩千九百萬，相當於四百倍的增幅，甚至還能讓大眾不嫌高價也要買入），他們的操作活動和正在紐約場外證券交易所發生、針對尼佩欣的股市營銷活動相比，只能說是太業餘了。

在尼佩欣的營銷活動中，社會大眾數千萬的投資金額閃閃發亮，好幾個知名宣傳商的財富像施了魔法一般累積起來，某些大人物及其名譽蒙受恥辱，而數百萬美金就像玻璃珠一般，任由手法精妙的演出者擺佈、耍弄著。

毫無節制的市場操控

這齣市場傳奇劇，佈置得可謂恰到好處，它的開場十分煽情，每分鐘的劇情發展都充滿了張力。我抵達紐約時，這齣大戲已經上演了七個月，而且正在邁向高潮。這是一場針對市場操盤與金錢詐騙的盛宴，它是如此瘋狂，無論是早期的卡姆斯托克，到如今的綠水，在歷史上都找不到可堪類比的事件。作為礦業股份的榮景，這是一場使人茫茫然、困惑不堪的成功——最後一幕的高潮掀起時，所有最脆弱的環節已經全被觸發、引起爆炸了。

W．B．湯普森是來自蒙大拿州（Montana）的礦業促銷商，一心只想賺大錢；約瑟夫．R．德拉瑪船長過去即以勇敢、大膽的海陸探險家著稱，近期更是成就非凡的金融家、礦業主、股市運營家與藝術品收藏家；約翰．海伊斯．哈蒙德是礦業工程師、推銷商、政治人物與充滿抱負的社會領袖；A．切斯特．貝提是身價數百萬美金的礦業工程師，而古根漢家的兄弟七人亦在此一明星陣容當中。由於湯普森先生是市場經理，他也最常拋頭露面，但他有時也會被其他人所遮蔽。

湯普森先生來自蒙大拿州的比尤特（Butte）。佈局之初，他就已經從華爾街的經驗學到「股票就是要拿來賣的」。在比尤特出生長大、白手起家的他，直到來到美國東部以後才開始「進入金錢遊戲」。對他而言，美國東岸優渥的富礦脈，顯然比他在比尤特縣某些鄰居於地下深層礦脈開採過程中錯失的富礦線更有吸引力。他就是尼佩欣專案的適任人選，他往後職業生涯中的事件與經歷也完全佐證了這一點。湯普森先生來自於一個堅信手上現金比保險箱裡的礦廠產權證明更有價值的學派。出身蒙大拿州的他，乃是取道波士頓進入百老匯，而他也正在波士頓促銷夏農礦業集團（Shannon group of mines）的股票，這是他第一把引人注目的賭注。

當大眾對「鈷礦」礦場的熱度仍處於醞釀期時，湯普森先生便親自去了礦場一趟，舉目所見，尼佩欣礦脈堪稱最為理想的資產，它當時正在產出貨真價實的銀礦。E．P．厄爾是稀金屬的專家；身價數百萬的德拉瑪船長是追逐名利的冒險者；銀行家E．C．坎佛斯身兼鋼鐵業大亨；他們和安珀．莫內爾、R．M．湯普森、來自費城但現已過世的約瑟夫．華頓、來自加拿大、家境富裕的律師鄧肯．寇森組成了一個小集團，掌握這家企業。該礦脈的銀礦產量極其可觀，但那些礦脈本身十分狹窄，寬度不過寥寥數英吋。提到對礦產富饒度的真實量測，要想概略性地繪製礦脈圖、得出任何意見與評估，是不可能的。當湯普森先生提出這項建議時，這些有教養、紳士般的老闆們並不排斥從每股價格五美金的一百二十萬股（這意謂著六百萬美金）當中十萬張庫存股買賣權，以每股兩美金的價碼賣給他、日後再將十萬股的買賣權以每股二．五美金的價格賣給他的想法。往後，他們又以每股約七美金的價格將五萬或十萬股賣給了他。這一切都是在我抵達紐約的六個月前，也就是一九〇六年夏季發生的，當時種種跡象均顯示全國陷入對礦業股份的狂熱。在戈德菲爾德鎮發展的極盛期，內華達州股票在紐約場外證券交易所的股值增漲了數倍。

一九〇六年秋季，「莫霍克」礦場的股價從每股十美分一路直達每股二十美金的最高標；戈德菲爾德鎮榮景取得顯著的成就後，對「鈷礦」礦場股份的狂熱簡直成了燎原的野火，市場上對尼佩欣股份的需求突然驟增。湯普森先生大約就是在這個階段和華爾街作風保守的老牌銀行，

C·舒馬赫企業搭上了線，根據推算，這次的結盟將能夠提高尼佩欣股票促銷商的聲勢。這一手果然奏效了，大眾競奪相關股份，價碼立刻飆到每股四塊半美金。股價衝破四塊美金大關後，湯普森先生便開始將股票脫手。他正在大開殺戒，但仍謹慎地以大約每天五千股的幅度，將自己握有買賣權的股份脫手，同時逐日增加。等到價碼上達每股七塊美金時，湯普森先生便起了疑心，他開始無法理解，這場賭局的發展似乎有點不對勁。他發現到：自己在場外交易所不需要進行太多的「清場」工作，每次他拋出股份，總會出現沉默的買家欣然將它們照單全收。他的仲介商們每次一開口求售股權證，它們旋即被競奪一空。

湯普森先生停止繼續拋售任何股份，親自到「鈷礦」礦場一趟，看看到底發生了什麼事。他難以確切掌握內部情資，但仍取得了令他感到滿足的情報：該礦場的地下深處，挖到了富饒的礦石。他回到紐約時發現：德拉瑪船長已經藉由S．H．P．佩爾企業購入廉價的股權，在當時甚至是持股比例最高的個人股東。在整場操盤活動中，他這項地位僅僅被挑戰過一次；而這名挑戰者也只是個藉由小尤金·梅耶爾進行運作、不被看好的圈外人，他的名字甚至不曾被公開提及，而且和這場賭局一點關係都沒有。這位「不知名人士」是個沉靜、語氣溫和、受過大學教育的紳士。他在尼佩欣投了一百五十萬美金，保存了它的所有權。

湯普森先生一從「鈷礦」礦場回來，這些促銷商便開始暖身、準備上工。一開始還顯得相對審慎的操控手法，此時已經展現出「無限上綱」的賭徒精神。他們也用上了新式促銷輔助措施，這些措施產生了效果，使得這場賭局變得越來越火熱。

古根漢兄弟進入尼佩欣

尼佩欣「蹦！蹦！蹦！」地大步挺進。就在股價飆破每股二十美金之際，兩片大陸上的賭客與投機分子興奮莫名、心情火熱。不久之後，大眾便爭相走告：古根漢家族以每股二十五美金的價格購置尼佩欣的四十萬張股票、獲得該礦產的買賣權。這使得他們的投資額來到一千萬美金，並將該礦產的價值定在三千兩百萬美金。除此之外，他們亦宣稱：這筆交易乃是根據國際礦業工程師、塞西爾．羅茲的密友、被譽為本行業領袖的約翰．海伊斯．哈蒙德提供的建議與報告所做成的。這段非凡故事的重要部份在於：據權威消息來源指出，古根漢兄弟付了兩百五十萬美金的現金，取得礦產的買賣權，據說，這筆交易是透過W．B．湯普森居中協商而促成的。

這筆交易的確認，使賭徒們陷入瘋狂，就連能力出眾的哈蒙德都為古根漢兄弟們背書，認為跟從他們的領導，絕不會有任何風險。市場上的股價先是上漲到三十美金，隨後再冠冕堂皇地竄升到三十三又四分之一美金。這一批發行的股票，每天的交易量多達數十萬股，侍者、酒吧店主、裁縫師、女裁縫師、秀色可餐的美女與銀行家、商人、專業人士在一般交易市場上爭購股票，當礦場的估值超過四千萬美金時，就連傳福音的牧師都爭相競購尼佩欣的股份。

在股價向上突破的途中，同一票消息靈通人士悄然釋出了他們手中的控股，其中大部分的控股，每股兌換價低於二十美金。他們當中一部份人選擇避險，其他人則退卻，成了撲火的飛蛾。根據當時還能獲得他信任的密友們提供的評估，W．B．湯普森將自己手中（介於二十五萬張到三十萬張）大部分的股票以每股不低於二十四．五美金的價碼脫手，個人狠狠賺上一筆介於四百五十萬到五百萬之間的金額。對湯普森先生而言，沒有比這還要乾淨俐落的「集資」案例了，他被指定為這項操作活動的操盤手，操作也相當成功。古根漢的交易拍板定案（從市場的角度來看，這真是完美的傑作！）後，他所需要唯一的技術或能力就是保持理智、抓牢手中享有買賣權的股份，直到他的合作夥伴們跟著古根漢的腳步，誘導大眾進入市場，把市場炒得有利可圖、極其富饒為止。

隨後湯普森先生還參與了「康柏蘭—伊萊」、「艾爾．雷尤」、「靈感」、「玫瑰花」、「猶他州銅礦」、「泥水匠溪谷」與其他礦場的營銷活動，如今他的身價據估計已介於一千萬至一千兩百萬之間。一般來說，在優質市場存在的前提下，他做為銷售方的表現相當搶眼；他現在是一家在紐約證券交易所上市、從事礦業營銷與經紀業務公司的總裁，該公司甚至發行了自己的報紙。

但是，尼佩欣發生了什麼事呢？起先發生了許多事情，一段時間後，又發生了某些事情。一如前面所提到的，股價飛漲到每股三十三又四分之一美金，在好一段時間裡保持在三十美金以上，然後開始下跌。古根漢兄弟洋洋得意，以為自己掌握了全世界最大的銀礦場，因而允許他們所有的好朋友一同分享他們的好運。

突然間，來歷不明的股票開始強行進入市場，這些股票數量龐大，而且來勢洶洶，疑心在古根漢家族所掌握的礦區散播開來。他們派出A．切斯特．貝提（他們最頂尖的專業工程師之一，過去也是約翰．海伊斯．哈蒙德的門生）前往「鈷礦」礦場，企圖找出問題所在。他撰寫的報告從未印出，這些文字其實也無需印出，事實敲碎了各種幻想。

各種熱情洋溢的報告書根據絢麗的礦石，描述該座礦場極高的價值，但其中許多礦石完全不含銀礦或含銀量甚少。它是砷鈷礦，為一種附屬於鈷的礦物，形貌極其類似許多含銀的礦石。

消息來源指出：根據哈蒙德先生報告所進行的礦業發展勘探，顯示出的前景相當慘淡，所以貝提先生做出了不利的報導。據說，礦工們在地下數百英呎深處，挖掘到毫無產值的方解石礦穴。

事實上，由於那段期間開採的地下礦穴數量有限，貝提先生在進行勘驗時較能對該礦場的總體情況進行深入觀察，而這樣的條件在哈蒙德先生撰寫報告時，就沒有那麼明顯了。

這位傑出專家下了定論：這種礦物「無藥可救」。

在那之後，該處礦場仍挖掘出價值數百億美金的銀條，直到現在，它的礦產量仍相當豐富。不過，這就是另一段平凡、乏味的故事罷了，只和股市賭博有關而已。

一九〇七年，我從戈德菲爾德鎮回來後那一小段時光，場外證券交易所最狂野的亂象便發生了。古根漢兄弟們「犧牲」了他們的買賣權，一心只想趕快脫手，他們為一些私人朋友遭受到的厄運，感到自己負有責任。經刊登的報導指出：除了針對這些朋友們的損失支付一百五十萬到兩百萬美金之間的金額以外，他們還將最初投入的兩百五十萬美金計入損益表。不管事情的真相是否如此，古根漢家雖然從這場操盤活動中脫身，他們在市場上的聲譽和地位已受到損害，日後也並沒有完全恢復。在他們著手購進產量豐饒的「鈷礦」礦場前，可是有著一群理盲、幾近於偶像崇拜的追隨者，只要他們給出建議，這些追隨者就準備投資數億美金。從這個層面來看，他們始終沒能贏回自己當初既有的地位。

暴跌的尼佩欣

尼佩欣的股價從每股三十三美金，急速暴跌到六美金以下。W·B·湯普森與他的合作夥伴們曾經在股價上升的過程中拋售他們持有的股份，有報導指出，他們利用貝提撰寫的報告書，在股價下跌的過程中於市場賣空，狠狠地多撈了數百萬美金。股價在下跌過程中，曾經衝擊到幾個高牌價、特別穩定的股票，但當殘骸被清空、死傷者都被聚集起來時，醫院和停屍間的空間極其稀缺，連他們當中的半數都容納不下。最終的大屠殺與殺戮程度之驚人，已到了筆墨無法形容的地步。

大眾再次被貨物所拖累。他們在尼佩欣礦場估價為四千三百萬美金時概括承擔了它的股份；而後在短短數天之內，它的估價就暴跌到七百萬至八百萬之間。這場金額高達三千五百萬的屠殺，只代表實際損失的一小部份，原因在於保證金帳戶裡損失的金額更為可觀。在投資人興趣最為濃烈的那幾個月當中，每日匯聚在尼佩欣公開帳戶內的平均金額，應該至少為總資本額的五倍。因此，實際上的損失遠遠高於表面、粗略計算所得出的數字。社會大眾在尼佩欣的「經驗基金」上，貢獻了介於七千五百萬至一億美金的金額。

關於約翰．海伊斯．哈蒙德究竟口頭上對古根漢兄弟們說了些什麼，誘使他們上鉤、招致其經商生涯中最具屈辱性的挫敗，我們始終是存疑的。他寫下的文字紀錄與後來刊登的報導中，都沒列出這些話，其原因在於，就算有這麼一份文件，上面也必然會出現一小段俐落、語意模稜兩可的話，其意義相當於「『如果』當初那些向他透露的條件能夠維持下去，股價就會如何，如何，等等。」這句小小的「如果」，就是為哈蒙德脫罪的條款——即使它沒能為他保住那份年薪百萬美金的工作（要是真能保住他那份工作，他一部份的崇拜者將會喜孜孜地到處傳頌），也沒能使股民逃過被坑殺的命運。

另一處與尼佩欣有關的謎團則在於：在才能卓越的約翰．海伊斯．哈蒙德與和他相較之下毫不遜色的A．切斯特．貝提之間，個人與職業上的友好關係仍然持續存在。在貝提先生不得不拒絕其老闆的要求以後不久，兩人的關係一度似曾觸礁，不過，這種情況並未持續太久。貝提先生切斷了與古根漢企業的關係，不再支領其薪資，從那之後，這兩位工程師又和好如初，現在更是形同莫逆之交。

在沒有任何有趣消息、股票走勢始終在低點擺盪的艱困時期，尼佩欣那場使人難忘的營銷活動中那些居心不良、玩忽職守的投機份子很容易想到：當初自己要是事先知道那兩篇指出不利因素的報告，就能在市場上賺進多少，以及一旦發生這種情況，出現「黑吃黑」時，公平、正常的獲勝機率又有多高。

那些密切注意W．B．湯普森與約翰．海伊斯．哈蒙德之間友誼的誹謗者，經常很不厚道地詢問，兩人是如何維繫關係的。最近，就在「落磯山俱樂部」需要一座新的俱樂部會館之際，哈蒙德先生與湯普森就捐贈了一筆相當的金額（那可是所費不貲），使新會館得以落成。

兩人常在公眾面前共同露臉，其品味似乎亦有諸多共同點。哈蒙德為古根漢兄弟們所撰寫的報告，將湯普森先生在紐約場外證券交易所針對尼佩欣進行且異常幸運的促銷活動，推上成功營銷的高峰。對此，湯普森先生並不憎恨哈蒙德先生，而又有誰會為了這種親切的感情責怪他呢？

誰拿到這七千五百萬美金？

但大眾又該怎麼辦呢？社會大眾在這場賭局中投入了七千五百萬至一億美金，卻始終搞不清楚誰拿了錢。到底是誰拿了錢？關於這場「大分家陰謀」的某些細節，先前就已經被提出、鋪陳，但這些說詞均欠缺可信度，無力滿足負擔了費用、支付了運費，為這麼一筆龐大款項承擔各種捐稅與通行費的大眾的好奇心。

一整群受了騙的投資人與投機分子，只因為那份報告書作者的權威與公信力，就將上千萬美金投進尼佩欣礦區（你可以將那份「引誘人的」文件稱為災厄、誤判，或以其他任何方式稱呼它），那麼，作者本人是否也因此而損失了財產呢？關於這點，你是察覺不到的。的確，他因為古根漢兄弟事件放棄了自己被質疑薪資達一百萬美金的工作，可是，他不就是共和黨全國競選活動基金的大力贊助者嗎？他不正是美國政府的親密好友嗎？他不就是以代表偉大政府的特殊大使身份，出席英格蘭國王的加冕儀式嗎？人們不是已經談論到，他是塔夫脫先生的競選搭檔嗎？兩年前組織共和黨俱樂部全國聯盟的人，不就是他嗎？他富可敵國，身上背負的各式榮譽多到數不清。

過去在尼佩欣進行操控的那一票人，如今每一個都還活躍至極，循著大眾與投資人的錢財入主各個區域。他們當中的許多人仍持有該礦產的股權，它仍是一頭堪用、能擠出奶的老乳牛。一九〇六年，E．P．厄爾是尼佩欣礦區的總裁，他在四年後主導這家企業。德拉瑪船長悄悄地消失了（現在的他已經進入備受吹捧的「豪豬天頂礦業公司」），而E．C．考文斯也是如此（他所有的時間都用於管理標記著壟斷與專賣權的證券交易鈔票，以及幾家銀行與信託企業）。即使一九〇六年與一九〇七年那段經驗十分惡劣，於一九〇七年進入尼佩欣董事會名單的W．B．湯普森，仍然繼續留在董事會。

美國政府是否對此感到震怒，對這些產業界的領袖大呼小叫，大驚小怪？政府還沒這麼做，不久的將來也不會這樣做。

這些可敬、身價動輒上看數百萬美金，發起一筆賠錢促銷活動的銀行家，與市井小民之間，究竟有什麼差別呢？兩者可能同等誠實，或同等刁滑，但在公正原則之下，兩者應得到同等的待遇、獲得相同的關注。兩者之間的操作，差別只在於程度，每一方的目標，都在於攫取社會大眾的錢財，而規模大的一方，危險程度自然也高出許多。

關於尼佩欣礦產事件，是否存在能佐證詐欺與陰謀論的具體證據？是否真有任何證據存在？現在我膽敢說：你大可讓任何一個從公立中小學畢業的年輕人去搜索證據，他在三十天內就能取得足夠證據，向這個國家境內任何一個陪審團證明，這些股票操盤手使用不當手法，攫取社會大眾的錢財。

假如你檢視那段期間，報紙上那些令人反感、描述尼佩欣礦產的文章，你就會發現諸多怪現象。它揭露出許多面向，其中之一就在於，當時媒體上的金融寫手們對那些股票操盤手展現出非凡的善意，對操盤者極盡讚美、誇獎之能事，並且用與這場賭局相關的煽情八卦，滿足社會大眾的胃口。

對那些熟悉華爾街公關運作模式的人而言，不難理解這一切是如何做到的。在當時的華爾街，一項公開的秘密是：媒體圈的許多寫手非常想要在這場賭局中攫取知名度。日報社各個專欄本身就顯示出，這種企圖也並不總是枉費、徒勞的。

一則小故事，就足以彰顯他們慣用的手法。某天，一家兼具廣泛知名度與聲譽的財經日報業務經理，被一名活躍於尼佩欣礦區的男子攔下。這名男子告知：他已經以市價獲得尼佩欣礦場的五百股（當時每股股價仍低於十美金；在那之後股價突飛猛進，一路衝破每股三十三美金大關，達到頂峰）。這位報業界人士其實並不排斥涉足華爾街的投資，但他反對這種操作。他頗有禮貌地回絕了這項提議，表示他完全不想參與其中。

之後引誘者又以另一種方式接近他，答應把股票轉給他，如此一來，這對他來說就不會有任何風險。引誘者同時還提到：該報的新聞專欄應該為場外證券交易所的認購活動提供支援，認可這項活動，以此做為回報。這名報社主管再度拒絕，這回所用的理由明確且堅決。他很謹慎地暗示道：雖然他自己或許有意參與，卻可能不會有人告訴他何時應該退出，他還追加道：如果他被這類條件引誘，有可能會被解職。

當股價由每股三十三美金一路跌回到六美金左右時，這名男子所屬的報社，並未刊登任何譴責這種戕害社會大眾行徑的頭條報導。

我並不知道，尼佩欣那些操盤手們曾「登門拜訪」他的職員，但我確實曾聽說過紐約某些報社刻意在大眾與閱聽人面前擺出高尚形象，以最高標準的新聞道德自居。也正是這些報社的領導階層（無論是共有人還是主編輯）在一段經濟困窘、僅靠週薪維持日常生計的時期，和華爾街那些權貴、大亨們握手言歡，他們隨後也「時來運轉」，進入百萬富翁的行列。你真的認為被這些人掌控的報紙，真的會直言不諱地報導其施主企業的狀況？反過來說：假如這些媒體界紳士們的施主遭受到商場對手的挑戰，你覺得他們真的不會無所不用其極，在自家報紙的新聞欄位污衊其金主的敵人，使讀者們痛恨這些商場對手嗎？

就在我見證W．B．湯普森針對尼佩欣礦產在紐約場外證券交易推行，並獲得不可思議成就的營銷活動達到顛峰之際，我才剛離開戈德菲爾德不久。據我的記憶所及，我當時（戈德菲爾德集團企業詐騙事件的陰影還籠罩在我的心頭）主要的想法就是：美國西岸這些身價數百萬、惡棍般的促銷者，和美國東岸的始祖相比，真的不在同一個檔次上。的確，這兩者看起來屬於不同類型，其間的差別就像謙恭但吵鬧的北美草原土狼，與阿比西尼亞食人虎一樣明顯。

一九〇七年的暮春時節，我回到了內華達州。我將雷諾鎮選定為住宿的中心點，且決定就在此定居下來。美國東岸的股市，看來已經超出我的理解範圍，看來顯而易見的是：美國西部的投資遊戲和東岸相比，規模簡直是微不足道，東岸在玩什麼東西我已經毫無頭緒了。在紐約的金融市場，我感覺自己真是無足輕重、無比渺小，沒有了數百萬美金的資本額，內華達州在我看來更像一片無用之地。我對內華達州的礦產資源頗有信心，在見證過戈德菲爾德由沙漠中一個被帳棚覆蓋、僅有百來人的小站點變成一座人口達一萬五千人的城市、從一座僅有少數「潛在金礦場」的小社區，演變成以每月近一百萬美金速率量產金黃色礦物的一系列礦區以後，我對下列這個想法甚感興趣：在這個誕生於戰火中的合眾國境內，必然還有其他未經開採的金礦場，而且如果我腳踏實地、按部就班，這個機會將降臨到我身上。

湧入「奇景」礦區的人潮

我回到內華達州後一星期，人潮便開始湧入一處名叫「奇景」的新礦區，我很快就加入這波熱潮。那群來自費城、對托諾帕大型礦場擁有控股權的實業家們已經併購了另一座礦產，他們將該礦產命名為「內華達奇景」，以生產大量低品質的銀礦和金礦著稱。

抵達奇景礦場時，我當場遇見以前在戈德菲爾德合作過的投資夥伴L·M·沙利文。他懇求我：讓他在我所有辦成的交易之中，都能分到一點利潤。這筆買賣成交了，他允諾預付所有金額，而我將針對自己的業績分到一半的盈利。「沙利文和萊斯股份公司」就此成立。我們購進了瑞奇．古爾許集團的所有權（它含括定義清晰、相當有潛力的礦脈區域），同時組建了「瑞奇．古爾許奇景礦業公司」。一般來說，一家股份公司擁有百萬張股份的資本額，我們成立這麼一家企業，用來經營這些礦產。我們組建了一個相當高檔的董事會。身為「內華達—加利福尼亞—俄瑞岡州鐵路公司」副總裁與總經理的T．F．唐娜薇，擔任董事會會長。她和內華達州州長約翰．史帕克斯成為首席副總裁，加州首席檢察官U．S．韋伯接任第二副總裁一職，二十五年來皆擔任內華達州華秀郡（Washoe County）財務主管的D．B．博伊德，擔任出納主任一職。

「瑞奇．古爾許奇景企業」發佈的第一批庫存股，賣家可是四十位最主要的礦業股經紀商，這些經紀商的作業地點，含括了從紐約到火奴魯魯在內的各大城市。而他們都通過簽名，表達自己在抽取二十％佣金的前提下，以每股二十五美分價格出售庫存股份的意願。首批多達一千張的庫存股份，以每股二十五美分的價碼賣給內華達奇景礦場的負責人麥唐尼爾。這使我們堅信：我們挖到有潛力的礦產了。

這段期間，我對內華達州任何一家礦業公司營銷能否獲致成功心存懷疑，其原因在於戈德菲爾德礦場收益上的暴跌，也在於礦業股投資人在尼佩欣遭到的重挫。我的想法是：如果「瑞奇．古爾許奇景企業」真的為我們帶來任何利潤，這些利潤大概也得等到軋鋼機建立、礦場真正投入生產方能兌現。在這樣的前提之下，我願意繼續投資下去。

庫存股份的銷售速度緩慢，但其銷量已足以確保礦場開發所需的支出（每個月至少兩千美金、為期六個月），能夠預先提供這樣的資金，看來似乎就已經足夠了。

為了滿足條件，好讓這項建議在財務上獲得履行，我決定向一家位於雷諾鎮的報社提供金援，使它能夠為礦業股投機客提供關於礦業與市場狀態真實、不偏私的報導。在礦區內，在地報刊檢視任何由當地業者所擁有礦產價值的行為，都會被視為在財務上自尋死路，各種指責都被視為「吹毛求疵」，而「吹毛求疵的人」在礦區內絕對是大忌。除此之外，缺乏內部利害關係人士支援、以礦場新聞為主體的報刊絕難達到收支平衡，我們不能期待它們對當地礦場做出真實、無偏私但不利的報導。

梅里爾．A．提格成為這家新報社的編輯，而該報社被稱為《內華達礦業新聞報》。提格先生才剛從戈德菲爾德鎮來到雷諾鎮，在戈德菲爾德時，他為《內華達礦業新聞社》（一家報導市場動態的日報）工作。他在來到內華達以前，也曾經為《巴爾的摩美國人報》與《費城北美人報》撰寫過社論。提格先生文筆極為洗練，最初他的薪餉是每週五十美金，我那時還深信，《內華達礦業新聞報》的編輯可真廉價。欠缺新聞來源時，他無中生有的能力超出我過去所遇見過的任何人。順帶一提，和我過去遇過的任何人相比，他能夠更加長遠地投入一場運動而不受阻止。不夠投機可以說是他的短處，但不管怎麼說，和其他當時在內華達州就業、工作的媒體人的業務相比，他撰寫的文章自成一家，從商業角度來看，他的報導也是極具價值的。

提格抨擊尼克森參議員

提格先生才剛走馬上任一星期，就在一篇標題為「華爾街鯊魚掌控戈德菲爾德」的頭條文章裡火力全開，對內華達州選出的美國參議員喬治．S．尼克森大加撻伐。這篇文章宣稱：參議員尼克森需要一百萬美金，來為戈德菲爾德集團企業的併購計畫劃上句點，而他以駭人的代價，從紐約證券交易所的B．M．（伯尼）巴魯許（湯瑪斯．F．萊恩的家務總管）手中弄到了這筆錢，而這筆貸款，乃是在戈德菲爾德集團企業股價仍以每股約十美金的價格售出時所提供的。為了這筆貸款，尼克森參議員代表公司將戈德菲爾德集團企業一百萬張庫存股的買賣權，以每股七．七五美金的價碼售予巴魯許先生。當提格先生開始口誅筆伐之際，戈德菲爾德集團企業的股價，已從每股十美金狂跌到每股七塊半。提格先生質疑：此舉乃是在耍弄股市、敲詐投資人。他指稱：巴魯許先生已經靠著自己的買賣權，將股權以每股美金七塊半的價碼賣出。現在他想要破壞市場、賣空股票，用遠低於行情的價格支應一切。

就在提格先生對巴魯許先生無須償付款項即獲得買賣權一事報導刊登後的兩週內，戈德菲爾德集團企業的股價掉到每股六美金以下。這段報導明顯發揮了其作用。

那份記錄股價一路跌落到每股六塊美金的報紙，還包括一篇標題為「扮演布魯圖斯的尼克森」的社論。這篇文章要求參議員尼克森在幕後支援股票、為市場提供協助，同時也要求他宣布發放他在兩個月以前年度營收報告中允諾過的紅利。

內華達州的居民開始問起，「提格是誰？」提格先生迫使《內華達礦業新聞報》當時的社長休恩．蒙哥馬利（曾擔任《芝加哥論壇報》的業務經理）在文章中署名並說明：提格先生曾經是《巴爾的摩美國人報》的政治編輯，後來亦曾擔任《費城北美人報》的社論作家，而他在任職《費城北美人報》期間就曾經對抗過那些以費城為總部、一夕之間暴富的騙徒。對抗的結果是：史托瑞棉花公司、遠慮投資機構、哈耶特和佛利斯企業和其他數個投機商號與集團再也無法營運下去。文章中提到：提格先生所提供的各項證據確保美國政府將史丹利．法朗斯與法蘭克．C．馬林做為牽連到四十萬美金的史托瑞棉花公司詐欺案的主嫌犯起訴。最後該篇文章提到：提格先生受到一家聞名遐邇的雜誌社聘僱，揭發投機商號在美國境內的種種劣跡。這一系列的文章，是在一九〇六年刊登的。

這些生平描述似乎頗能滿足讀者，使他們能夠取得直接針對戈德菲爾德集團企業的「內幕消息」。當時除了沙利文和萊斯企業在報刊廣告版登載的一部份廣告之外，我的名字和消息並未出現在任何地方，但尼克森先生與溫菲爾德公開指控我操控報刊的方針。這種指控只對了一半，我衷心同情戈德菲爾德集團企業的股東們——我沒什麼別的可說了。

在內華達州流傳的故事是這樣的：尼克森參議員以個人身分批准戈德菲爾德集團企業的票

據，以總裁身分簽署票據並使其生效後，從伯尼・巴魯許手中得到了一百萬美金的支票，隨後他就在紐約的華爾道夫酒店吃午餐。當侍者將帳單遞交給這位參議員時，參議員賣弄般地提交那張價值一百萬美金的支票做為付款方式，侍者則禮貌地表示：如果他想用收益來支付晚餐費用，酒店所有人波特先生必然樂意為他「略盡棉薄之力」，將參議員的話頂了回去。這位參議員被迫告訴侍者，他「只是在開玩笑」。

《內華達礦業新聞報》似乎頗受歡迎，如今每週的印行量已達到兩萬八千份。該報的試閱版被到處發送，其理念即在於讓投資人熟知它的存在。

在該報指控參議員尼克森扮演布魯圖斯角色的社論刊登後隔天，《雷諾鎮公報》（一份立場上效忠參議員及其朋友的報紙）的編輯在大街上將我攔下。

「萊斯，參議員想要見你。你最好馬上到銀行去。假如你還能分辨好與壞的話，你會這麼做的。」這位《雷諾鎮公報》的編輯說。

「我想，嗯——！」我回答道。「我的辦公室位於柯雷・彼得大樓，如果參議員想跟我談談，他大可以打電話給我。我並不是他豢養的食客，我不去。」

我沒有去。

一個小時後，《雷諾鎮公報》的編輯再度找上我。「尼克森參議員要你現在就到辦公室找他。」他直截了當地說。

「關於什麼?」我問道。

「關於幾篇出現在《內華達礦業新聞報》的文章。」他答道。

「太好了,」我回答道。「我這就派編輯過去。」

我轉向提格先生,說道:「我和尼克森參議員沒有任何關係。假如他想針對報紙溝通任何事情,應該由做為編輯的你出面和他談。」

提格先生來到尼克森國銀,進入主任辦公室。我的速記員陪同他到了門邊,在辦公室外的銀行業務間找了個位子,坐下來等待。

提格先生一走進辦公室,尼克森參議員就突然站起來。他看來怒不可遏,氣得全身顫抖。

「嗯?萊斯怎麼沒有親自過來?我諒他不敢來!我可是將他從小到大的身家背景蒐集得清清楚楚、裝在這些抽屜裡。雖然我還沒有讀過那些紀錄,我可是知道那些事情的。我會讓這些紀錄都刊登在各大報紙上,這樣一來全世界就知道,是誰讓我被社會大眾嘲笑!」參議員噴著口水吼道。

稍後,提格先生在描述事發經過時告訴我:參議員的熊熊怒火在他眼中具備一種古怪的喜感,以致於讓他一直想發笑,但他覺得在這麼一個似乎可以藉由安撫參議員、誘使其暢所欲言的時刻繼續激怒參議員,從新聞報導的角度來看真是不智之舉。不久之後,提格先生就讓這位參議員平靜下來,兩人進行了一場漫長、充滿尖酸刻薄與矯揉造做言語的訪談。提格先生亦承諾,會將這篇訪談登載在《內華達礦業新聞報》上。

提格先生向我報告：參議員將他試圖安撫的態度解讀為我一定會「乖乖聽話」，而他的威嚇最終也將能達到目的。

「迎來最後的攤牌」

當提格先生向我講述完發生的事情以後，我感到極度興奮。我當下就這麼指示他：「把你和參議員的談話書面記錄下來，下面墊兩張複寫紙。寫完以後，將這三份文件提交給參議員，請他拜讀一遍，然後讓他在文件上簽字，證明內容無誤。這麼做以後，將其中一份交給參議員、另一份交給印刷廠，第三份鎖在保險箱裡。一旦訪談的文件交到印刷廠，你就坐下來，撰寫一篇社論，把社論的標題訂為〈一心只想敲詐勒索的美國參議員〉。把我的紀錄完整刊出來，把我所做過有任何重要性的一切，無論好事或壞事都講出來。把我的紀錄和參議員的紀錄相比對，把和參議員威脅有關的所有事實，都告訴內華達州的居民們。告訴他們：沒有人可以敲詐我，並要他們在我們之間做選擇。」

一九〇七年五月二十五日，標題為〈一心只想敲詐勒索的尼克森參議員〉的社論見報了。這是一陣精心計算、情感激烈的痛罵，足以使人感到激動萬分，社論上也完整刊出了與參議員尼克森進行的訪談。

這位參議員在訪談中，極力撇清自己和一個似乎糾結不清的人際網路之間的關係（而他自己也深陷其中），那份報紙還包括另一篇針對他企圖利用閱報人容易受騙的特性，大肆撻伐的社論。編輯指控他措辭模稜兩可、巧妙地迴避問題、極度虛偽、誇大其辭、掩蓋真相、貪婪，作風無賴。

這樣的指控，無疑造成了群情騷動。

這篇社論對內華達州大眾造成重大影響，是無庸置疑的。這最能讓我聯想到：一齣四幕劇的觀眾看到邁入高潮的第三幕時，那種紋風不動、屏息凝神的態度。在那之後的兩個月內，眾人不曾在雷諾鎮的街道上見過參議員；接下來的半個月內，他甚至沒有打電話到銀行的辦公室。當他終於大駕光臨、重新回到銀行時，還是坐轎車來的。他被飛快地帶到建築物的門口，迅速閃進主任的房間，完全不與外界接觸。

幾位有聲望、地位崇高的市民，包括雷諾鎮上數家銀行的主任，秘密地來到我的辦公室，和我握手，就我所採取的立場向我道賀，隨後就離開了。根據報導（而我事後也從喬治．溫菲爾德本人口中證實了這一點），就連身為參議員夥伴的喬治．溫菲爾德也支持我所採取的立場。美國境內輿論的反應似乎是：這種威脅真是無恥、下流的爛招數，在兩造之中，我還比較沒那麼可恥。

據說：當這位參議員讀到這篇標題為〈一心只想敲詐勒索的尼克森參議員〉的文章時，他拍發電報給自己的律師、前科羅拉多州州長湯瑪斯，要他到雷諾鎮來。

「如果我對這種該死的抹黑不置一詞，我會悶死的！」參議員一邊緊張地走進來，一邊大聲喊著。

「你是否有在他們刊登的任何訪談上簽過字？」湯瑪斯州長問。

「有的。」參議員說。

「好吧。那麼，假如你現在還敢發言的話，他們會把你悶死的，」湯瑪斯州長答道。

在那之後，我們不定期透過《內華達礦業新聞報》抨擊參議員尼克森。那段過程中，該報對他提出了下列指控：他明知自己無法保有初期的股息，卻針對這些股息向戈德菲爾德集團企業的股東們提出保證；在杭亭頓當政期間、州議會遭到收買之際，以一百五十美金的月薪擔任南太平洋運輸公司在內華達州的特別代理人；在戈德菲爾德對投資人與社會大眾巧取豪奪數百萬美金；以各種方式斂財，並使自己和合作夥伴能以托諾帕的一座賭場為根據地，購得戈德菲爾德集團企業的控股權；損失金錢的勘探者不得不用他們的礦場產權與股權證明書抵免現金、償還積欠賭場的賭債，而他就是從這些人身上取得自己在戈德菲爾德鎮最初的礦場與礦業股利息，而且一般來說，他在財經與政治上更屬於那種最卑劣的劫掠者。參議員從來沒有提告，也沒有上法院或採取其他任何手段，要求對方撤回這些言論。

操作戈德菲爾德騙局

在那篇標題為〈一心只想敲詐勒索的尼克森參議員〉的社論發表後一週，戈德菲爾德集團企業的股價已跌到約每股七美金。此時《內華達礦業新聞報》用粗體字敦促自己的讀者們，以每股四美金的價碼購進戈德菲爾德集團企業的股份，並表示，紐約的礦業股仲介商給予他們客戶的建議是，該公司的股價必然會跌到這個價碼，原因就在於參議員對該公司的財務管理犯下了錯誤。裡頭還包括了另一篇關於參議員尼克森的社論，其標題為〈騙子的註冊商標〉，指控他在數個月之前發表的年度報告中提到，紅利在不久的將來就能開始規律地發放。社論並將這番陳述與他那篇刊登在《內華達礦業新聞報》上，經過他簽署的訪談內容進行比對。他在那篇訪談的說法是，紅利將會「在董事認為最明智的時間點上，但不會提前」支付。

在那之後的一天內，股價「暴跌」到每股喊價為五又八分之一美金，詢價的價碼則為五又四分之一美金，而戈德菲爾德集團企業的上市股值則相當一致地繼續下跌。到了六月八日，戈德菲爾德集團企業的股價已經落到每股四塊半美金。

在股價由七塊半美金下跌到四塊半美金的過程中，伯尼．巴魯許和他的合夥人們曾經有過一個機會，得以在開放市場上買回他們在股價由每股十塊美金跌到七又四分之三美金的過程中，所有可能賣掉的股權：而在當時，這也是持買賣權所能得到的價碼。然後股價立即受到操控，回到每股七塊美金。在股價回升到七塊美金的過程中，已賣空但是尚未償付的股數（由股價貶值過程下達出售指令的交易人所持有）不得不進場支應。

為了能夠由外人提供支援、協助股價回升到每股七美金的關卡，尼克森參議員在雷諾鎮的助理們散播一份報告書，該報告指稱股息在六月底以前就會公佈。幾乎就在同一時間，位於戈德菲爾德鎮的礦業公司總經理也提出類似的指點。就在股市開始朝每股七美金大關復甦時，尼克森參議員啟程前往舊金山，之後不時有人看到他現在舊金山股市交易所與交易委員會的交易席上。在股價上漲到每股七美金的前一天，舊金山報社引述他的發言，他指出，戈德菲爾德集團企業現狀是如此理想，就算有人想用每股二十美金的價碼和他進行交易，他都不要。

當股價來到每股七美金、已賣空的股份以最大力度被塞進場時，參議員尼克森又在另一篇訪談中提到，分紅將是指日可待的事。美聯社藉由電報將這則訪談發送到所有市場中心。在此同時，《紐約時報》上刊出了另外一則報導。該報導提到，華爾街的訊息來源指出，代表巴魯許——萊恩投資集團的J．皮爾彭．摩根，已經掌握了戈德菲爾德集團企業。使用已賣空股數護盤的策略是成功的，然後，股價又在一天之內由美股七美金跌到六又八分之一美金。

一個月後，提格先生就任《內華達州日報》的總編輯，也切斷了與《內華達礦業新聞報》的聯繫，我在提格先生離職後接任編輯職務，我的名字出現在社論版的標題處。大約在同一時期，「沙利文和萊斯企業」的業務已經遭到棄置。我發現，沙利文先生先前投入這家企業的大部分金錢，已經被他透過我的一名家族成員所借出，他和我這位家族成員一同抵押了公司內部屬於他的大部分股權。隨之而來的是一陣激烈爭執，最後，這家企業不得不關門大吉。

到了八月份，經過持續的操盤，戈德菲爾德集團企業的股價已回升到每股八．三七美金。除非這些股份有時能夠以每股高於美金七塊半的股價售出，否則巴魯許先生的買賣權對他本人而言，肯定不具任何意義。但現在，他顯然已經發現到，要將股價維持在每股七塊半以上，可真是件難事。進入九月份後，股價再度跌回每股七．四美金。在這一階段，雷諾鎮有些報導指出，對於其合作夥伴所做的糟糕交易感到厭倦的喬治．溫菲爾德，開始片面堅持自己享有的權力。他並要求，不計一切代價，取消由巴魯許持有的買賣權。

股價不穩定的波動，導致大眾失去信心。操盤的手法看來很不成熟，這家公司還在等待一臺大型軋鋼機的落成、而後才能開始穩定地生產。除了關於巴魯許所持有買賣權的新聞，與尼克森參議員三不五時釋出、關於公司未來規劃各種多變不一的說詞以外，幾乎沒有任何具實質意義的事件發生。股價先是從每股十美金掉到每股四．五美金、再回升到七美金、微降到六又八分之一美金、努力爬回每股八美金以上，在那之後又開始下跌。

從企業觀點來看，我們不得不承認，授予巴魯許先生的買賣權，實際上就是一次慘痛的失敗。九個月當中，巴魯許先生僅僅從公司的庫存股中購置了兩萬股，我們得出的印象與觀感是：巴魯許先生是在壓榨這個市場，他主要是將手中的買賣權視為一根權杖，用來打造自己的市場。

除此之外，這時在戈德菲爾德鎮居留的經紀商、投資人與投機客，幾乎人人都因為市場上股價難以預測的古怪變化落得傾家蕩產，由受尼克森先生與溫菲爾德控制的「約翰・S・庫克公司銀行」引發惡性借貸，與無擔保透支額度造成的損失，據說總計達到近兩百萬美金，其背後原因則在於市場價值幾近全面性的破滅。除了戈德菲爾德集團企業以外，和不到一年以前的鼎盛期價位相比，整個戈德菲爾德鎮股市其他股票的售價如今僅剩下每股二十五美分。此時的戈德菲爾德，如果有人自誇沒有被「約翰・S・庫克公司銀行」拖垮至少一萬五千美金到十萬美金之間市值的經紀商或投機客，絕大多數也就是膽小、平凡的懦弱之輩。

九月二十三日，戈德菲爾德集團企業在戈德菲爾德鎮召開董事會。會議結束後，他們對外正式宣布取消先前由巴魯許先生所持有一百萬股（每股股價為七・七五美金）的買賣權，並將足量、適用買賣權的股份授予巴魯許先生，藉此清償公司的一百萬美金債務。這將使他能夠以無債之身離開這家公司，同時得到近兩百萬美金的現金預備款。報導指出：最初巴魯許先生曾經被授予確保從紐約的「J・甘迺迪・陶德企業」得到一百萬美金貸款服務的特權（貸款期為十三個月，利率為六％）。七又四分之三美金的股價則算是「平均」價位，這顯示，巴魯許先生對股價各異的股票持有買賣特權，其中不少股票的股價遠低於七又四分之三美金。他可能全面動用買賣權，或動用針對部分股票的買賣權。

而我們也發現到，戈德菲爾德集團企業的大量股票被提供做為票據的擔保。由於主管們在決議中聲明「沒有使用的股權證明書，效力必須作廢」，大眾一般認為，歸在巴魯許先生買賣特權之下的一百萬份股權，已全數被提供做為擔保物使用。

公司的官方聲明書指出：買賣權已經藉由「使人滿意、妥善的方式」歸還給公司，不過他們並未提供任何相關數據。我即刻刊登了由舊金山發送到《內華達礦業新聞報》的新聞稿，這些新聞稿斷言，巴魯許先生獲得戈德菲爾德集團企業的二十萬份以上股權，做為清償企業達一百萬美金貸款的手段，同時讓他放棄適用於一百萬份股權（平均股價為每股七又四分之三美金）的買賣權。

那二十萬份股權乃是在股票操盤達到一種盡善盡美的程度後，買賣權讓渡當天市場價格為每股十美金，而戈德菲爾德集團企業每股售價處於七塊半美金左右之際，從做為擔保物的股份中，以每股五美金的利率所領出的。

我們沒有看到任何的否認聲明。根據私人調查與對該公司報告的分析，我的見解是：巴魯許先生獲得的待遇，恐怕比上文所描述的條件還要理想。

買賣權遭讓渡的事實，使得除了巴魯許先生以外的其他任何人，都極難在買賣權遭讓渡後，繼續試圖將股價保持在每股七又四分之三美金以上。尤有甚者，買斷巴魯許先生所持買賣權而使用的低廉股價，與當初若能在終止日期前九個月以來，平靜地在開放市場上將股權售出的價碼之間，存在著重大差異，而現在，該企業承受著這項差異造成的惡果。事實上，藉由股票清償貸款是完全沒有必要的，該企業的庫存資金足以支付貸款，而且繳付的時限尚未逾期。此舉的真實目的顯然在於，藉由不透明的黑箱作業掩蓋支付給巴魯許先生的實際金額，讓這個企業不再受買賣特權困擾，同時保全尼克森先生與溫菲爾德所持有戈德菲爾德銀行（該銀行存放礦業公司的相關資產）的基金。

這種讓渡買賣特權的做法非但沒能安撫股東，反而再度讓整筆交易成為眾所矚目的焦點，事實證明，這項動作反而使形勢更加惡化。

此舉立刻導致戈德菲爾德集團企業再度開始走跌，其股價在寥寥數日內滑落到每股美金六塊半。在那之後數週，其股價繼續暴跌，降到每股美金三塊半——在它以每股十美金價碼進行促銷的一年來，這意謂著企業的市場價值重貶了兩千三百四十萬美金。在那之後，它才有機會振衰起敝。

進場吧，奈特・C・古德溫企業

在此前不久，身為演員的奈特・C・古德溫，與丹・愛德華茲在雷諾鎮針對礦業合作，締結了合作夥伴關係。丹・愛德華茲是一名汲汲營營、致力於將礦產「轉介」給宣傳商的礦業界青年。八月份，戈德菲爾德集團企業的股價在每股七塊半美金左右徘徊，就在此時，愛德華茲先生要求我針對市場動態給他一點受用的建言。我要他低估戈德菲爾德集團企業的股價。

當股價在十月一日跌到每股美金六塊半時，他向我發來下列的問候：「恐怕得由你接手了。我一直努力讓我的新公司保持收支平衡，不過看來始終不見效果。我猜想，我不知道該如何在這種時局之下處理危機。你願意加入我們嗎？」

「你手中有多少資本？」我問道。

「奈特贊助的五千塊。」他答道。

「請再找個能出五千美金的贊助人，」我說。「然後，我會跟你談談。」

當時，一位來自美國東岸、投入礦業生意、名叫華倫・A・米勒的年輕人在「河濱旅館」入住，愛德華茲先生在一小時以內就說服他加入這場投資。一星期以後，奈特・C・古德溫企業就正式成立，由奈特・C・古德溫擔任總裁，並由米勒先生擔任副總裁及總經理，而丹・愛德華茲則擔任秘書一職。這家新創企業允諾會付給我薪水，這自然展現出對我的重視，但同時也有其他實質面的考量。

奈特・C・古德溫企業在半個月之內就開始賺錢，不過他們並非以宣傳商的身分賺錢，而是以「反宣傳商」的形式賺錢。他們最初非但沒有為任何礦業公司提供宣傳，藉由市場上具建設性的方面牟利，反而扭轉形勢，以採取對戈德菲爾德集團企業有害的模式賺錢。

就在一九〇七年的上半年，我已經藉由「沙利文和萊斯企業」的宣傳文獻資料感受到全國境內的投機脈動。即使其附屬的新創礦業公司，「瑞奇．古爾許奇景企業」以非常高級的董事會成員名單為傲，旗下的礦產也被證實具有價值，社會大眾仍然興趣缺缺。他們並沒有一次性地大量採購股票，反而只是零星地購進，不情不願，慢慢地付款。「奇景」礦場的榮景早已「流產」了，短期之內，投資人似乎已經無法繼續容忍礦業股的投機行徑了。

內華達州上市資產的價格，就像雨中的泡泡紗一般持續緊縮。到了這個階段，尼克森先生與溫菲爾德在戈德菲爾德鎮經營不善，進而留下的一大堆爛攤子，已經導致內華達州上市資產市值貶損超過一億美金。單是這一點，就足以讓所有買家望而生畏。

要想成為有成就的宣傳商，你在本質上必須是個理想主義者，但就算我長期以來始終抱持樂觀態度，我也開始感覺到，此刻發生的一切已經開始產生影響力。我突然一百八十度改變策略，對市場看空。

十月十七日，紐約的海因茲企業正式破產。五天後，「尼克波克信託公司」經營不善、財務困窘的消息正式發佈。我屏息凝神，留意一切動靜。

截至目前為止，奈特．C．古德溫企業在其有限資本的許可範圍內，於礦業股市上極盡「賣空」之能事。到了海因茲先生企業崩盤的那天，這家公司已經賣空戈德菲爾德集團企業兩千股、每股售價約為六美金。在聽聞尼克波克信託公司陷入麻煩的消息以後，它當下又以更低的價碼再賣空兩千股。

就在尼克波克信託公司經濟陷入拮据的消息傳到雷諾鎮的那天下午，我收到一封來自芝加哥的私人電報，該電報提到，州立銀行與信託公司在托諾帕、戈德菲爾德與卡爾森市開立的票據，已經在舊金山遭到拒付。這使我感到一陣心痛，我知道，這意謂著內華達將會全面「破產」。

次日上午，奈特・C・古德溫企業又以約每股五又八分之一美金的價格賣空了戈德菲爾德集團企業的兩千股。當天稍晚，「州立銀行與信託公司」破產的消息正式發佈。奈伊和昂斯比郡銀行與其位於雷諾鎮、卡爾森市、托諾帕、戈德菲爾德鎮與曼哈頓的分行辦公室，又爆發了一波擠兌潮。就在兩小時後，這家銀行機構也關門大吉了。

戈德菲爾德集團企業的股價，迅即跌落到每股四塊美金。就在這個節骨眼上，奈特・C・古德溫企業根據其決斷，承擔了自己賣空的交易。

由於內華達州境內這兩家銀行機構的崩盤，尼克森銀行在內華達境內所有的辦公室都經歷了擠兌潮，其他銀行的情況也是如此。

短短一天之內，內華達州銀行的高階主管們向史帕克斯州長提出呼籲，要求他出手相救。他毫不遲疑地宣布一系列的法定國定假日，讓全美境內其他還無須外援、自立更生的銀行能夠緩一口氣。最終，這些銀行敞開了大門，但就在他們開門時，那些位於雷諾鎮的分行面臨的是存款人提領資產性貨幣的要求，而非提領法定貨幣。整個雷諾鎮的銀行，僅有「施林銀行和信託公司」拒絕利用強制性的法定假日占便宜。當資產性貨幣最後終於被做為權宜之計動用時，總裁施林先生獲任命，成為雷諾鎮各銀行所組成聯盟的公債管理人，以確保付款能力。此舉鞏固了大眾的信心。

就在礦區銀行、州立銀行與信託公司，以及奈伊．昂斯比郡銀行接連倒閉之際，內華達州的居民們相信，若非戈德菲爾德銀行據信存放有來自於戈德菲爾德集團礦脈公司、金額上看兩百萬美金的存款，尼克森位於戈德菲爾德鎮的機構想必很難挺過這場風暴。

「州立銀行與信託公司」破產時，參議員尼克森在一篇刊登於其名下、於雷諾鎮發行報紙上的訪談中，將州立銀行與信託公司破產一事歸罪於我。他斷言：十個月前，州立銀行與信託公司因沙利文信託公司的破產，損失了三十七萬五千美金，將銀行搞到倒閉的人就是我。該銀行未償清的債務總額高達三百萬美金，它因沙利文信託公司事件遭受的損失只不過是「滄海一粟」。這位參議員騙不了任何人——他連自己都矇騙不了。他意圖讓大眾對我產生厭惡感，但掩飾得不理想，而內華達州的居民們也正是這麼解讀的。

之後參議員尼克森又接受了好幾次的「訪談」，目的在於抵抗戈德菲爾德集團企業邁向破產一途的形勢。他罔顧該企業最近才藉由傾售庫存股份換取現款的事實，片面宣稱：他很可能會宣布該季度的紅利，而該筆紅利將能夠在一月二十五日發放。毫無疑問地，參議員提出這種陳述時，自己正在大賺血腥錢，這種說詞，完全只以市場為考量。

針對紅利的預測，使得股價立刻持續探底，這位參議員做過的種種訪談，已經成為鄰里間人們爭相傳頌的笑話。投機客與經紀商已經學到一門智慧：這位參議員所說過的任何話，都要打折聽才行。

戈德菲爾德鎮工人「暴動」的故事

戈德菲爾德集團企業旗下各個礦場，遣散了大量的礦工。在這種愁雲慘霧的時期，公司遣散自家員工的行為受到了譴責。人們斷定：由尼克森參議員所擁有的戈德菲爾德銀行無法藉由定存帳戶，以公司名譽採賒帳方式先行支付薪資，因為定存帳戶只能針對銀行目的使用。顯然地，這些錢只是在銀根較緊的時期積聚起來的款項，目的只在於讓銀行撐過難關。後續的各項發展完全證實了這項理論。

時序邁入十一月中下旬，一片陰鬱與愁雲慘霧，各界陷入恐慌，當前財經狀況受到沉重打擊；戈德菲爾德集團企業每股售價已經低於四塊美金，且整個內華達州的股市行情從前一年戈德菲爾德鎮繁榮期達到的「高檔」，落到平均貶值幅度接近八五％；內華達州受到由該州公民所引發，使奈伊和昂斯比郡銀行和「州立銀行和信託公司銀行」各分部倒閉造成的沉重損失（總金額達到近六百萬美金）重擊，由高點盪到低谷；就在這個州的信用看來已經全面崩盤、無可救藥之際，一項新的打擊接踵而至。

據報導指出，美國政府的部隊正從舊金山趕往戈德菲爾德，目的則是「維護法律」。送到美國總統面前的報告書指出：戈德菲爾德已陷入無政府狀態。但戈德菲爾德並非處於無政府狀態，從法律與社會秩序的觀點來說，就事實而言，戈德菲爾德鎮上礦工的處境始終不理想，但此刻，他們的處境和最近十八個月相較並無任何異狀。的確，當地已發生若干違法亂紀的事件，但可沒發生暴動。無論如何，郡內的警長也從沒向美國政府尋求過任何援助。

在恐慌四起的最初幾天當中，尼克森與溫菲爾德的戈德菲爾德銀行，以及「約翰・S・柯克企業銀行」曾勸誘礦工們接受銀行不具擔保性的臨時憑證，做為替代金錢支付薪資的方式，礦工們拒絕接受。他們願意在二到三個月、甚至四個月之內接受印有礦業公司簽字、具時效性的支票，但對成為銀行債權人的想法則是猶豫不決。

戈德菲爾德鎮幾位當時曾在礦區的經紀商告訴我：那時礦工們甚至已經有意在這一點上做出妥協，但一名藉由權謀詭計與金錢獲得充分表決權的外界代表，在礦工工會執行委員會的會議中，通過了一項反對銀行提出臨時性憑證的決議案。拒絕接受銀行臨時性憑證一事，馬上就被由喬治・溫菲爾德主控的戈德菲爾德礦業業主協會當成藉口，他們決議停工，同時要求聯邦政府介入。

假如尼克森先生與溫菲爾德的銀行需款孔急（正如勸誘礦工接受無擔保性的臨時憑證一事所明白顯示的），礦場的全面停工真是個完美的權宜之計（這讓銀行裡的可用資源只剩下戈德菲爾德礦業集團企業帳戶中約二百萬美金的款項），需要軍隊在場的事實，也恰巧為停工提供了完善的藉口。礦工工會反對參議員尼克森所屬意的人選，票選出另一名代表，停工事件在無意間將工會的勢力掃出戈德菲爾德鎮，容許外籍勞工輸入。往後，這項權宜之計將被運用得爐火純青。

參議員尼克森向華府施加了強大壓力。他懇求良善、公正的美國政府部門，要求他們派遣聯邦軍隊到該州去。他得到眾議院議員巴雷特的協助，兩人針對此事向各部會提出訴求。連接戈德菲爾德鎮、雷諾鎮、卡爾森市與華盛頓的電報線成為熱線，各種看法交錯其間。最後羅斯福總統告訴這位參議員：除非內華達州州長拍發電報，告知當地確實存在無政府狀態，而該州州政府又無力鎮壓，否則他不能派兵。

史帕克斯州長為人非常正直、對各種奸計或濫權的情事渾然不覺。他聆聽一個來自戈德菲爾德鎮的委員會所做的簡報，隨後簽署並同意拍發一份快訊到華盛頓，電報上指出，這類情形確實存在。

方斯頓將軍隨即受命帶領一支兩千人的部隊，前往戈德菲爾德鎮。當時該州並沒有國民兵制度，而史帕克斯州長又在拍發的電文中明確指出，戈德菲爾德鎮確實陷入無政府狀態。總統最後終於讓步了。

部隊的調動迅速而且出人意表。最初，內華達州的居民完全搞不清楚這是怎麼回事，由戈德菲爾德鎮拍發到雷諾鎮的電訊指出：該鎮氣氛平靜。近期內發生且有紀錄、最接近蓄意犯罪的行為，就是被斷定在數日前遭竊的一到兩箱炸藥、全長約三百英尺的保險絲，以及一定數量的制服帽（根據說法指出，這些物品被暗地裡從戈德菲爾德鎮的「崗亭」礦場偷走）。這起竊案（假如這真的能被定義為竊案）被認定是礦工所為，但證據則付之闕如。

就在部隊到達戈德菲爾德鎮之際，戈德菲爾德集團企業宣布了新的薪資額度，將礦工的薪資由五美金調降到四美金；某些個案中，礦工的薪資甚至從五美金被降到三．五美金。這是經過算計的新招數，其目的在於激起受薪階級勞工的憤怒，進而延長停工期。同時，尼克森先生與溫菲爾德位於戈德菲爾德鎮的銀行宣佈：該公司積欠的薪資，往後將悉數以黃金發放。但當時根本沒有什麼薪資可言，因為礦場已經被封閉了。

方斯頓將軍在抵達戈德菲爾德鎮時，與礦場作業員、隸屬於工會的礦工，和一般市民進行了會談，其目的在於判斷是否有必要將美國政府軍隊留在該地。他發現：美國政府被欺騙了。將軍以電報，把自己的見解轉達給總統，羅斯福總統迅即派遣一個委員會前往戈德菲爾德進行公眾諮詢調查。該委員會由勞工處處長查爾斯．B．尼爾、企業管理處處長賀伯特．諾克斯．史密斯，以及商務暨勞動部助理秘書勞倫斯・O・穆雷所組成。在整整一週內，他們不分晝夜，聆聽證詞。

他們向羅斯福總統報告：戈德菲爾德鎮不需要派駐軍隊，而由史帕克斯州長拍發給羅斯福總統、表示當地存在無政府狀態的電文，並無任何正當性可言。這封報告書被提供給美聯社，引起了廣泛的關注。總統也發佈了一封大字報支持調查的結果，這封大字報的內容，以電報發送到各地。

美國東岸的社論主筆們對史帕克斯州長極盡謾罵之能事，尼克森參議員則毫髮無傷。

史帕克斯州長之死

史帕克斯州長幾乎主導了沙利文信託公司所有的宣傳項目，身為該公司總裁的我，深沉地感到自己對他負有一份責任。我試圖藉由社論，在《內華達礦業新聞報》上為州長的行動辯護，但這樣極弱小的聲音，很快就被大量的反對意見所淹沒，甚至完全沒有任何迴響可言，連安慰州長都無法做到。

州長只是一個誠實、心地單純的老人，他耗盡了財產、賠上了自己的健康、精神也崩潰了。總統的譴責，使他感到哀痛不已，他臥病在床，最終心碎而死。

他的葬禮在雷諾鎮舉行，場面盛大且隆重。來自全州各地、數以千計的哀悼者出席了葬禮，向這位高貴的老人致敬，隨著靈車一路來到墓地。在此場合，參議員尼克森及其合作夥伴喬治．溫菲爾德的缺席格外引人注目。

甚至就在他的棺木正式蓋上、遺體入土為安之際，部隊正在離開戈德菲爾德鎮。

「這簡直是『死亡行軍』。」死者的其中一名親屬說。

聯邦政府軍隊被派往戈德菲爾德鎮，當然是有其意圖的。礦工工會已經被毀滅，此舉迎來充裕的時間讓財務氛圍趨向明朗化。而在部隊撤離之際，戈德菲爾德集團企業的股價已經回升到每股五塊美金，財政狀況又變得相對舒緩了。

對於花費這麼多篇幅，講述關於美國政府軍隊於無正當理由與場合之前提下出現在內華達州的事實，我希望諸位讀者能夠諒解。我覺得，這是我經驗中極為重要的一個章節，而這件事對一般讀者而言也是值得一讀的，其原因在於，它講述了我們偉大政府強而有力的國家機器，是如何輕易地被居心不良的惡人所利用，淪為執行他們陰謀的工具。

在尼克森參議員採取這一系列動作，藉此達成某項既定的目的以後，在親眼見證他各種鑽營所獲致的成就以後，你或許會認為，像我這樣一貧如洗，臉皮厚到在參議員自家地盤上經辦一份反對他政治與財經活動的報紙的個人，最好還是識相一點，趕快搬離這個州吧。嗯，我並沒有這麼做，反而是留在原地。我已經很確信，自己稍後必然會收到來自華盛頓的消息，但我仍一如往常地在原職位辦公，直到我自己的商業利益將我帶往別處為止。

我的推論並沒有錯。幾個月後，一名顯然「對工作感到倦勤」，但由華府郵政總長，與內華達州選出的美國參議員法蘭西斯·B·紐蘭德再三以電報催促的郵政官員，來到我位於雷諾鎮的辦公室。我很確信，某些無遠弗屆的強大影響力，肯定又早在不知多久以前就開始「發揮作用」了。但我們還是等到下次再深談這件事吧，我故事又說得太快了。

第七章
羅海德

由於內華達州新的黃金採礦營羅海德（Rawhide）誕生於一九〇七年的金融危機期間，我實在看不到推廣者能擁有多好的優勢——至少從一段距離外是看不到的。它需要資金將看似有潛力的黃金礦山，確實發展成能支付股息的礦山，而我想不到哪裡能生出這筆錢。東部證券市場低迷，無論時間還是金錢，都對大家相當不利。所有礦業股的價格幾乎癱扁下來，投資者竭盡全力達成自己已經作出的承諾。各地的金融家都很沮喪，大家對投機行為展現出強烈的反感，似乎都只想自保。在這種時候，只有眼神散發光芒的狂熱人士，才敢於在新的礦業股票上取得成功。

然而，對淘金者來說，金融恐慌並不恐怖，黃金的誘惑是無法抗拒的，錢越少只會更增強原始的動機。到了一九〇八年一月的第一個星期，據報導共有兩千人在羅海德，一月底，人口增長到了三千人。

這個採礦營輕鬆成為內華達州採礦舞台的中心。

最早來到羅海德的人們，大多來自托諾帕和戈德菲爾德。這些老鳥的看法幾乎毫無例外：這座新礦山的表面看起來比過去任何採礦營都要好。西部採礦史上，從來沒有在礦床表面或附近表面看似富含黃色金屬、同時又覆蓋如此大的含金礦藏區域，發現過石英礦床。同一時間，戈德菲爾德只有各種採礦者的帳篷，但羅海德則是個繁榮、熙熙攘攘、人口眾多的營地，有一百多個租賃公司進行系統化的採礦作業。

雷諾鎮那邊得到消息，羅海德的格魯特山（Grutt Hill）發現驚人的礦產。從礦石的縫隙中取出的標本岩石，測定結果為每噸三十萬美元。在「氣球山」的基恩斯租借地報告稱，在六十五英尺高的水平上，有十五英尺的待精煉礦石，測定結果價位大約在每噸三十萬到五十萬美元不等。

這消息可是得到充分驗證的。此外，戈德菲爾德固定運輸的金屬還原工作也減少了。

在鎮上收到了鑲有游離金的岩石樣品，我很激動。從我所擁有的標本來看，採礦營的「助推器」說，「氣球山」的一部分是「裡面有一塊小石頭的黃金」，這並不誇張。

我的冷漠開始消散。我推翻了先前的判斷，開始改變態度。

營地看起來像「真實的東西」，一切都在恐慌與否之間游移。

我問我自己，為什麼即使在當今艱難的金融時期，美國大眾依然熱衷挖金礦——雖然可能賺錢，但也可能賠錢。溺水的人不抓住稻草嗎？賽馬賭客如果連續輸掉五場比賽，在第六場比賽梭哈以求回本，這不是習慣嗎？但先前的恐慌使數十萬人陷入貧困，還有什麼比遭受重創的人現在更自然而然地陷入羅海德的美好之中呢？我認為，如果營收良好，按照與戈德菲爾德相同的方式，先下手投資的人將可累積數百萬的利潤。

我參觀了營地，我所看到的使我無比激動，很快我就著魔了。

羅海德的真金

在山上進行半天的徒步旅行，似乎足以使所有人相信內華達州最優秀、最腳踏實地的採礦者，已經在這塊地區蓋上了他們核可的印章。在羅海德超過一百個以上的租賃點中，這些硬石開採商擁有並經營其中的大多數。在格魯特山上，有六個以上的表面開口，顯示出大量鑲金的石英流紋岩。在羅海德的兩個主要通道的交叉點，一條粗大的石英脈露出了頭，顯示出的金銀礦石每噸價格為兩千七百美元。還有一條金色石英流紋岩大堤穿過格魯特山的高聳山峰。我沿著發現礦物的路走了一段，用普通探礦者的鑽子隨手敲下了價值每磅兩美元到五美元的樣品。

橫跨史汀嘉里（Stingaree）峽谷，到南部的「氣球山」崎嶇的豬背嶺，正是格魯特和聯合山山丘之間的連接點。「氣球山」上的基恩斯一號和二號租賃點，是發現礦物的現場。那裡礦藏非常豐饒，光憑這個就能把淘金客從阿拉斯加吸引過來。聯合山上的默里租賃點，被認為是名副其實的富礦山。在那裡，我看到了石英，其中有整整三分之一是黃金。

沿著「流氓山」的南坡，幾個租賃點也正開採出非常豐富的礦石，守衛必須整夜站崗以防止盜竊造成損失。在「流氓山」的亞歷山大租約點，礦工正從礦井中碾碎較豐富的石英，並將黃金洗淨，淘洗後每鍋可賣二十美元。

這是三個主要的活動中心，但它們還不包含這地區的主要生產地帶。高高的豎井綿延四方，長達數英里，汽油發動機嘶嘶的喘息聲說明，這魔幻的奇景讓人和機器付出非常大的氣力，在此地工作的礦工們也給我留下了深刻的印象。

在我看來，對於將資金投入營地的投資者來說，創造財富的可能性已不再是毫無可能。不到半歲的羅海德成了我所見過的同齡礦區中，最活躍的一個。

我認為，戈德菲爾德花了將近三年的時間才表現得像羅海德一樣好。

在我剛開始為內華達州南部的採礦營進行新聞代理沒多久，我不得不納悶，如果營地中狂熱者的希望實現了一半，那究竟是什麼光景。這裡顯然是「實現」願望的地方，而不只是有「願景」而已。在其發展時代的第一階段，羅海德就可以說嘴，自己擁有更多的實際生產者，並擁有與戈德菲爾德發展三年時幾乎相同的經營資產。

我記得跛腳溪是在恐慌時期成立的，但它是一八九三年至九六年的嚴峻時期中，一直存在於世界上的最大黃金礦坑。

錄。

我非常確信，不斷上升的熱情取代了我先前的懷疑態度。我總結說，歷史將重演跛腳溪的紀錄。

羅海德聯合礦業公司

格魯特山、流氓山（氣球山的一部分）和中間地塊，是八名探礦者合夥擁有的緊密土地，由八塊、占地共一百六十英畝的土地組成。這個地帶構成了整個礦區的心臟和骨幹。

我很快就將這個物業與雷諾的奈特・C・古德溫公司聯想在一起，古德溫公司也是我的招牌，以每股面值一美元、多達三百萬股的公司成立了所有權，其型態類似於羅海德聯合礦業公司。

全部資本之中，有七十五萬股變成了羅海德聯合礦業公司的金庫。奈特・C・古德溫公司成為出售庫存股票的代理商，並獲得了公司二十五萬股的選擇權，可因管理和礦山開發淨賺五萬七千五百美元。古德溫公司還購買了兩千兩百五十萬股所有權股票中的一千八百五十萬股，總價值為四十四萬三千五百美元，即每股二十三・三美分的價格，加上支付中間人的佣金一萬兩千五百美元。

原先所有者保留的所有權股票，以及總計九十萬股的殘餘庫存股票也被合併。

當我做這筆交易時，現金放在奈特・C・古德溫公司的銀行，總計約一萬五千美元。要不要資助這項事業完全取決在我，我贊助了。

我簽訂的合同只要求支付一萬美元的現金，還有按時付款。奈特・C・古德溫公司既沒有從任何銀行或個人借錢，也沒有人擔心要對他的個人資源徵稅，就使這筆交易通過。它直接針對美國投資大眾的投機本能喊話，籌集了資金，首先是為聯盟公司金庫籌備資金，然後是為供應商籌備資金，大眾也支付了入手所衍生的費用。為此，它向奈特・C・古德溫公司支付了超出成本價格的聯盟公司購股預付款。

奈特・C・古德溫公司同意每股淨賺二十三美分，不作任何扣減。此外還有規定，所有廣告費用和其他促銷費用必須由奈特・C・古德溫公司承擔，礦業公司不會提供。

這整個體系是怎麼回事？這又是怎麼做到的？

賭徒的比賽

在羅海德之前，我就已經有七年時間迎合了美國大眾的投機（賭博）本能，主要是在建設採礦營地和為採礦企業提供資金兩大方面。我現在意識到，為了使擺在我面前的事業取得成功，也就是將羅海德這塊新營地擺在投資地圖上，我必須再次大聲訴諸我國國民的賭博本能。

親愛的讀者，你也許認為，一個迎合同胞賭博本能的人，無論是出於誠實還是不誠實的意圖，都是一個非常不道德的人。是不是？

您是否知道，賭博的本能是美國採礦業能夠迅速發展的原因？您是否相信，如果沒有賭博的本能，幾乎不可能開發這個國家的自然資源？

除了極少數例外，過去，美國每家成功的採礦企業幾乎都是藉由直接訴諸賭博本能來籌集資金的。在今年之前的十年，以這種方式籌集並投資了超過十億美元。

保守的投資者對自己的錢能獲得三到六％的報酬感到滿意，他們不購買礦山或採礦股票。願意冒一部分財富冒險的投機者（賭徒），希望在一年或幾年內賺到五倍或更多的錢——這類人投資於礦業和礦業股。

這種人很多。根據可獲得的最佳統計資訊，在美國，有超過五十萬名男女是採礦公司的股東。

實際上，賭博本能會讓你在一座物產達到能被歸類為值得勘探的階段之前，就已經在採礦業找到了足夠的工作來做。探礦者將驢子一頭鑽進深山的堡壘、或穿越荒漠時，就是為尋找自己的成功而賭博。而頭洗一半的人，一定會把頭洗完。

賭博的本能，似乎無時無刻都將繼續在採礦業中發揮重要作用，或直到人類的尋寶本能被閹割，或世界上的所有寶藏都被採光為止。

現在，如果迎合賭博本能的做法是有害的，那我就是個惡人。因此，像羅斯柴爾德、洛克斐勒、摩根、古根漢夫婦等崇高品位的金融家也將淪為惡人。我自己的想法是，維持大局的責任繫於習慣和時代，而非個人。

事實上，我們就是一群賭徒，**我們讓這個產業的隊長帶領我們打贏這場遊戲**。除了金錢和政治權力，所有「行動者」都將知名度視為成就大事的最有力手段。知名度確實不時能夠實現金錢或政治權力所無法實現的事情；知名度通常也可以透過金錢或政治權力得到確保和控制。

羅海德剛出現時，我既沒有錢也沒有政治權力。羅海德採礦營需要宣傳，需要知名度。除了我的**機智**之外，我沒有什麼可以達到宣傳的目的，因此我絞盡腦汁，用上我當時所能想到的所有計策。

擁有一系列具有巨大投機可能性的優秀金礦坑，和讓大眾認識這些礦坑，兩者之間存在重要的區別。對於生產商來說，生產出讓自己放心、比競爭對手更划算的產品是一回事，但讓消費者信服卻是另一回事，這就是有計畫的宣傳其價值所在。

在我之前提出的建議是，將廣大美國投資大眾的注意力集中在羅海德採礦營上。這是如何實現的？在報紙上登廣告價格昂貴，需要大量資金；在接受此類業務的出版物中購買讀者通告，更是貴上加貴。

前期在戈德菲爾德擔任宣傳代理的經驗，讓我學到一個主要的事實：很少有新聞編輯會狠心讓一篇好的新聞稿丟進廢紙簍，特別是如果這篇新聞稿沒有什麼後座力的話。

我下定決心要讓採礦營重新登上新聞媒體。

第八章
新聞媒體和大眾的錢

內華達州以最科學的方式進行新聞宣傳的採礦營，可能就是「牛蛙」。「牛蛙」在戈德菲爾德出生後兩年誕生。到了那時，戈德菲爾德鎮的宣傳局已經大大改善了它的宣傳手段和效率。「牛蛙」剛開始繁盛沒有多久，已故八十多歲美國參議員史都華失業了，他在任期屆滿時從華盛頓來到「牛蛙」採礦營。在那裡，他掛出了律師的招牌，新聞局隨即替這位尊貴的前立法委員拍攝了一張肖像照，並撰寫了一篇有關他在沙漠上重新開始人生的故事。這種冒險故事對全國大城市日報的周日版編輯非常有吸引力，也讓「牛蛙」在各大新聞欄位中免費獲得了數十頁寶貴的廣告。

故事說，參議員在不到一年的時間，就在沙漠中土狼漫遊、前人渴死過的地方建造了房屋。故事還詳細描述了沙漠中房屋的內部：書房裡裝著橄欖色的棉布窗簾，保護這位留著大鬍子、德高望重的老人，免受烈日的灼熱；他的起居室裡擺滿了舊式的翡冷翠櫥櫃、昂貴的拜占庭花瓶和無與倫比的塞夫爾陶器，地板上鋪有一英寸厚的波斯絲綢地毯，牆上有威尼斯風格相框，裡頭裱框著美國前總統和過去自由擁護者的小型畫。到處都是昂貴的青銅器和大理石雕像，訪客不由得推斷出，參議員非常想要住在沙漠之中。**故事的每一段都看得到「牛蛙」的字眼，它代表了報社在這座礦山中自私的利益，這也是這座沙漠豪宅之所以能建造起來的緣故。**

這個故事的非凡之處，是在一份發行量很大、威望很高的大都市報紙上印著參議員的照片。在周日的報紙上，整頁都印滿了這個故事，其它報刊也聯合發表了這個故事。其中唯一可能的正確消息，只有參議員決定將「牛蛙」作為他的住所，是希望能在這裡擔任執業律師。儘管如此，「牛蛙」新聞宣傳單位和周日版編輯，都認為這一個好故事，參議員更是連眼睛也不眨一下。他和「牛蛙」的其他居民一樣，將這種文章視為宣傳採礦營最有效率的做法。

在「牛蛙」之後的「曼哈頓」熱潮中，新聞宣傳單位變得更加雄心勃勃。它推動大都會的報紙在工作日刊登相關新聞，並獲得了成功。

當時，戈德菲爾德的沙利文信託公司正在推廣「曼哈頓跳躍傑克礦業公司」。深具天賦的雜誌專欄作家詹姆斯．霍珀（James Hopper）撰寫了一篇故事，幾乎每隔一行就出現「跳躍傑克」和「沙利文信託公司」這兩個名字。這篇故事透過郵件轉發給紐約的一家大型日報，並迅速當作新聞刊出。故事裡包含了許多鄉野奇聞，如「跳躍傑克」豎井入口處負責汽油發動機的工人在工作時突然發瘋、沙利文信託公司總裁的迅速把工人壓制在地，避免一場更大的悲劇。

故事說，這名礦工走進豎井頂部的鏟斗，要求發動機房裡的人將他放進三百英尺的深度。很快的，鏟斗就下降了。降到兩百英尺時，鏟斗突然停了下來，然後鏟斗發出嘎嘎聲和咆哮聲，再被拉回五十英尺深的高度。之後鏟斗不斷重複升降，可憐的礦工被搞得昏迷不醒，在震天價響的匡噹聲中，倒臥在鏟斗底部。

沙利文先生一開始就聽到了這位礦工的叫聲，立即前往營救。他在機房裡敲昏了始作俑者，把他縛住。然後他把鏟斗升回地面，裡面的礦工已經奄奄一息。

沙利文先生轉向負責引擎的惡魔，他現在已經恢復了意識。沙利文先生大吼道：

「你怎麼敢做種事？」

這名男子回答：「他叫傑克，不是嗎？」

「那又怎樣？」沙利文先生咆哮起來。

「哦，我只是在……『讓傑克跳跳』嘛。」「瘋子」嘻嘻笑著。

這則騙騙三歲小孩的故事，就這樣顯眼地印在紐約一家高級報紙的專欄中，當作真實新聞。毫無疑問，編輯讓這則新聞刊登的原因是，這被認為是真實的事件，但更重要的是，這篇文章寫得相當巧妙。

羅海德繁榮初期，我太忙了，根本無法靜下來寫出能看的東西，甚至無法找出特定主題來寫故事。但在我看來，這樣的瘋狂採礦熱過程中，每天都發生激動人心的事件，這會有足夠的內容讓新聞不斷翻騰。我把雷諾鎮各大同行報紙上的耀眼新聞通通收集起來，並準備好用錢打點他們。

連續數週，沿海城市大型日報的頭版，平均刊登了至少一欄激動人心的羅海德湧入人潮的新聞。宣傳活動進行得很愉快，我一直密切關注新刊出的新聞品質，想到裡面幾乎沒有任何不實內容，我內心十分高興。這是一個新竄起的狂熱採礦營，強度僅次於十一年前的克朗代克（Klondike）掏金熱，幾乎每天都有大量即時新聞。

某次我去了一趟羅海德，回程時，在舊金山主要報紙的頭版上讀到有關埃德·霍夫曼的新聞。報紙用兩欄新聞講述了霍夫曼被伏擊並遭受凌虐的故事，我大感震驚。霍夫曼是羅海德聯盟的礦場負責人，前天在一條黑暗的沙漠道路上被搶劫，他帶著十萬美元黃金要去礦場發工資，這些黃金也不幸被劫走。

我剛剛在羅海德與霍夫曼先生分別，他並未遭到伏擊。

我把負責寫這個故事的人叫來。

「嘿，吉姆，」我說，「你瘋了。這個新聞引發的輿論，會讓你丟了這份舊金山報紙記者的工作。寫得太血腥了，別再寫下去！」

「我的老天！」他回答。「我還能怎麼辦？編輯要我再繼續寫兩欄後續新聞，我已經交給編輯了。」

「你在後面的故事中說了什麼？」我問。

「好吧，我寫了一幫全副武裝的民兵在沃克湖（Walker Lake）三英里範圍內強力追捕竊賊。」

「你根本瘋了！」我抗議道。「趕快殺死那些強盜；今晚就發新聞，這樣就不會再有更多人來要相關新聞，否則你就得滾蛋！」

第二天，記者發電報給他所屬報社，稱這群民兵將搶劫犯追趕到沃克湖中然後淹死他們。記者說，搶匪在沃克湖發現了一個水坑。雷諾鎮有些人知道，沃克湖兩端三英里內的距離，湖水都是淺的，而且那附近最深的水不到四英尺。新聞見報後，在雷諾當地引起了一些竊笑，所幸沒有更多人繼續再追這則新聞，報社也從來沒有聽說關於這篇文章有不實成分的消息。記者這則新聞發得夠巧妙，使得所有其他外地報紙的駐地記者都充分了解新聞，且照單全收發給自己所屬的報社，輕輕鬆鬆完成差事。

羅海德熱潮前期，有一個謠言說道，死谷那邊有個從美國東岸紅到西岸、名叫史考蒂的名人，即將成為神秘的「戈爾康達」礦山擁有者，而且「戈康爾達」即將引發新的挖礦熱。羅海德新聞社決定消滅這股對抗的勢力。當地報紙收到如下詢問：

「有人在死谷發現了史考蒂的巢穴，這裡藏有許多空的富國銀行（Wells-Fargo）錢櫃，史考

蒂顯然一直在搶劫舊時代的強盜。這能寫多少字的新聞？」

報紙照單全收，各種電報發進內華達州。史考蒂的財富來源被清空，那些嗜血的讀者滿意了，史考蒂身為礦山推廣者的名聲受到了嚴重損害。

當我譴責雷諾的記者散佈關於羅威德聯盟礦山經理被搶劫的虛假故事時，我記得他曾辯稱說他只在某一點犯了大錯。他說，他本該確保礦山經理真的有被搶！他說，這樣的話之後就不會再有人懷疑整件事了。

多年前，紐約的讀者看到報紙上寫著一位女演員用牛奶沐浴，紛紛感到震驚；幾週後，另一位明星在劇院屋頂上用一大桶香檳進行晨間沐浴的故事又讓群眾迷惑了。

一位新聞宣傳部門的女士對一位報社女記者說：「如果妳不相信的話，我會給妳機會見見這位女士。」

事情就這樣完成了。當然，報社確信這不是新聞代理商的空想。當然，這些婦女都沒有用牛奶或香檳沐浴的習慣。一桶牛奶的價格不到十美元，一桶香檳的價格不到兩百美元；但是如果你用報紙廣告欄登廣告，憑這些演員的知名度，你絕對不可能以十美元或兩百美元這種低得誇張的價格購買廣告。就算下廣告，也不會比真正的新聞有效。荒唐的牛奶故事將報紙讀者「一舉成擒」，也為這位女演員贏得了巨大的財富。

透過埃莉諾・格林進行宣傳

羅海德成立初期，歐洲與美洲這兩大洲迎來了一場文學轟動，也就是艾琳諾・格林（Elinor Glyn）的小說《三週》（*Three Weeks*）出版了。記者們認為，沒有什麼比把艾琳諾・格林夫人找來羅海德更能為採礦營提升能見度的了，而且她的行為還有可能挑戰苛刻的教會成員。

山姆・紐豪斯是猶他州的億萬富翁礦業運營商，在兩大洲都是著名的社交圈名人，特別擅長招待名人到他家作客。此時他下榻舊金山的費爾蒙酒店，格林夫人正巧也在舊金山。紐豪斯先生和堪比鮑・布朗梅爾（Beau Brummell）的社交名流雷伊・貝克（Ray Baker）一同向這位傑出的女作家發出了來自海岸的熱情問候。貝克是《舊金山紀事報》的所有者兼編輯M・H・德陽的密友，也是內華達州一棟貴族豪宅的繼承人。

給貝克先生的信內容大致如下：「請向紐豪斯先生和格林夫人發出參觀羅海德的建議。這位女士可以在當地為她下一本新書取得豐富素材，而你會成為英雄。」

雷伊照辦了。三天的時間裡，格林夫人在紐豪斯和貝克的陪同下，從舊金山搭乘火車和汽車上路，經過了三十八小時的旅程後到達了羅海德。

派對在黃昏時分於營地舉行。我們建議他們去一個賭廳，看看在沙漠上所玩的真正梭哈撲克遊戲。

他們進入一個房間，六名玩家坐在一張桌子周圍。這些人沒有穿外套，看起來很髒，臉上鬍子通通沒刮，像肉荳蔻刨絲器一樣粗糙，扭曲成各種奇怪的表情，且似乎都有酒精成癮的問題。在每個人堆起各色象牙籌碼的地方，旁邊放了一把有六發子彈的槍，而且每個玩家的後褲兜裡又各有一根槍柄伸出來，每個人也都戴著一條裝有子彈的皮帶。這雖然是場即興休閒局，但真的十分過癮。

一名眼睛布滿血絲的人正在洗牌，摸索著牌卡。然後他向每個人伸出手，放下籌碼。

「跟你賭一萬美元，」第一名玩家大聲宣布。

「我跟，一萬五千美元，不讓了。」第二個玩家喊道，將一堆黃色籌碼推向中間。

「加碼！」另外兩個幾乎是異口同聲嚷道。

大獎開局之前，已有三十萬美元（的籌碼）推到了桌子中央，四名男子坐在他們的座位上，渾身散發凶狠的炙焰，槍口惡狠狠地對準對方。交戰者眼中充斥著潛伏的魔鬼，使圍觀者感到緊張不安。

槍戰一觸即發，格林女士和她的丈夫，以及紐豪斯和貝克先生直擊了全部的過程。

賭廳的門關上以後，遊客的身影紛紛消失在對面的街角，房間裡所有的人都把槍口朝天，朝著帆布做的天花板開槍。左輪手槍射擊的尖銳聲響在空中迴盪，隨後我們聽到的是虛弱的吟聲，旨在凍結撤退方的血液，刮擦的聲響使人想像裡頭發生了激烈的鬥爭。

十五分鐘後，兩個「死者」的擔架被帶到殯葬業者的店舖。格林夫人和紐豪斯先生下巴下垂，站在旁邊，目睹了悲慘的景象。

當然，在賭注驚人的重注撲克遊戲過程中以及《三週》女作家在場的情況下，這兩名賭徒被「謀殺」成了精美的報紙頭版素材。羅海德在故事的每個段落中都呈現出自己就是一個採礦中心，這個中心足以吸引山姆．紐豪斯人脈範圍內的億萬富翁礦主，和全球知名人物如埃莉諾．格林等名流前來。採礦營塑造出大量的名氣，可以說服公眾這不是曇花一現，你想要的這裡都找得到。

第二天晚上，埃莉諾．格林從震撼的撲克遊戲衝擊中恢復過來，經過史汀嘉里峽谷被護送回去。沿路長達兩千英尺的車道，兩旁都是舞廳和妓院。但格林夫人視若無睹，對這一切投以空洞的眼神。

羅海德的新聞記者在這裡看到了一些寫作的機會：

昨晚在黃褐色的燈光下，我看到一張虛弱的臉頰掛在憔悴的形體上，史汀嘉里峽谷的燈光和窗簾反射出來深紅色陰影，明顯籠罩在這位才華橫溢的英國女作家身上。最近，關於《三週》有個問題很常被拿出來討論，那就是將一個追求娛樂的女主人公當作上流社會的受害者，是否違背了公共道德；史汀嘉里的種種景象，針對這個問題向格林夫人提出了肯定回答。格林夫人很清楚，她書裡的女主人公與史汀嘉里峽谷裡的自己，區別僅在後者臉頰還沒有前者慘淡。

這種報導很有女作家勞拉・珍・莉比（Laura Jean Libby）的風格。羅海德的一位特派記者就是用這種方式，將格林夫人這趟史汀嘉里峽谷之行加油添醋一番以取悅編輯，並確保編輯能用正面的態度接受他的文章。

晚上晚些時候，響起了一場火災警報。當地的消防部門以狂野西部作風迅速反應。這場爆炸起初是為格里里斯夫人帶來的利益，接下來便如同海浪般迅速開展。它把採礦營裡的三教九流吸引到了現場，喧鬧的聲音響亮而清晰，大火包圍了其中一個礦山腳下所有荒蕪的棚架和廢棄木材。由於這些地方存放許多煤油，加上風勢順風，火勢延燒得十分猛烈。它向黑暗中噴出一陣火花，將沙漠裡的人照得像燈塔一樣閃閃發光。消防員大聲喊叫，警鈴大作，噪音向四面八方散布開來。突然，有個蓬頭垢面的人從人群中竄出，跳入一間熾烈的棚屋裡，消失在熊熊火焰中。不過，棚屋門後三英尺處其實有一條秘密通道，通往附近礦井的隧道。格林夫人當然不知道這點，她稱讚此舉是大膽的英雄主義。

當地中的水相當稀少，因此不得不使用桶裝啤酒和炸藥，不久，吞噬的火焰便熄滅了。各地報紙再次刊登了這個故事，這些故事是從現場所發的電報拼湊出來的，描述了備受討論的《三週》女作家在新的、偉大的羅海德黃金採礦營的非凡經歷。宣傳代理商喜孜孜地沉浸在自己的榮耀之中。

圍堵埃爾．米勒

埃琳諾．格林在羅海德的經歷，還不是美國報刊讀者在採礦營新聞宣傳期間讀者有幸閱讀到最有趣的經歷。

埃爾．米勒是最早進入羅海德的老經驗採礦運營商之一。一九〇七年初，他空降此地，仔細檢查整個地區的礦井資料後，他在羅海德聯盟礦山的「流氓山」某個部分找到礦藏，看似有潛力成為開採高級礦石的地點。米勒先生從事採礦已經有很多年了，他在科羅拉多州也有一些重要的採礦項目。當他在聯盟物產的這一部分申請了租約、且包含大部分「流氓山」時，租約很快就核發給他。

米勒先生直接在羅海德營地資助了他的項目。他吸引了另外五名採礦界人士，於是這六個人形成了一個集團，各享有同等的利益。所有人都同意認購基金，以支付發展礦山的費用。

一開始他們在一條非常豐富的金礦脈上搭建豎井。當豎井到達約四十英尺的深度時，米勒的租約開始被認為是這個採礦營的「大物」之一。實際上，在長四．五英尺、寬七．五英尺的豎井整個側面和底部，都露出了優質礦石，樣本價格就高達每噸兩千美元。

於是他們成立了一間公司來應付企業這一階段的發展。那些原先組成集團的人，將所有權股份分配給自己。由米勒先生全權負責，他進行的工作也將支薪。日復一日，你可以看到他上工的模樣，將鋼磨光，或是在每次絞盤載滿泥漿後，把絞盤從井底拉出來。他在各個職位上全力以赴，無論是礦山經理、鐵匠、泥工還是礦工。

有一天，我坐在雷諾的辦公室裡，當時我接到一通電話，說關於米勒租約的控制權方面存在著很大的爭執。米勒先生和一個為他工作的大隻瑞典佬把自己鎖在礦山裡頭，並且武裝起來。他們威脅，誰靠近誰就沒命。一兩天下來，我們一直渴望獲得一些來自營地的現場新聞。我的記者直覺又活起來了。我詢問了我們位於羅海德的記者，他說，情況看起來真的很嚴重，他們打算玩真的。米勒先生在該礦山安裝了一個大型武器庫，存放了大約三天份的糧食。他宣布他準備無限期地堅持下去。

我向我們位於羅海德的記者發電報指示，好讓他寫出最多一千到一千五百個字的故事。營地裡的氣氛自然是益發興奮，不久，數百人聚集在沿「流氓山」頂和周圍隆起的有利位置。每個人都期待著有趣的發展。從湊熱鬧的人眼中看來，似乎還有幾十個以上準備衝進這座礦山的人可能會捲入其中。實際上，沒有人能說出這場僵持行動將在多久後解除。

我從營地收到電報，我的一個線民口述了一則事實成分較高的故事。我把這個故事發給美聯社位於雷諾的記者，他毫不猶豫地放進電報。

米勒先生在豎井的軸環上蓋了城牆，被卸下的礦石堆積到大約五英尺的高度。滿載金礦的障礙物圍繞著豎井四周，但唯獨西北方向除外。在這個方向，「流氓山」以與垂直線呈小於二十度的仰角向上傾斜，正是由於這個原因，米勒先生被迫得不斷防範攻擊。根據我們的調度，他認為有必要保持警惕，以防止發生意外的可能性。他和他的同夥瑞典佬交替站崗，偶爾，除了來自「氣球山」和「格魯特山」採礦廠的汽油發動機發出的颯颯聲，還有六響槍的聲音，這是被包圍的兩人實際上或在想像中觀察到敵方的威脅正在靠近時所發出的警告。

儘管在這場小規模的模擬戰爭中，主角的人數可能只有不到二十人，但每起事件或細節都構成了一個非常具有威脅性和極為有趣的局面，幾條生命懸而未決。毫無疑問，至少米勒先生，也許還有他的同伴瑞典佬，會堅決抗拒我們拿下「米勒堡」的任何行動，甚至犧牲他們的生命，因為他可是個行動派，而且就算在許多緊急情況下，也絲毫沒有顯露出原始的本能。毫無疑問的是，米勒先生和同夥們的耐心，確實將羅海德從一場激烈戰鬥、造成多人喪生的悲劇中挽救出來——畢竟我們僅僅是將他們圍困，而不是衝進去擊潰他們。

這個故事就像野火一樣，我們仍被其他人和一刀未剪的故事後續強烈吸引。三天的時間裡，我們一直讓這個故事保持活力，電報中仍充滿了內華達州「流氓山」的「米勒營」的圍剿，以及襲擊失敗等細節。

我敢說，媒體大亨赫斯特先生，和他手下各個專門以為熱心讀者提供精采爆料而聞名的機關，在這個特別的羅海德開發事件中，完全無法超越廣泛出現在各大報紙的有趣報導。

不過，我們聽到米勒先生投降時，的確感到有些驚訝，我們以為這個故事至少會持續一周。

真正的原因似乎是，他的堡壘只放了一加侖威士忌，而威士忌開始短缺的第二天或第三天，他單槍匹馬外出補貨。就在他不在的時候，他的瑞典佬同夥舉起了休戰旗。米勒回到行動現場時，他發現自己的礦山已經落入敵人手中。

著名股票市場大佬約翰·W·蓋茨的兒子查爾斯·G·蓋茨兩次訪問羅海德。他每天都花大量時間檢查許多礦山的運作，並經歷爆炸開礦至少七十五次，到了晚上，則經常是賭桌上的贏家。他到訪羅海德的事情也有許多外電報導，激發了人們的廣泛興趣。

同時，營地出現了一個沒有成年人監護的美麗奪目、風度翩翩的年輕女子。她來到此地的原因是，有太多關於這裡一夜致富的故事，令她深深著迷。在一些本地仕紳的盤問下，她透露了自己逃離猶他州家鄉，單槍匹馬來到這塊沙漠尋找財富。她以粗魯的態度表達了自己的觀點：如果不干涉她，她將很快完成任務，但是她不會透露自己積財的方式。她承認自己沒有錢，但她眼中有一股憂鬱且安定的寧靜表情，吸引了所有見過她的人。

這一帶有許多聽聞過這種野性呼喚的一流巡迴冒險家，但他們跟繁榮時期坐在第五大道沙龍裡的百萬富翁感受如出一轍，認為她極為美麗，她說她是獨樹一格。營地中並沒有任何法律可以將女孩驅逐出境，不過大家認為仍需要採取行動。不消多久，營地內就湊集了五百美元，當作這名女孩離開、重啟新生的費用。這五百塊，是已故賽馬狂徒萊利·格蘭南，還有知名演員奈特·C·古德溫，以及另外三人各出一百美金湊來的。但女孩拒絕接受禮物，第二天她就消失了。

這是個關於「人情味」的絕妙故事，各地報紙都刊登了這個故事：兩年後，這個女孩的照片在她不知情的情況下，被寄給了大西部一個著名選美大賽的評委。評委們準備一致通過、要把大獎頒發給她時，卻傳出她曾經出逃羅海德。最後大獎落入了其他人手中。

營地成立滿四個月時，水的價格仍然在每桶三到四美元不等，洗澡的標準價格為五美元。不過這個時候，採礦營辦了一場晚宴，價值為每盤食物五十美元，有一百位好運的礦工能夠參加，這是為了犒賞他們不遠千里而來的勇氣。這頓晚宴替每個男人打了一把上好的刀叉，且宴會上瀰漫著友情精神。宴會中瀰漫著解放的空氣，充滿很多的餐後演講以及很多的歡樂，機智的話語不斷從所有人的嘴唇流洩出來，大家不斷唱著歌、講著笑話。奈特．C．古德溫用充滿幽默，古怪又不失樸實的演講方式，讓氣氛變得變得更熱鬧。其他上台講話的人也以類似的方式模仿他說話，大部分的演講都充斥著奔放的想像力和機智。慶祝活動以眾人的歡飲告終。

各報記者紛紛把宴會紀錄發給自己的報社，電線都快要燒壞了。連最資深的探礦者，都不知道一個如此新的沙漠採礦營，就在這個國家剛要擺脫金融結構扭曲的恐慌時，可以出現這樣的景象。

萊利・格蘭南的葬禮

一九〇八年四月，著名的賽馬賭徒萊利・格蘭南在羅海德賭博時死於肺炎。他只病了幾天，生命卻像微弱的燭光一樣瞬間消失了。當羅海德高聳山丘上所有的金礦都被打造成金條、這片引發西部採礦史上最大淘金熱的沙漠，引導沙漠行者的最後一個哨所都消失時，後代依舊會記得，格蘭南先生的葬禮上由礦山推廣者H・W・尼克波克站在棺架前宣讀的追思演說，以及為格蘭南穿上壽衣的動作。

尼克波克先生在這個場合所作的演說，算是長年保持優秀口才的一個傑出例子。尼克波克先生完全沉浸在自己的世界，用他精妙的思想傾吐出精妙的語言，完全不管句子長短，也完全不用鉛筆做筆記。他以純粹的詩意向聽眾表達了自己對死者的敬意，死者「熱於接受挑戰，死了都要賭」，他的人生沒有白活。聽眾全神貫注傾聽著，很快就感染了這股悲傷情緒。尼克波克先生的發展進行下去，他的斷句滿是悲傷。

羅海德的記者從新聞代理商的角度，重新定義了這次活動的全部價值。畢竟格蘭南先生曾是賽馬界舉世聞名浪擲千金的人物，記者們熬夜發新聞，也是很正常的。

以下的新聞稿，是羅海德新聞代理人針對這塊地的一些正反交織看法，早在羅海德繁盛初期，就出現在舊金山的一家報紙上：

戈德菲爾德，二月十九日——「史考特和阿曼金礦經紀行」的W．H．史考特今天早晨從羅海德返回家中，他表示，該營地將在一年內成為該州最大的黃金生產商。史考特先生說：「當一個人在羅海德破產，他總還是有飯可以吃的。他所要做的，不過就是再借點錢然後出門買早餐。每座礦山都有豐富的礦石，每個人都會受到歡迎。」

H．W．尼克波克則把以下文章發給了雷諾一家報紙：

金，金，金！古老的智者不斷追尋煉金的秘方，想將賤金屬轉化為黃金。在那古早的年代，這些努力都是徒勞的。然而，現在這種追求已經顯得毫無必要——我們發現了羅海德！羅海德多岩的懷抱裡沒有花開，沒有溪流的漣漪將她的土壤吻成鮮嫩的綠色，讓層層銀礦在陽光的照射下閃閃發光。羅海德沒有花，也不生產食物，表面毫無美感，也無法做任何其他用途；但羅海德從她被沙漠覆蓋的心中，向世界傾瀉出大量黃金，不僅可以轉化為食物、房屋和舒適感，還可以轉化為相片、詩歌和音樂，這些都能客觀地讓事物發展出成熟的男子氣概。

內華達州著名的採礦新聞編輯約瑟夫．S．喬丹，則把他的特派新聞發給沿岸的報社：

穿過現在的羅海德大街，這裡就是一八四九年加利福尼亞州的淘金客前往新「黃金國」（El Dorado）的中途。他們在到達吸引他們的黃金之前，要經歷許多艱辛。千千萬萬穿過羅海德山丘的人從未達到他們的目的地，他們遭到印第安人屠殺，或者淪為沙漠的乾渴和熱浪的受害者，而且多年來，穿越平原的道路以探路者的白骨為標誌。基德船長（Captain Kidd）的珍寶與冠冕，還一直沒被找到。

大西部採礦營的資深記者哈利．亨德里克，也把以下消息發給他的報社：

我一天要處理二十項不同的要求；從壁架上取下原生礦石，將其還原成稀爛狀，然後觀看一串串連聖人也會心動的浮渣環繞在燒鍋旁；我凝視著化驗員的肩膀，看著他從坩堝中取出珍貴的微量岩石——這些是關於這最新、最好的金礦營令人信服的事情。化驗結果如果每噸價值達到上千或是上萬，並不是什麼新鮮事，實際上根本是司空見慣。發現每噸僅值幾百美元的礦物，似乎像是一種反高潮。

羅海德有許多確實發生的事情，這讓我有辦法重新再利用那些過去大力宣傳過的活動。這些宣傳活動標誌著第一年的驚人增長，也就是九〇%的通信——包括從營地和雷諾寄來、在全國報紙上發表的特別新聞稿，不僅基於事實，而且在任何報紙記者都可以準確地描述事件的範圍內，報導字面上都是真實的。

你去問問任何高端報紙的擁有者或編輯，請他們表達對上述羅海德新聞文章有大約一〇％是「偽造」的看法，他們會告訴你，這是新聞事業的恥辱。也許真的是恥辱沒錯，但是我們生活在這樣的時代，新聞代理商這麼做只是通例、規則，而非例外。能夠成功執行此舉的宣傳代理人，通常能夠獲得與美國總統一樣高的年度津貼。羅海德的表現並沒有犯罪嫌疑，因為在羅海德之中的任何礦場，其特徵或質量都沒有刻意的錯誤陳述。記者多次得到警告，務必格外小心，不要在這方面越界。

坦白地說，「偽造」新聞也是有分等級的，有些新聞沒有任何新聞代理商會願意偽造。

在德．昆西（De Quincey）的《鴉片吸食者的自白》（*Confessions of an Opium Eater*）中的某個段落，他形容自己對著月光吸食鴉片時所做的夢是完美的，就像《克里斯塔貝爾》（*Christabel*）詩中，對擺盪著的燈光進行的深刻描繪一樣，「這一切都從他充滿俗務的頭腦中解脫出來」。羅海德和雷諾的記者，多少都因為自己無法完全躬行實踐德．昆西的描述感到內疚，但他們撰寫的幾乎所有文章都有據可查，甚至就連據稱發現了史考蒂位於死谷那間秘密倉庫的故事，在發表前就已經在內華達州流傳了一年半。的確，在曼哈頓繁榮時期，曾有過一次虛假，毫無根據、完全虛構的故事，就是那個負責「跳躍傑克」起重機的瘋子的故事，但這只是前面我說過的規則的例外，而且這個故事完全無害。

在「大頭們」當中

親愛的讀者，如果你不認為新聞代理人在羅海德繁榮時期的報導，是相對高竿且無害的，那麼你真的會得到另一記當頭棒喝。當戈德菲爾德集團股價在紐約市場外交易所搖搖欲墜，市場需要支撐之際，就在他們的股票價格從七美元跌至三．五美元附近前，《紐約時報》在其財經版的顯眼位置上登了一則新聞報導，上面說摩根大通即將接管該公司的控制權。這就是有害「假貨」的一個例子，而這種「假貨」是華爾街偶爾用來逮住白癡的低劣作法。

這裡還有另一個例子：

湯普森托勒公司是紐約證券交易所的成員，每週發行一份報紙，名為《新聞通訊》。它的大部分版面都在評論銅礦礦山和股票市場的情勢。該公司負責人W．B．湯普森曾在尼佩欣市場操縱一事上聲名鵲起，他在「靈感」、「猶他州銅業」、「內華達集團」、「泥匠谷」及其他銅礦開採公司帶來了數以百萬計的利益。一九一一年一月二十五日，當時銅金屬和銅股市均不景氣，金屬價格和股票價格都即將下跌，沒過多久，《新聞通訊》就發表了一篇題為〈銅〉的文章，說：

全國的每處礦脈露頭都被找出來了，現在已經不知道還有哪裡可以找到新礦藏了。

《新聞通訊》要求讀者相信，這個國家不會再發現銅礦了，而且由於它提到的這種條件和其他條件，銅金屬的供應勢必很快就會短缺，銅金屬和銅證券的價格必定會上漲。

《新聞通訊》的聲明說道，全國所有礦脈露頭都已經被找出來了，而且不知道哪裡可以找到新礦脈——好吧，如果北美所有人都同意接受，探勘過落磯山脈和內華達山脈就算是找過全國的礦脈露頭，那麼他們這輩子在這一行注定無法出人頭地。

過去幾年，毫無疑問，汽車的使用推動了礦山的發現；據估計，未來二十年全國的礦產品將會比現在多上一倍。誰又能知道，將來飛機在這方面會把我們帶到什麼境界？此外，新的冶煉工藝和改進的還原設備每天都在減少礦石的處理成本，且將來會讓現在商業上還猶有價值的低品位礦體變得毫無價值。

這個國家的採礦業者最樂觀的看法是，我們的礦產資源尚未被整個剝光，而西部的採礦場還沒有被開發殆盡。

因此，在報紙上發表的聲明——據說是為了投資者的利益而發表的聲明，也就是將來不可能再發現更多的銅礦，是一個裝上了圈套的陷阱。

上面是一個非常有害但相對粗糙的「假貨」範例，當華爾街一些富翁級發起人的股票需要市場支持時，他們就會使用這種假冒產品。

這裡也有一個快速致富假貨的陰險實例。一九一一年三月七日，《紐約太陽報》在其頭版的第二欄刊登了以下訊息：

三月六日，華盛頓州塔科馬（Tacoma）——F．奧古斯都．亨澤（Augustus Heinze）再次致富。這次，他是在加拿大「豪豬」金礦山發財的。

阿拉斯加州的諾姆（Nome）礦工查爾斯．E．海隆，剛從新的金礦開採回來，很有資格對此發表意見。他說，亨澤「埋首錢堆，發大財」。他購買了福斯特集團旗下的物產，就在著名的多姆（Dome）礦山旁，據估計，今年這座礦山將獲得兩千五百萬美元的收益，目前也有鐵路正在修建中。

根據海隆的說法，「豪豬」金礦是這個時代的奇蹟之一。有位探礦者將礦脈剝開了五十英尺，並在某些地方進行了拋光，好讓黃金能露出頭來。他的壕溝挖了三英尺深，要價二十萬美元。

阿拉斯加有群人向這個物產的所有人開出了五萬美元的高價，以購買所有可能用兩支炸藥炸掉的礦石，但他拒絕了。

像前面所述的新聞文章，很可能會誤導大眾，讓錢財從大眾的口袋中一去不回。這個項目很能說明我在本書一開始承諾提出，「精心設計的狡猾詭計在不知不覺間愚弄了最聰明的人，讓他們兩手空空」的例證之一。我在序言中說：

你是否知道，有很多巧妙又狡猾的方法可以完全迎合你「投資」的本性，使錢財一步步遠離你的掌控？你能想像這是事實嗎？幾乎在所有情況下，當你算準時機準備著手投資，就有以科學包裝的陰險手段不知不覺地套牢你，你能想像這是事實嗎？

《紐約太陽報》的文章說，據估計，今年多姆公司將從「豪豬」籌集到兩千五百萬美元。但事實是，從已經發布的所有聲明看來，沒有工程師評估過整個礦場中可見的礦石，它應有的價格僅為上述總值的一半，而該礦山本身今年的產量可能無法達到十萬美元。

管理層已訂購了每天可以軋兩百四十噸礦石的軋鋼機，預計將於十月一日投入運營，但無法更早（七月的大火將會推遲投入時間）。根據公認的權威人士H．P．戴維斯的《豪豬手冊》指出，該礦石「平均價格為每噸十至十二美元」。採礦和銑削的最低估計成本為六美元。因此，對利潤的合理估計為每噸五美元，這不包括在該礦山其他方向進行開採的任何費用或其他附帶費用（這些費用無疑將會讓生產成本每噸平均提高一美元）。每天生產兩百四十噸礦石，每噸淨利潤為四美元，則表示每月淨收益為兩萬八千八百美元。如果該工廠在整個十月、十一月和十二月運作，那麼該公司將在一九一一年間「收集」到八萬六千四百美元，而不是像《紐約太陽報》所猜測的兩千五百萬美元。（我是以公允的角度得出這些數字的。近來礦石的平均價格為八美元，我也知道有些能幹的採礦者估計價格低至四美元。有些工程師說，就算是以四美元估價，也缺乏有力證據。儘管他們擁有大量礦藏，但還未能確定其平均價值，因此多姆公司還無法證明他們在商業上的成功。）

《紐約太陽報》估計的兩千五百萬美元有多誇張，可以從以下聲明得出：任何一家的礦藏，如果礦石的平均價格為十一美元，而採礦、選礦和新開發的成本為七美元，那麼一年就可以收集到兩千五百萬美元。一年內開採的礦山的總價值必須至少為五千三百五十七萬一千美元。此外，要在一年內將這個數量的礦石還原成金條，將需要一座每天出產一萬七千兩百六十噸的工廠。如前所述，目前正在建設的工廠的實際日產量為兩百四十噸。（而此工廠毀於七月大火，得要重新建造。）

毫無疑問，多姆礦業公司將很快上市，並將「開放」大眾以推廣者同意的價格認購股份，或在紐約場外交易所購買股票。這似乎是確定的，否則為什麼要進行這種原始的媒體宣傳？（上述關於「豪豬」礦坑局勢的評論，其事態在本報告發表後變得更加合理了。第一組共四十台搗碎機直到一九一二年四月都尚未開始運作，距離預期將會賺得兩千五百萬的一九一一年已超過一年。）

文章說，一票阿拉斯加人想以每支五萬美元的價格購買用兩根炸藥炸毀的所有礦石，但遭到拒絕。在我所見過的任何文獻中，從未有任何現在坐牢的「野貓」發表過這樣的言論，也沒有任何歪曲事實的故事接近這一說法。用兩根炸藥就能敲下的礦石，每支不會超過四噸。因此，為了回報投資者，該礦石的平均價格必須高於每噸一萬兩千五百美元。《紐約太陽報》的故事說，儘管有這個提議，業主還是願意以二十萬美元的價格出售整個物產。想像一下：該物產上有四噸岩石，每噸價值一萬兩千五百美元，在表面閃閃發光的地方，五十英尺深的距離仍金光閃閃，且同一礦山上還有成千上萬噸同種岩層，但業主仍然願意以二十萬美元的價格將其全部處置！這項聲明根本是荒唐可笑。這就是德．昆西說的，「雕刻師在大腦中雕刻而成的幻想雕塑品」。

倒過來讀英語

現在，我來跟大家談談，這類新聞該怎麼「倒過來」讀。親愛的讀者，類似的方法和手段既科學又陰險，已被用來毒害你，讓你不敢和促銷人的有力採礦投資價值作對。而這一發現已被有力人士採用，使他們擴大自己的利益。

一九一〇年九月，美國政府司法部特工士嘉堡（後來獲准辭職）率隊在七個城市突襲了我所知道的B．H．薛夫陀斯公司的辦公室，其中兩名男子是新聞工作者，曾積極參與在紐約阿斯特飯店（Astor House）客廳舉行的突襲行動，他們被指派為紐約和布魯克林的報紙來報導這個事件。在那裡，他們給出的消息是，我建議「伊萊中央」買價從每股五十美分上升至四美元然後再下降，實際上我和我的合夥人可以選擇以每股五美分的價格購買大宗股票。事實上，我的合夥人用這些貨真價實的錢，為這筆期權股票支付的平均價格超過了每股九十美分，卻沒有為採礦工程師、宣傳或其他任何費用增加一分錢，除了以四美元或更高的價格在公開市場上購買數萬股股票外，我的合夥人還以每股三美元的價格，部分支付了私下購買的大宗股票，但只有兩家新聞和廣告欄都享有正直名聲的報紙願意發表這一聲明，也就是《紐約時報》和《紐約太陽報》；其他四十家報社（甚至更多）都報假新聞，包括紐約《美國人報》和赫斯特在美國的其他報紙。

《紐約時報》的故事講到，我如何在十五個月內透過市場運作親自清理至少三百萬美元。實際上，我和我的合夥人們在支持公開市場上的股票以抵制競爭對手促銷者，以及我們財務窘困所招致其他強大利益集團的聯合攻擊這兩方面遭受了極大的挫敗，華爾街每個消息靈通的人都知道這一點。

《紐約時報》指出，與B．H．薛夫陀斯公司有聯繫的每個人都試圖獲得紐約場外交易所的成員資格，所有請求均被拒絕。這種會員資格申請絕對不會通過，因為首先，場外交易所的規則禁止公司申請會員資格，其次，薛夫陀斯公司已經聘用了幾名正常受薪成員，以及十幾名領取佣金的成員。

還有人指出，B．H．薛夫陀斯公司向波士頓場外交易所申請加入會員資格，但他們的申請被拒絕。這也是一派胡言。

《紐約時報》說，在三個月內，已經收到不少於四十萬封信，以回應B．H．薛夫陀斯公司發出的通函。也就是說在三個月的時間內，每個工作日平均要收到五千多封信，誇大程度大約為五〇〇〇%。

薛夫陀斯公司推廣的所有物業在《紐約時報》的文章中均被評為「實際上根本一文不值」。這完全是垃圾，而且具有誤導性，更把我指控為非常危險的騙子。

根據在營地裡知情人士所下的判斷，羅海德聯盟五英里內的地下礦產開發工作中，生產了超過四十萬美元的金條，品位可能「非常非常高」。這些開發和生產工作一天都沒停過。此外，當羅海德採礦營仍在襁褓時，我就為奈特．C．古德溫公司購下，當時該礦山的估價為七十萬美元。

B．H．薛夫陀斯公司接管了「伊萊中央」的控制權，並以超過一百萬美元的估值購得該物業，在准許的十四個月中，有超過二十萬美元用於礦山開發。「巨象分部」是戈德菲爾德著名礦石生產商。遭到突襲搜查之後，其面積的二十分之一以十九萬五千美元的價格賣給了戈德菲爾德集團。在當年的七月十五日，公司向股東支付了九萬五千美元的股息，相當於已發行股本的一

○%。波瓦德集團以每股十美分的價格開始炒作，但經過一段時間的積極開發之後，礦脈已經開始縮狹，原來的礦石價格也成了無價值的垃圾，但B．H．薛夫陀斯公司立即將這件事告知股東。

《紐約時報》表示，B．H．薛夫陀斯公司出售的「伊萊中央」股票達到五，六百萬現金，並從交易中獲利三百萬美元。薛夫陀斯公司的帳簿顯示，該公司不僅在出售「伊萊中央」上沒有賺錢，而且實際上損失了巨額資金。

《紐約時報》說，有廣告稱從「伊萊中央」礦山運來了一批礦石，但政府未能查明這批礦石是託運給誰的。事實是，這批貨物是運往美國最著名的冶煉公司，礦石平均含銅量為七%，而且除非透過鐵路這種壟斷式且容易追蹤的運輸方法，否則這些礦石不可能運出營地。

B．H．薛夫陀斯公司遭《紐約時報》指責，在三個月內因推廣「南昆西銅業公司」而獲利近六十萬美元。事實是，由於銅金屬暴跌，薛夫陀斯公司獲得了三萬美元的認購權，並按要求退還所有認購權後，就放棄了促銷活動，甚至從未申請在任何市場上市。薛夫陀斯公司在這件事上損失了一大筆錢。

《紐約時報》甚至在陳述對濫用郵件的罰則（這是政府特工指控的罪行，後來該員從事對政府的不利行為而離職）時指出，罰則是坐牢五年，但這根本是天馬行空、下筆太快造成的錯誤。該罪行其實是輕罪，最高可處十八個月徒刑。

過去一年來，我清點了報紙和新聞單位所發表關於我自己和我合夥人這類無事實根據的陳述，至少有五百篇。傳聞與真相就像雷聲大雨點小，眾人都被這一切繪聲繪影唬得一愣一愣。

我將在適當的時候證明，對於薛夫陀斯公司的突襲檢查，是有史以來最糟糕的錯誤陳述，和金錢賄賂浪潮的高峰。照時間順序來看，現在講這個主題不太合宜。但是，這個主題卻和新聞代理的角色造成破壞性影響切實相關。

直接的結果是，由薛夫陀斯公司支持的各礦業公司中成千上萬的股東，被搶走了總計達數百萬美元的款項，這也代表股票市值隨之下降。

報紙上的虛假陳述和誹謗運動，對於那些想對政府講我壞話的人來說至關重要。他們為了證明整個程序在大眾心目中的合理性，認為最終有必要破壞大眾對我代表的證券的信心。

從劇本的表面上來看，這似乎是美國政府為了鎮壓危險的罪犯集團而伸出的正義之手。隔天《紐約時報》和其他報紙就照這個標題刊登這件突襲檢查的新聞。

由於強大的惡意宣傳機器粗暴地介入，成千上萬的無辜股東可能會失去全部財產，這一事實並沒有辦法暫時阻止整件陰謀。我算還很年輕，沒有多少過去的包袱，但也因此報紙在刊登我的消息以前沒有進行調查，或是想過有可能有不同的證據出現。報紙們都走極端，特別是那些習慣於不時用其新聞版面來幫助實施具有重大利益的宣傳措施的報紙。

羅海德新聞代理的特徵，是製造相對無害的「假貨」；相反的，剛才描述的報紙文章卻是裹著糖衣的毒藥。如果你不信，繼續往下看吧：

大眾報紙的力量

一九一〇年十二月三十一日的《周六晚郵報》上，出現了一篇愛德華．亨格福特所著、題為〈啟動企業——海盜和商人如何起航〉的文章。我在這裡加以引用，而且沒有刪減或更改太多，頂多加些逗號。亨格福特先生對由我和同事推廣的「伊萊中央」，我認為他的說法差不多像是下面所述：

這是一個典型的案例——最近在場外交易所市場出現的初開採採礦物業，簡直就像許多海盜船的造船廠：距離西部一處富礦山不遠的潛力礦山，得到許多人投資、開業，但他們後來發現這座礦山無法帶來收益，就放棄了，他們根本沒有多在意自己開的公司。

有一天，他們透過律師收到了四千美元的報價，這個報價想買下他們準備發行的五百萬股股票，每股面值五美元。他們被告知，一個有錢的年輕人願意以四千美元的價格買下這處物產，而外界有機會開發出礦石。交易達成了。不久，一位名人被任命為這座礦山的共同所有人，礦山「允拓」使所有對這裡感興趣的人都富裕起來。

這並不是第一次使用名人的市場價值來開發公司，任何有地位的人都有很多這樣的要約。以每股四美分的價格購買的股票，以五十美分的價格兜售。然後他們提高了到六十美分，很快就建立了一個所謂的「市場」，股票找到了現成的出售品。它的價值一點一點地提高，直到投資者為其瘋狂，他們不僅願意，而且渴望以每股四美元的價格購買它。

亨格福德先生在上文中說：「這個礦山是由許多人出資的，他們發現礦山無法帶來收益後就放棄了。」如我所言，如果這個說法涉及「伊萊中央」，那麼這就是個錯誤的說法。主要所有者和組織者試圖透過位於紐約場外交易所的一個證券交易所，以每股七美元以上、或礦場估值八百萬美元以上的價格進行推廣，但銀行家在一九〇七至〇八年的恐慌中進行了干預，因此，他們放棄了。該股票於一九〇六年就在紐約場外交易所，以每股七．五美元以上的價格出售，比我入主它們還早了兩年。

亨格福德先生說，有一天，這些人透過律師收到了**以四百萬美元購買一百萬股股票的要約**，它們售出了股票。

這句話是多麼殘酷的謊言，沒人比我有更深的感觸。正如我已經提過的，我的合夥人以現金支付的一百六十萬股股本，其中的控股權益平均價格超過九十美分，或總計超過一百萬美元。另外有六十萬美元以上的資金用於保護該股票的市場，這使我們的成本（這還是不為推廣支出增加半毛錢的情況）來到大約每股一．五美元，而不是四美分——我們為了這個物產砸入超過兩百萬美元，而不是五千美元。

我可以逐行逐字地分析亨格福德先生的陳述，並證明其中九五％的前提和推論都是錯誤的。但這些實在族繁不及備載，我所舉的例子，是想告訴大家，我引述《紐約時報》上那陰險的文字，達到多麼驚人的宣傳力量。亨格福德先生買了帳，並無私地將自己的故事再分享給《周六晚郵報》的讀者，加強了這個錯誤故事的效果。

我在這裡想說的是，美國報紙和其他出版物的新聞版面上對美國大眾強加想法，是每天都出現的。但是我只能讓讀者有最起碼的理解，再多我也做不來。我的篇幅有限，何況我的例子根本舉不完。

這幾天，我們聽到很多關於新聞濫用的消息。大多數批評都是針對出版者借用其欄位的「增強」功能來幫助那些廣告金主，但是，很少有人關注其他弊端，也就是使用新聞版面消滅具有足夠影響力的人，利用這種方法來破壞商業競爭對手、政治競爭對手和其所討厭的人。

本文的主題演變至此，對我的吸引力主要在於大眾承受的後果，以及那些不實廣告有多會掰。我相信，大眾一定會比過去更常聽到報紙濫用的事情，大眾會漸漸復甦，並且會想更深入了解這種令人髮指的做法。

重返羅海德

我們要重返羅海德。由於採礦營接受了「科學的」新聞媒體宣傳，隨之而來的是瘋狂的採礦熱，如此巨大的衝擊在西方採礦史上是無與倫比的。在這股激動之情滿溢之際，至少有六萬人穿越了內華達州高聳荒涼、狂風吹拂的沙漠。其中至少有一萬兩千人，在地面上停留了幾個月。

採礦營的紀錄被打破了。在繁榮時期，戈德菲爾德人口最多時約為一萬五千人，但這個數字花了三年多的時間累積，而且戈德菲爾德發現了世界上最高水準的金礦，才能吸引如此多的人。「跛腳溪」被發現的頭兩年，只不過是一個小村莊；利德威爾（Leadville）創村的第一年則幾乎沒有人聽說過。

在羅海德發展的最高峰，這裡的情況簡直是筆墨無法形容。房地產在半年內價值上漲的程度，與戈德菲爾德成立三年後的表現一樣。大街上的街角地塊最高賣出了一萬七千美元。長二十五英尺、寬一百英尺的地塊，每月的地租為三百美元。無論白天還是晚上，娛樂場所的遊戲桌都坐滿了玩家，想冒險賭一把的玩家，則被迫從圍滿賭桌的旁觀者中殺出一條路，才能拿到一手籌碼賭個一把。礦工們滿街走，地下的某個工人從豐富礦藏中輕易推斷出的「高品位礦石」，會立刻被送進化驗室，提取成金條。

泰克斯．理查德的賭莊在羅海德開業，當地以狂歡來慶祝此事，它為內華達州南部開闢了一片新天地。酒吧收入總計超過兩千美元，據報導，第一天開放大家賭博，就為理查德先生帶來兩萬五千美元收入。香檳是常見的飲料，夜夜笙歌，日以繼夜，夜以繼日。繁華的史汀加里谷的妓女不斷拉客，擁擠的街道上滿是精心打扮的東部人、探礦者、骯髒的礦工、忙碌的經紀人、促銷員、礦山經營者和商人，以及各色裝腔作勢的假有錢人，形成了千變萬化的人類漩渦。

周圍的山丘中，可以聽到絞盤吱吱作響，鏈條喀啦響聲以及汽油絞車的嗡嗡和軋軋聲，而間歇的炸藥劇烈爆炸，頻繁地打斷這些聲響。

由十頭騾子拖運、載有礦石的貨輪，幾乎無法通過連接採礦營和附近入口的道路。來自相反方向的重載貨車運送木材和補給品，載有工人的汽車則擠向守衛，大家全堵成一團。

從新聞代理商的角度來看，羅海德的宣傳活動取得了巨大成功。但是，從推廣者的角度來看，這結果是好壞參半。奈特．C．古德溫公司能夠為推廣羅海德聯盟礦業公司做出財務上的犧牲，但如果時機不佳，他們就無法獲得應有的利潤。

不久後我就發現，在羅海德熱潮開始時所做的第一個推論是正確的——全國民眾並未仔細從金融的角度思考，就認可開設新的採礦營；以及如果將羅海德的誕生往後延一段時間、或直到全國民眾可以再次喘口氣，情況會更好，有大批人群來到了羅海德，但有錢的人很少。我們很容易得到一個結論：如果宣傳活動先緩一陣子，後來收成的金錢將大大增加。如果財務狀況合適的話，讓營地接受「科學化」宣傳，並提供夠多「內幕」消息，肯定會讓銀行裡的存款大幅增加。

奈特．C．古德溫公司也認識到，他們試圖為一家大型採礦企業提供資金，並因此處於極不利的境地，因為這個企業和雷諾一樣，離東部金融中心很遠。我們幾乎敵不過東部的推廣員，因為他們的辦公室位置便利，也容易與追隨者保持密切的個人聯繫。

羅海德是採礦進行時最常有新聞的地方，異常豐富的地表沉積物向深處的中低品位礦體敞開。當初交付羅海德的其中一項條件似乎是鐵路線，以及一座日產能為五百或六百噸礦石的銑削廠。礦山方面決定讓我到東部去吸引其他公司為礦山深度開發、軋鋼機和鐵路建設進行融資，並與控股股東進行交易。奈特．C．古德溫公司的付款期限也得到延長，現在，古德溫公司購買的選擇權為他們帶來巨大收益。

在紐約，由奈特．C．古德溫簽名，在我的指導下，該公司有段時間進行了一次針對該支股票的報紙廣告活動，該活動現已在紐約場外交易所上市。自從成功為「雷伊集團」和「奇諾銅業公司」融資後，來自波士頓和紐約的海登史東公司銀行家，保證會將他們的工程師送到羅海德進行檢查，以為該公司的鐵路，以及價值超過一百萬美元的銑削設備融資。在這個消息的推動下，和奈特．C．古德溫的廣告活動後，股票的市場價格飆升至一．四六美元，物產的估值超過四百萬美元。

幾週後，市場出現了急劇的突破。有人比奈特．C．古德溫公司還早得到新聞，消息指出工程師不贊成這筆數百萬美元的融資。該公司並未有系統的進行地下開發工作，雖然有大量工作已經完成，但是那是在租賃系統下完成的；由於租賃者缺乏銑削設備，無法處置每噸不足四十美元利潤的礦石，因此只能全力將高品位、能賣好價錢的礦石浮出地表，然後完全無視目前看得到的中低品位大噸位礦石，以至於工程師們不認為這麼多高品位礦石是理所當然的，據報導，應該要拒絕上述一百萬美元的費用提議，因為他們並未挖出相稱噸位的礦石。

迄今為止，該營地在沒有足夠銑削設施的情況下一直在掙扎，但實際上是自給自足的。從實際的角度來看，當今礦山被認為具有巨大的前景。這間公司誠實，而且進行高效管理，成立至今，總裁一直都是E·W·金恩，他是蒙大拿州礦業工程師協會前任主席、蒙大拿州多家銀行的董事，也被公認為西方最有能力的金礦經理之一。雷諾的施林銀行與信託公司總裁M·施林，是最老也最保守的銀行家，從一開始就一直擔任司庫。

羅海德的歷史仍在醞釀中，還沒有人知道它的結局。在羅海德建立的這種生產潛力，也絕不會長期處於休眠狀態。

在華爾街，奈特·C·古德溫公司，與控制羅海德聯盟的控制權供應商的交易，後來成功獲得了資助，這是透過吸引慣於玩股票的投資者的投機本能來完成的。為礦業公司本身籌集資金的努力，某種程度上可以與西方支付股息的大型金礦稍微匹敵，但前者並不是很成功。

第九章
華爾街遊戲

有個自認為知道華爾街發生的事情，以及事情發生原因的人，建議在本書關於紐約部分的開頭加上以下內容：

這是一個充滿活力與自信、積極進取、樂觀、熱情、神經質、無所畏懼、率性、毫不妥協、狂妄的笨蛋的故事。

也許他值得追隨，因為他會與那些要求跟隨他的人一起發財，但同樣的，他也是個危險的領導人，因為他看不見自己的弱點，也缺乏謹慎、審慎和耐心。他可以看到前方的目標，並領導大家向前衝，但他始終沒有考慮到自己年輕時犯的錯，這使他自認完美的盔甲出現瑕疵，並且自掘墳墓，讓不公義的對手抓住把柄。在他前進的過程中，他沒有看到結識競爭對手的朋友，和安撫

批評者的必要性，實際上，他根本沒有考慮這些因素。他招惹了許多敵人，也沒有結盟，他從不妥協，自然地，他為自己和忠於他的追隨者帶來了災難性的失敗。

我不同意，我可不是傻瓜，我拒絕當個壞蛋，而且我不後悔。我想到的是，一個有才幹的人，多年來作為股東，一直擔任不道德的華爾街礦業促銷員，獲利百萬，但他的工作可說是相當骯髒。華爾街當權者的利益，始終也是他的利益，並與不受保護投資者的利益對立，他的想法扭曲，一舉一動都令人不悅。我認為這種人是很卑鄙的，如果要靠這種行為才能出頭，我實在做不到，我寧可退出這一行，終生窮困潦倒，也不要當這種人。對我來說，如果僅僅因為他們有錢有能力，就服務這些低劣的傢伙，等於是背叛自己，失去心理的平靜。我不會為了世界上所有的錢而出賣一切。

誠實才是上策。我所描述的那種人是無法長期茁壯的，他最終必定全盤皆輸。當今，要做好生意，個人的正直是重要的基礎。一個習慣高高在上、卻盡幹些卑鄙事情的商人，會喪失客戶的尊重，此後也永遠不會再被他們信任，最終只會失去他試圖討好的階級與團體。

我要指控，華爾街出於自私的原因，挾著強大且不誠實的利益把我逼到在這一行混不下去，完全是出於自私的原因。我聲明，大眾對報紙上「快速致富」炒作人士的各種甜言蜜語的興趣要被培養、激起和激發到某種程度，並使對所有用報紙廣告促銷的人都是騙子的想法充滿興趣，是需要時間的。而且我還要宣稱，當政府對我和我的合夥人使用其罕見的扣押、搜查和沒收權時，沒有證據表明我們違反哪一條政府法規。在本書中，我在本章和最後一章陳述了一些事實，我相信這些事實一字一句都將證明我的說法。

好大魚與壞小魚

如果你隨便找個報紙讀者，問他對於複合形容詞「快速致富」的定義，他會告訴你，這詞僅適用於採用華麗廣告手法、承諾提供可觀投機利潤、使用其他旨在騙取大眾金錢的設備的專業炒作人士，而且在任何情況下這類廣告都是不實的。這就是透過微妙且持續的新聞媒體，洗腦大眾以獲得強大「利益」的想法。

這本書寫到這裡，我一次又一次地表明，真正危險的「快速致富」力量，來自上位的人們，他們巧妙和陰險地使用「友好」新聞出版品，以及其他抄襲這些文章的作品，讓大眾浪擲上千萬的金錢。

我在我的前言提到：

最危險的壞蛋是那些身處高位的人，他們通常擁有大筆財產，過度投資，多次評估手中資產

的價值，使用狡猾的宣傳和市場方法，說服會思考的大眾相信該股票的價值、或催眠大眾股票會升值，然後用這個結果對投資者施壓，搶走巨額資金。這種作法在美國已有超過一百萬個受害者。

沒有人有權利假定，賣股票的促銷者利用廣告宣傳，就一定能操作出「快速致富」的結果。刊登廣告的人，有誠實的職業操作者，但也有不誠實的。就像促銷者當中有誠實的百萬富翁，也有不誠實的有錢人一樣。

這位舉足輕重的伊維爾礦業倡導者，堅信報紙廣告，並透過以大動作吸引投機性投資大眾，成功地為公司融資，並提供了實際服務，有權在高貴人物中佔有一席之地。的確，他是西方採礦者的英雄和「可憐」的礦主，他獨自一人站在這些人之間，並掌握著壟斷地位。

全國的礦工、股票持有人和金融家都了解這一點，但唯獨東部的報紙讀者被教導要相信這種類型的促銷者，必定是「快速致富」的操作者。如果華爾街有經紀人以自身私利出發，針對紐約證券交易所的證券進行投機，會被認為是不安全的。鋼鐵信託基金執行委員會主席E．H．蓋瑞在六月宣誓就職時說，摩根大通公司從未投機。你如果詢問紐約證券交易所的普通會員，賭客到底有多少獲勝的機會。如果他夠坦率，他會聳聳肩膀，回答說：

「如果這種遊戲有勝算，你認為我還想當經紀人嗎？我幹嘛不跳下去自己玩呢？」

紐約證券交易所席位的總市值接近一億美元，每年透過各辦事處和分支機構收集和交易投機業務（這佔會員交易的大部分）的成本也超過一億美元。所有的「頭金」或「回扣」是非常龐大的，誰買單？你會聽說，每年夏天都有一位股票經紀人搭自己的遊艇前往歐洲，但他的交易客戶中，有多少人這樣旅行？

誰當冤大頭付這筆錢？「內線人士」當中竟然有這麼多百萬富翁，投機者每年必須抽出這麼多的錢來支付維持龐大股票經紀辦公室系統的巨額成本、證券交易所、電報和電話線、報紙、宣傳局、遊艇、第五大道的宮殿、對國家和州政治運動的巨大獻金等，這種遊戲還有勝算嗎？

你當然會聽到激烈的反抗聲調。聯邦法律並未禁止小型私人交易，然而，政府司法部以各種方式粉碎了這種賭博機構。現在，在小型私人交易所利用股票波動的保證金賭博，與透過紐約證券交易所進行賭博，兩者之間還有什麼區別？

這裡倒是有個不太顯著的區別：

小型私人交易所的老闆採取了另一種方式：市場走向對你有利時，他自掏腰包付你錢；不利於你時，則扣留你的資金。他從不交付任何股票。

這時你會希望紐約證券交易所的人替你買下你的股票並套利——正如你猜得到的，其中一些確實會，而大多數並不會。但是在這種情況下，你也不會得到任何股票。

就賭博功能而言，這種交易原則上與小型私人交易所的交易相同，唯一真正的區別是，當你透過各種方式在商店中賭博時，對紐約證券交易所能從下家中的贏家抽的「頭金」來說，是沒有任何貢獻的。

正義的華爾街和「傻瓜」大眾

紐約證券交易所的成員將會告訴你，小型私人交易所的弊端在於，當大眾渴望購買大量股票而以透過大量賣空交易壓低市場時，大宗股購買者就會受到誘惑。另一方面，大宗股買家會催促你，他的生意危在旦夕、需要一舉翻身，他可沒有動手腳影響市場走向，但華爾街的財力卻有辦法進行他偶爾被指控的相同手段。「受益者」每天差不多每個小時都知道大約有多少股票借入以進行「空頭」銷售，或作為多頭帳戶的保證金。他們知道大眾的短期利益或長遠利益是什麼，他們也有權力在自己選擇的任何時候把大眾玩死，更糟糕的是，這種事情不斷發生，這是眾所周知的。在情況糟糕的時候，股票反而受到抬升；情況好的時候、或根本無風無雨的時候，股票卻被打壓。新聞當然也會被隱瞞，並根據情況改寫、加油添醋。多年來，市場一直被牢牢釘死，簡直喘不過氣，保證金交易的「傻逼」已經被壓榨到一點也不剩了。小喬治．E．克雷特（George E. Crater, Jr）曾寫道：

紐約證券交易所的保證金交易，是已知最危險和最具破壞性的賭博形式，因為它是「合法」的，因此是「受人尊敬的」，吸引了成千上萬的人。這些人從未想過要冒著賭法羅牌、紅黑輪盤或其他任何投機遊戲的風險。統計數據顯示，與其他所有形式的普通賭博相比，股票賭博在身體、道德和經濟上造成的破壞更多。與華爾街相比，蒙地卡羅簡直像是基督教慈善機構。你在蒙地卡羅贏得財富的機會，比在證券交易所被欺負、被迫承擔保證金的「保證金賭博」獲勝機會要大得多。如果你在蒙地卡羅輸光所有錢，賭廳老闆將至少還會退還足夠的錢讓你有辦法回家，但被「保證金」玩到「破產」的人，不會得到證券交易所或經紀人的安慰的。如果沒有那麼多傻瓜準備把錢浪費掉的話，這個國家就不會有那麼多百萬富翁。

有人提出反對賽馬的呼聲。各行各業的人，以及報紙、期刊、政界人士、熱情人士、烈士和江湖術士都被鼓勵要大聲反對賽馬。就像購買大宗股一樣，賽馬是進行投機活動（也就是賭博）的一種途徑，並且使華爾街無法賺錢。這時那些江湖術士就成了華爾街的工具，他們向華爾街收錢提供行騙的服務，另一方面又熱切發揮自己的道德或政治資本，反對華爾街的賭博競賽。

小規模炸礦開採的推廣者並不是證券交易所的成員，他們對大型賭博其實沒有任何損害，也超出了紐約證券交易所理事機構的紀律和控制範圍，不屬於該機制的一部分。他們建立起一種競爭性業務，以高波動礦業股的方式迎合賭博的本能。投機的大眾喜歡採取行動，並把可能用於紐約證券交易所進行保證金交易，或用於「投資」的資金投入不斷波動的低價工業股或高價礦業股，這些股票受到紐約證券交易所分支機構的大力支持。

很迅速地，華爾街的機器就會針對這種人畜無害的行為進行打擊。「快速致富」在各種雜誌和報紙上不斷出現，那些真正因為快速致富而該被定罪的人當中，他只算是個罪刑輕微的小傢伙，比起他那些「有執照的」、高高在上的兄弟們，後者造成的傷害更大。華爾街後來起而效尤的人確實是「後來者」，大頭們藉由向報紙爆料來阻礙這些後來者的騙局，但這些罪名也無法成立，因為大頭們也有難言之隱。他們只好把小傢伙揪出來示威，讓公眾認為他罪大惡極，在騷亂的輿論中，小傢伙被政府特工突襲檢查；而那些大頭們「逃脫」了。反對「快速致富」的「正義」運動被迫推進到極限，大眾輕易相信了那些虛情假意的內線情報。最後，政府只能採取行動保護投資者！

這還不夠讓你膽寒嗎？

就算讓馬戲團大亨P．T．巴納姆（P. T. Barnum）投胎轉世、他那奇蹟般的顛倒黑白伎倆放大一百萬倍，也不可能搞出像過去幾年那樣對美國大眾的巨大欺瞞。

而且大眾並不知情。華爾街裡精明的策劃者們，總是在欺瞞「傻瓜」。他們當然沒有理由停止這種做法，而且認為繼續這樣做非常有利可圖。

礦業股票市場

通常，要從有前途的潛力礦山中賺錢，要先花很多錢。之後的礦山發展階段以及整個建設階段，一般都需要其他各種非常大的款項，以支付挑揀礦石的儲備費用，並為還原開採出的礦石提供銑削設備。

我們西部採礦帝國的蠕動式採礦探礦者，是一個頑強的探索者，更無視眼前的艱苦與危險，他們與大毒蜥和沙漠響尾蛇為伴，在無止盡的乾旱與沉默的荒野中，唯一的慰藉是土狼的求愛聲——但他們要向市場出售他的「發現」，只有兩個選擇。他可能會從一個有實力的礦業集團的經紀人那裡，接受一筆相對較小的款項來找尋新的潛力礦坑，或者可能會從專業促銷者那裡獲得合理的投機價格。

這個國家的大型礦業融資人很少相互競爭以購買任何礦產，如果其中一個恰好在小礦主的財產所在地區經營，則更是如此。

通常，原本的所有者（其全部財產可能都與物產綁在一起）會發現自己處於以下的處境：必須接受這些主要利益人之一向他提出的第一份要約（無論這要約有多小），或者發現那個市場不對他開放。

如前所述，他的選擇是出售給規模較小的獨立礦山推廣商，後者是由一家公司組成擁有，並開發該礦產，且藉由向社會大眾出售企業股票，來為公司營運提供所需的所有資金。

這類專業促銷者（也是小礦主希望）銷售股票的方法，通常是恣意使用報紙廣告欄。他缺乏足夠的拉力或其他能力，無法在當今的金融報刊中得到注意，大談他的股票和我的股票，也無法激發大眾的興趣，因此他必須建立自己的宣傳力量。

廣告要花錢，大眾也要付出代價。但是，如果推廣者是誠實的，那這筆費用本身就不是支持身價千萬的礦商資本家發行股票的理由。他原本就不會贊助在報紙登廣告的費用，推廣者自己登廣告他也不管。廣告促銷者花的促銷費用總和，和成本價與巨擘促銷者通常邀請大眾參與類似企業的價格，兩者相差甚遠。

例如：幾年前，某個人花了一百萬美元，分期付款購買了一座礦山。他一直在紐約場外交易所為他的礦山股票打開市場，平均價格為每股八美元以上，總價超過八百萬美元。他的公司是紐約證券交易所的成員，一直在市場流通的各種報刊中建議人們以該價格購買股票。然而，這個礦山還沒有還原工程，現在需要在公司的金庫中超支兩百五十萬至三百萬美元來架設，這筆錢必須要在其他地方以其他方式籌集，而且這間公司在前兩年還不可能開始生產。我可以舉很多這樣的例子。

一九〇八年初，令人振奮的羅海德營地繁榮時期，雷諾的奈特．C．古德溫公司購買了羅海德聯盟的控制權，該物業的估值為七十萬美金。這遠遠超出了原始所有者當時能從任何大型投資者獲得的金額，而它也需要銑削設備。

事實上，若非奈特．C．古德溫公司和B．H．薛夫陀斯公司這類公司促銷者的成功，偉大的康姆斯托克——可能產生的黃金和白銀價值超過六億美元的礦山，很可能永遠不會被開發。一八七〇年代初，對康姆斯托克各種礦業股票的巨大公共需求，是由一系列華麗的股票發行和積極的股票市場操作所引起的。如果維吉尼亞礦業集團沒有深入到一千四百英尺的礦藏中，康斯托克股票的投機狂潮可能早在另一個南海泡沫的歷史上消失了。

因此，據了解，這種「黃銅樂隊」的推廣者在大西部這一帶並非毫無好評。他用他的操作機器（即吸引投機者的設施）剝奪了礦山勘探者的企業願景，就能使西部的小礦山業主遭受致命打擊。相反的，阻礙那些廣泛呼籲各界用適當手段開發礦山的行為，都是華爾街身價上億的礦山資本家歡欣鼓舞的額外原因。

一九一〇年九月，當我掛名的B．H．薛夫陀斯公司遭到美國政府的突襲時，位於西部的礦山營運商向當地的國會代表大聲喊冤。但據我所知，遠西地區大多數人普遍贊成這個做法，西部小礦主的最後希望也被粉碎了。在B．H．薛夫陀斯公司活躍於紐約的短短時間中，它直接為西部採礦資產籌集了將近兩百萬美元，從這個角度來看，間接產生了至少一千萬美元的影響。

這次突襲對西方的小礦主是一個打擊，他們需要資金來發展自己的物產，而且他們與資本家並未建立任何關係。自突襲以來，我不認識有哪個遠西的大礦主成功在東部獲得金融資助，除非他將其全部物產賣給一些財大氣粗的買家。而當股票最終上市、或在場外交易所登板時，大眾最終預期要支付的價格，和那些大買家得手後開出的價格相比，簡直微不足道。

我與華爾街槓上了

在我進行了羅海德的大本營宣傳活動之後，我進行了這一活動，目的是將美國投資大眾的注意力集中在羅海德聯盟礦業公司股票的投機可能性上，並以此方式為提議——在我以這種方法失敗之後，為了在一九〇七至〇八年銀行家恐慌的情緒中，出售足夠股票來為公司提供資金，以進行深入的礦山開發、打造軋鋼設備，並向原始所有者支付雙方協議的價格，我於一九〇八年十月下旬來到紐約，一心致力於用報紙上的廣告直接吸引大眾，以及達成部分交易來實現我的初衷：和那些「大頭」們分一杯羹。

我發現羅海德聯會的股票在場外交易所上市，而後市場就陷入停滯。東部那邊已經招來了一定程度的大眾資金，但市場並未吸納股票。因此，引誘高端股票經紀人在其市場信函中為這支股票說好話的努力顯然失敗了。那些願意為這支股票做些宣傳的人，要麼以低價對股票發出「買入通知」，要麼對所處置的股票進行了清倉大拍賣，跌破了市場報價。

這種讓步委實不應考慮，這也是奈特．C．古德溫公司支持羅海德聯盟在市場上不斷增長的用意。我在戈德菲爾德與礦業股票經紀人打交道的經驗使我相信，在這種企業中保護股東的利益簡直可說無望。當時，收傭金的礦業股票經紀人將客戶的股票價格定為三十，他們傾向於在價格上漲至例如五十時建議獲利回吐，因為他們藉由操作又賺了一筆佣金，並且經常讓客戶從股票獲利然後跳出，再進入另一支股票（每次交易收取佣金），來獲得額外或第三次佣金。

奈特．C．古德溫公司決定藉由報紙的廣告欄吸引他們，直接在礦業股票投機者身上進行嘗試，要求他們透過自己的經紀人在紐約場外交易所購買股票。同時，波士頓和紐約的銀行企業海登史東公司上鉤，同意以鐵路和軋鋼機的名義替該公司籌集一百萬美元，前提是其工程師的工作表現令人滿意。

於是，奈特．C．古德溫公司得到了用於購買廣告空間的資金，並配備了股票證書以供應市場，就此正式在紐約場邊交易所積極促銷。

之後發生的事情，很多方面來說對讀者非常有指導意義。其中包括：

(1)獨立礦業股票促銷者在成功為其股票創造活躍市場時，並不總是「賺錢」。

(2)一些看似地位很高的股票經紀人會像普通投機者一樣，盡快把礦業促銷者的訂單騙來。他們可不會心軟。

(3)做一個誠實的礦山推廣者，如果他和紐約證券交易所沒有關係，或是犯了錯誤，他的動機必定會被誤解。「大頭」們將把其控制或能影響的報紙或記者派去騷擾他們，然後在大眾面前抹黑他們。因此大眾只會購買大頭的商品，特別是在紐約證券交易所出售的，並且可能永遠對小傢伙的商品產生偏見。

羅海德聯盟的宣傳活動取得了良好的進展。時間是一九〇八年十一月上旬。過去六個星期，我一直在為雷諾的奈特．C．古德溫公司於紐約證券交易所上市的股票提供市場支持。我的辦公室是第五大道酒店的一間公寓，我們的經紀人是紐約證券交易所的成員。我們每天都在紐約市各大日報的財經版廣告刊登內特．C．古德溫公司的股票，為時一個月，好炒熱這支股票，最後，大約有六十萬股的股票掌握在大眾手中。紐約證券交易所的市場是「真實的」，投機性買盤使價格從四十美分升至每股一美元。礦山報告相當樂觀，股票也正在廣泛分配。

大眾表現出濃厚的興趣。奈特．C．古德溫的廣告指出，聖誕節當天，該股票的價格應該為兩美元。這是有原因的，幾個非常看好的礦區已經開放，同時有高級工程師正在檢查礦區。如果他的報告令人滿意，實際上可以確保達成一項協議，協議中包含深度礦山開發、鐵路建設和足夠的銑削設施的支出，共達一百萬美元。反過來說，這表示提早向股東分紅，有經驗的保守採礦人員表示，該礦產具備大量生產的明確特點。

股票成為場外交易所的招牌，它很輕易地占據舞台的中心，每天幾乎任何時間，執行訂單的人群裡至少有二十個經紀人。一間紐約證券交易所成員公司正從「內部」執行支持命令，這個事實給那些「財經人才」們留下了深刻的印象。大眾藉由其他紐約證券交易所的成員公司進一步購買股票，使得場外交易所的老鳥們相信該股票是「萬中選一的真貨」。在大眾的購買衝動下，價格上漲了，場外交易所的經紀人自己也感染了這股衝動。到了十二月七日，價格已飆升至每股一・四美元。這比半年前的低點高出了五〇〇%。

羅海德聯盟的「黑吃黑」

十二月七日當天交易結束時，我們的經紀人（是一間具有紐約證券交易所會員資格的公司）報告稱，他們在公開市場上以平均約一・三九美元的價格購買了一萬七千一百股，並以略高於市場平均的售價出售了一千八百股。在促銷活動中，第一次出現了拋售壓力。我們以「多頭」退出了一萬五千三百股，而且需要兩萬一千美元現金來支付「多頭」股票。

在第二天的十二月八日，同一家經紀公司報告說，他們以每股一・三七美元的平均價格購買了一萬七千八百股，並以每股一・四美元的平均價格出售了一萬兩千八百股，也就是當天的五千股「多頭」。

在十二月九日，我們透過這家公司購買的股票總計一萬六千八百股，平均價格為一・四美元，而我們的銷售總量僅為六千四百股，股價略有上升。

奈特．C．古德溫公司現在在三天的交易中「做多」三萬〇七百股，並被要求向市場拋出四萬三千美元以繼續持有該股票。這是一個相對較小的負載，我們不覺得很驚訝。我們認為這支股票值錢，但是，我們很好奇想知道出售的原因。

奈特．C．古德溫公司已將大部分來自雷諾、流通在外的股票直接以每股二十五美分至一美元的價格出售給了投資大眾，此刻早期的買家將有豐厚收穫，但這似乎不能解釋所有的賣盤。現在對該股票的興趣非常普遍，大眾可以自由入手，並且對於每個實際的獲利者來說，似乎都還有一個新的買家在等著。顯然，有人在賣空股票。

那天深夜，我們經紀公司一位執行我們支持令的成員，打電話到我的公寓。我問他，他認為第二天早晨該股票需要什麼保護性指令來防範專業攻擊。他回答：

「我認為，如果您能以一．三五美元的價格給我們買入五千股股票的訂單，就不會產生任何困難。」

我的理解是，他想在第二天早上為我操作市場，如果需要進一步的支持訂單，他當然會迅速通知我。

於是我下達了命令。這是非常普通的預防措施，因為如果市場上不存在支持訂單，則上市股票幾乎沒有沒有一支能逃過專業人士的襲擊。由於星期六只有短短的兩個小時，我真的很喜歡這個主意。

那天深夜，我請男僕早上十一點叫我起床。第二天早上十點四十五分，我被男僕叫醒，他說奈特．C．古德溫打長途電話要跟我說話，古德溫先生在辛辛那提參加為期一周的活動。

「哈囉。」古德溫先生說。「他們逮住你了嗎？我可以和尼克波克信託公司聯繫，付給你兩萬五千美元以支持市場嗎？這裡的報導說，他們套牢你了。」

「怎麼了？」我問我。

他說：「為什麼，這裡的經紀人說，場外交易所開盤後不久，股價就跌至六十美分。」這對我來說是個新聞。

「我不需要更多的錢。」我回答說，「我睡過頭了，但我們的經紀人一直在工作。我會看看現在發生什麼事情，過一會告訴你，不用擔心。」然後我開始打電話。

我給經紀人打了電話，他們報告說，他們在開盤時以一．三五美元的價格購買了五千股股票，接著便從支持行動撤退。他們說：「拋售的股票量太大了。」

「這真是地獄。你不應該放任市場那樣垮台，支持股票！」我說。「快去市場上買入七千五百股！」

不久後，這家經紀公司報告稱，他們已經將市場反彈回升至一．一六美元。但是，恢復只是暫時的，另一股力量又讓股價跌至六十美分。

我們的經紀人以一美元到一・一六美元的價格買入七千股，然後停了下來。在整個銷售期間一直在處理我們訂單的公司成員表示，購買這批新鮮的股票耗盡了我們在公司存入的現金餘額。他們拿出一些匯票準備支付，這些匯票與賣給西部經紀人的股票有關，但尚未記入我們的帳戶。他們還有一筆羅海德聯盟的大宗股票，這是他們從我們的支持訂單中購買的股票，但是，他們拒絕將匯票或股票視為貸項。

我們與其他許多經紀人都有存款和信貸往來，我立即打電話給其中幾個，以九十五美分的價格購買大宗股票。這比給我的報價高了三十五分。據信，那些訂單完全沒有動過這些股份。

我跳上計程車，殺到處理我們訂單的經紀人辦公室。

情況很危急。我完全意識到，得到這麼廣泛興趣的股票市價如果出現這樣急遽的崩解，一定會令投資者震驚，我擔心大眾的信心會被徹底破壞。

「太誇張啦！」我抗議了。「以九十五美分的價格購買五千股！」我提前支付了五張一千美元的票據。

我發出購買訂單的時間是十一點五十五分。中午，他們報告說他們購買了兩千股，我把錢給了他們。市場最後以九十五美元收盤，原因是「出現巨量股票」。

從表面上看，購買兩千股股票後，市場從六十美分彈升至九十五美分。這是另一個使人信服的事情，那就是這個玩法應該已經出現很多破綻。

調查使我確信，有人違背約定，對我們黑吃黑。

一直在處理我們的訂單的經紀公司（他們也是紐約證券交易所的成員）充當了我們的票據交換所，持有我們的股票和資金。他們有優勢，股票經紀人對此很了解。在執行了我們的大多數支持命令之後，他們在場外交易所的經紀人也能夠準確地評價專業人士，並做出股市脈動的投機策略，我們其實很容易就會被推翻。

午後不久，我得知海登史東公司的工程師拒絕了為鐵路和軋鋼機建設預付一百萬美元的提議，礦山當然也還沒有採撿出足夠噸位的礦石。毫無疑問，當天早些時候經紀人就已經得知此消息了。

在我呼呼大睡時，市場遭到的損害實在難以彌補。當價格在交易中不斷下跌達到一美元時，已經有極大比例的股票成交了。據報導，場外交易所經紀人集團中的某個成員一直是賣家。他們的身份非常清楚地表明，就是要用黑吃黑把我們搞到「混不下去」。

我大聲斥責我們的經紀人沒有保護我們的利益——即股東的利益。他給他公司另一位正在打獵旅行中的成員打電報，要他回來鎮上。第二天晚上，這兩個男人，以及奈特．C．古德溫和我自己，在我的寓所關起門來商討這件事。他們的公司同意，以一．三五美元的價格買下原該是替我們買下的五千股股票中的三千股，他們還做了一些其他的小讓步。

「崩盤」後的第二天，紐約報紙對股票價格暴跌的原因感到震驚。過去幾個月，紐約場外交易所和紐約證券交易所至少有其他十二種證券以「大跌」開盤，但證券交易所偏偏就是這些證券的發起人，報紙對這些事情則保持沉默。在這些場合，報紙上從來沒有透露過，有人可能在背後操作，讓大眾傾家蕩產。

奈特．C．古德溫和我被錯誤地指控故意破壞市場、逼走大眾。《紐約太陽報》在頭版最後一欄的頂部印了「暴跌」字眼。報紙甚至開始加油添醋，說合唱團的女孩們由於古德溫先生的建議而丟了積蓄，群情開始變得不穩。

《紐約太陽報》印製了羅海德聯盟公司的官員名單，並強調說，我「以沙利文信託公司之名」擔任第二副主席。

太陽當然沒有提到「黑吃黑」，所有其他報紙也沒有，除了一家以外。

《紐約論壇報》說：

一家已經向股票發出訂單的證券公司，昨天被指控領導發起股市攻擊，但該公司的成員表示，他們只是按照正常業務程序充當客戶的經紀人。

繼報紙加油添醋進一步破壞了大眾的信心之後，洛根和布萊恩大陸電報系統的兩名經紀人採取了一種迫使價格降低的策略，這條電報線上，與一百多個外地經紀人連線。他們透過電報發送了一份報告，指出內特．C．古德溫公司垮了；接著他們又發了另一則電報，說羅海德聯盟礦業公司即將交到破產接管人手中；《內華達礦業新聞》指控奈特；舊金山的波阿斯和紐約的J．C．衛爾透過洛根和布萊恩電報系統交換了這些消息，電報線上所有記者都得到這份虛假的情報。波阿斯和衛爾都被認為在「賣空」股票，他們兩者的公開操作讓股價繼續下跌。上述種種與類似的策略導致價格在十二月二十四日進一步下跌至四十美分，是這場活動的「低點」。

聖誕節後兩週，這支股票的平均買入價上漲至五十八美分，並上看五十九美分，市場再次復甦起來。一月十四日，價格暴漲至七十美分。此時，這支股票再次成為有心人士的攻擊目標。到了一月二十日，價格回落至五十美分。

到目前為止，奈特．C．古德溫公司的淨營利，在羅海德聯盟營地上展開的各種活動分配了大約六十萬股股票。該支股票已得到充分利用，它擁有大量的追隨者和廣闊的市場，一些傑出的礦業估價者已經成為股東，但是，該公司在長期的系統化礦山開發和工廠建設方面仍然缺乏資金。

我們非常清楚地意識到，必須做點什麼，才能避免紐約證券交易所經紀公司又給我們帶來同樣的麻煩。

「內線」市場支持

B．H．薛夫陀斯公司、芝加哥股票經紀人、雷諾的奈特．C．古德溫公司的代表通通被調去紐約，兩家負責股票經紀和促銷，有共同權益的公司展開合併。

此舉有先例。在美國，還有成千上萬的公司權益透過與他們的一個或多個董事或所有者成為業務合作夥伴，而與證券交易所和其他經紀公司緊密聯繫。實際上，這種大型公司權益沒有人代表的話，你很難插手分一杯羹。這些交易所成員公司，當然是推薦購買其老總感興趣的股票，這已經是通例。找出這類關聯對於企業成功融資至關重要。在採礦領域中，許多紐約證券交易所成員公司老闆都對需錢孔急的礦業很有興趣，他們都是這類型礦業經營的代表。

在銀行和經紀商等機構的幫助下，這些證交所成員中的大多數成功地推廣了他們自己，或他們的合夥人非常感興趣的項目。他們主要透過利用市場文獻和操縱市場本身來將其公司成員和合夥人的證券塞進其客戶手中，他們保持經紀、融資和促銷業務，三管齊下來做到這一點，他們從未公開承認、卻也沒否認其業務性質混雜。

讀者如果想理解以這種方式進行交易的必要性，就應該理解上市股票市場為企業融資的基本原理。

有兩種用他人的錢為所有企業融資的方法。第一種方法是，以原始方式直接吸引大眾認購，把錢弄到手後就不讓股票上市，也不為其建立公開市場。如今，你已無法透過此類程序為企業提供資金。實際上，以任何沒有固定市場價值的證券向銀行或經紀人借款是不可能的，市場必須建立起來，因為若沒有市場可以出售，聰明的投資者就不會購買。

因此，大家普遍使用第二種方法，而且是金融家唯一有效的方法——製造大眾對證券的需求，鼓勵投機，建立活躍的市場，並在每次融資時根據需要將股票存入市場。這是必須的，這代表內部公司權益必須支持公開市場上的證券，而且這是絕對必要的。因此，促銷者就必須成功執行股票行銷活動，一旦促銷者帶動需求，民眾開始買進，也有必要向股東充分說明與物產和市場最新動相關的消息——也就是有關他們利益的新聞，以便他們判斷其股票的價值。在公司融資與大眾消化證券期間，此過程尤其重要。

總之，在這方面，華爾街所有促銷手段（持續向投資者投放價值數十億美元證券的手段）的最終目的是「保留」股票，也就是不要再讓股票於公開市場上露面，才不會使企業背後的利益，以及長期被迫支持市場的人的利益感到尷尬。

關於「內部」進行市場支持的倫理問題，可以寫一本完整的書。在這裡，我不會詳細討論這個主題，但我有充分理由相信，要建立廣闊的市場，激發大眾利益以及在一定的合理投機價值上將價格提高，對上市證券提供「內部」支持不是卑鄙的事情。支持市場是為了刺激股市，這在道德上可能有一番爭論，但是，如果僅僅為了「內部」利益而對股東造成傷害，那就不是誠實地進行市場支持。這種作法大概只比以下的操作好一點：如果你操作的目的是將證券的市場價格降低至低於其實際價值的話，在我看來，這幾乎總是會惹來一身腥。

我可能會在這裡寫下，我確實只有一次從「內部」來「承括」股票的紀錄。那次是很臨時的，起因是有人希望以低價獲得大量股票，但我並無義務被迫出售那麼多大宗股票。即使在那種情況下，我也允許合夥人以與「內部」擔保相同的價格，替他的合夥人擔保，這給了投資者很多收益。我也從未試圖將股票的價格推高到比我認為合理投機所需價格更高的水準，而且我都證明了證券背後的內在價值。

第十章
進場吧，B．H．薛夫陀斯公司

B．H．薛夫陀斯有限公司，礦業股票經紀人，前身是在芝加哥開業多年的股票經紀人B．H．薛夫陀斯公司，於一九〇九年一月十八日在紐約百老匯開業。芝加哥公司在廣告宣傳上面公告周知，作為雷諾的奈特．C．古德溫公司的東部代表，古德溫先生擔任總裁。現在，奈特．C．古德溫成為新的B．H．薛夫陀斯有限公司的副總裁。由於古德溫先生的職業是演員、而不是股票經紀人，且由於他在一個月前羅海德聯盟的市場價格「崩盤」之後受到不公輿論的批評與遭受人身攻擊，因此他很願意擔任副總裁而不是總裁。此外，他也無法從他的職業中抽出時間密切從事這項業務。

新的B．H．薛夫陀斯有限公司初次在大眾面前亮相便放下身段，在其市場文獻諮詢中，立即建議購買羅海德礦業聯盟股票。我成為薛夫陀斯有限公司的宣傳經理，負責推廣業務，並保護公司在股票交易的所有市場中的利益。

很快，我就與投資者進行了一次新的推廣活動。此推廣活動變得如此熱烈，如此激動人心，如此龐大，以至於我花了十九個月的時間，包括週日每天平均工作十六個小時，還無法今日事今日畢。業務不斷增長，直到B．H．薛夫陀斯公司實際上每年在辦公室和宣傳方面的支出超過一百萬美元。在薛夫陀斯公司存在的十九個月中，它購買、出售和交付了約一千萬股礦業股。薛夫陀斯有限公司打破了華爾街歷史上單一礦業股票經紀和促銷公司能達到的所有紀錄。在薛夫陀斯公司的整個生涯中，它受到了來自多方的惡意攻擊，但它擁有自己的地位。它持有比以往任何時候都更加公平的採礦股票投機者的股票，因此得以挺過那些來自許多利害關係方的聯合攻擊，直到一九一〇年九月的某一天，司法部門發出逮捕令，由喬治．斯卡伯勒（後來被予以解職）領軍，挾著司法部門特工的職權，突襲了薛夫陀斯辦公室，沒收了薛夫陀斯公司的各類書籍文件和財產，並逮捕了公司的官員和僱員。

B．H．薛夫陀斯公司的年度花費為一百萬美金以上。

下面是各種費用項目的報表，數字為近似值。薛夫陀斯公司的帳簿現在由美國政府司法部擁有，上面載明的實際每年支出的數字很可能比我這裡列的還多。這些書信並不容易獲得，因此我在此用非常保守的方式估計以下費用：

B．H．薛夫陀斯公司的年度費用

設立總公司和六間分公司（家具、裝配等）：四萬美金
辦公室租金：三萬五千美金
將六個城市的分支機構與紐約連線的專用電線系統：兩萬五千美金
電話機：五千美金
電報費：十萬美金
工資（所有辦公室）：二十萬美金
每日和每週市場通訊（印刷費和郵資）：十萬美金
一般辦公費用：十萬美金
郵資雜項：兩萬五千美金
印刷和文具雜項：兩萬五千美金
廣告與宣傳等雜項：二十萬美金
會計專家：一萬五千美金
證交所經紀人的佣金：五萬美金
採礦驗證、工程師費用、律師費用等：三萬美金
利息費用：三萬美金
總計：一百萬美金

在薛夫陀斯有限公司開業一個月之前，人們就清楚地知道它「滿足了長期以來的需求」。幾乎每個分支機構，與競爭對手相比，它在履行某些職能方面，都比礦業投機者或投資者更令人滿意。

它發出的「市場通訊」新聞服務通常為十六頁，內容多半是優質文章。很快的，該公司在國內礦業公司的最高級和消息最靈通的股東之間，創造出三萬四千份的訂閱量。此外還有兩千五百名股票經紀人定期收到這份新聞通訊，包括紐約證券交易所、紐約棉花交易所、波士頓證券交易所、紐約農產品交易所等的成員。

薛夫陀斯公司成立滿五個月以前，薛夫陀斯公司的「市場通訊」成了《礦業金融新聞》的副刊內容，而後者是長期於雷諾出版的週報，先是被《內華達州礦業新聞》採用並刊登，後來又被《礦業金融新聞》採用刊登。薛夫陀斯公司移至紐約時，他們發現購買礦業股的大眾不管在內華達州還是全國各地，都渴望獲得真實的實時新聞。每隔三天發布一次的《礦業金融新聞》和《薛夫陀斯市場通訊》，獲得了來自幾乎相同來源的新聞，該報紙已郵寄給所有薛夫陀斯市場通訊的讀者。

在托納帕、戈德菲爾德、伊萊、羅海德、科包爾特、比尤特、葛洛布和其他採礦營地中，最有能力和最可靠的採礦記者可以賺錢，而駐在鹽湖、舊金山、波士頓、費城、多倫多和紐約等礦業市場中心那些經驗最豐富的市場新聞收集者，也不遑多讓。這些城市和其他城市（包括德盧斯，西雅圖和比尤特）的經紀人提供了更多新聞。

無論哪裡有採礦或市場活動，都必須尋求最有名的人來擔任代表。無論成本多高，只要對交易礦業股的人來說重要，就一定會讓記者擠出新聞。當資訊被認為對投機者或投資者有價值時，開支就永遠不會是問題。薛夫陀斯公司和《礦業金融新聞》在紐約的辦事處彼此毗鄰，這裡聚集了一批具有多年礦業金融經驗的報紙工作人員。在礦山或市場中發生的事情，幾乎沒有一件逃得過他們的眼睛。西部的礦業報紙到達東部的幾天前，薛夫陀斯市場通訊或《礦業金融新聞》就傳達了有關礦山開發的新聞，還包含每日和每週的股票市場診斷和預測。這些都是根據一組訓練有素的部隊收集來的新聞所做的，他們不時得到秘密資訊的幫助，並將這些資訊篩選後發進辦公室。這項服務很快就在華爾街獲得了前所未有的準確性。

五百名股票經紀人裡面，應該沒有人知道礦山底下到底長什麼樣子。在B・H・薛夫陀斯公司和《礦業金融新聞》的薪資單上，有三十個人確實是在礦山中長大的，當他們落筆寫新聞時，他們知道他們在寫些什麼。薛夫陀斯公司和報紙將高品質的礦山和市場資訊提供給了之前飽受錯誤資訊、猜測和糾結所苦的投資者。它試圖引導採礦股的投機者做出正確選擇。

要讓愚蠢的人不至於認定《礦業金融新聞》是完全獨立的報紙，確實是一件微妙的差事。我們希望薛夫陀斯公司在一定程度上保持獨立性，使其作為公司資產的《礦業金融新聞》的全部價值得以增長。我們的目的是，有一天，當《礦業金融新聞》發現自己有辦法獨當一面時，和薛夫陀斯聯盟切割。

《礦業金融新聞》一直是存在的實體，到那時為止，我一直在挖掘礦產方面的問題上得到了經濟上的幫助，因此它一直算是半個企業內部刊物。但是它始終在新聞版面中保持一定的獨立性，至少它所有權部分的獨立性使其能夠自給自足。

更多《礦業金融新聞》的真相

《礦業金融新聞》搬遷至紐約時，薛夫陀斯先生用很多方式說服所有者將所有權轉讓給了薛夫陀斯公司。可以肯定的是，如果薛夫陀斯公司可以在其社論頭條就先對該報紙的所有權吹噓一番，那肯定能錦上添花，並且可能使投資者認為這個組織可以擁有並出版一流的大都會新聞媒體《礦業金融新聞》，金融消息肯定都有憑有據。

湯普森托勒公司是紐約證券交易所的成員，他們也發行這類小型報紙，也叫「新聞通訊」。據說，位於波士頓和紐約的海頓史東公司以及潘恩韋伯公司，在《波士頓新聞社》當中具有很大的影響力。《波士頓新聞社》是報導採礦和礦物股票市場的報紙，它有時沒有紙本印刷廣告，但有時候有。處理密西根州和亞利桑那州銅礦證券的波士頓礦業股票經紀人認為，這是對其市場宣傳的必要補充。《沃克銅礦通訊》和《波士頓商業報》則是其他的例子。《沃克銅礦通訊》沒有刊登任何廣告，多年來，他一直說，由波士頓和紐約的重要利益促進和發展的銅礦證券，是最美好的事物。毋庸置疑，《沃克銅礦通訊》、《波士頓商業報》和《波士頓新聞社》對他們朋友的採礦主張的評論通常是基於事實的。關鍵是，促銷者發現有必要對他們感興趣的市場、證券和礦山的新聞事件進行廣泛的宣傳。

這是《礦業金融新聞》所有者的想法。其中B‧H‧薛夫陀斯擁有B‧H‧薛夫陀斯公司二五％的股本，他不只為這份報紙提供筋骨、正讓它站穩腳跟並壯大，還有權享受報紙以一貫且誠實的報導帶來的所有知名度。基於這種了解，薛夫陀斯公司認定自己要負責《礦業金融》新聞的全部收入，並支付所有營運費用，直到報紙可能自給自足為止。

這樣，它為整個採礦業提供了出色的服務，因為其中專門用於薛夫陀斯企業的版面平均不超過整體的八分之一，且相較於同行其他出版品，它更是花費了許多錢來提供所有其他礦業金融公司的新聞。

為了確保大眾了解《礦業金融新聞》是薛夫陀斯公司的準內部機構，薛夫陀斯公司採取了許多預防措施。它並沒有申請將郵件作為二等郵件寄出，而是以一美分和兩美分的郵資寄出。哈瑞‧海德瑞克的名字以《礦業金融新聞》的公司所有人兼副總裁，被升到了頭版。海德瑞克先生被薛夫陀斯公司公開聘為通信部門主管。後來，我自己的名字被任命為薛夫陀斯公司的編輯，成為編輯部的負責人。薛夫陀斯公司完全沒有把我從宣傳部、企業促銷部以及所有薛夫陀斯促銷股票市場絕對負責人的位置移走的打算，而我之前建立的關係比這更緊密。我以前曾在廣告中被宣傳為雷諾的奈特．C．古德溫公司的副總裁以及羅海德聯盟礦業公司的副總裁；薛夫陀斯公司則曾經刊登廣告宣稱奈特．C．古德溫是它的副主席。

此外，薛夫陀斯公司在其市場宣傳中宣布自己由於和奈特．C．古德溫的關係，而在保護股票市場方面具有獨享利益。有時以B．H．薛夫陀斯簽名的市場文章發表在《礦業金融新聞》的首頁上，每當有人索要《薛夫陀斯市場通訊》時，都會免費定期收到《礦業金融新聞》的副本。以前任職過雷諾的奈特．C．古德溫公司、現在是紐約B．H．薛夫陀斯公司的其他官員和雇員署名的文章，也經常登在《礦業金融新聞》上。

薛夫陀斯公司與「礦業金融新聞」進行這種安排最重要的原因可能是，所需的額外支出很少。薛夫陀斯公司發現有必要在所有採礦和市場中心雇用通訊員，而且同一個通訊員可以為兩家企業工作。另一個從經濟角度來看的觀點是，可以節省電報費，發給報紙的所有發件都按新聞費率發送，薛夫陀斯公司及其客戶始終可以任意使用這些消息。

薛夫陀斯組織的想法是，對礦業股票進行投資的大眾非常需要正確的方向，任何領導大眾走對的路的股票經紀公司，很快就會生意興隆，客戶一定會多到滿出來。

事情的確是這樣。薛夫陀斯公司成立滿六個月之前，公司會計部門的十五名員工被迫日夜工作，甚至徹夜不眠直到清晨六點，才能趕完工作。

如果薛夫陀斯新聞服務幾乎達到金錢和腦力所能達到的完美狀態，那麼它在紐約證券交易所、波士頓證券交易所、舊金山證券交易所、鹽湖證券交易所、多倫多證券交易所及其他採礦市場執行訂單的設施簡直可說是無與倫比。它在紐約和波士頓辦事處透過專用線路與費城、芝加哥、底特律、密爾瓦基和普羅維登斯的分支機構相連，為市外辦事處提供的服務幾乎是即時的。

紐約辦事處位於《華爾街日報》大樓一樓的百老匯街證券交易所市場前，長五十英尺寬兩百英尺，佔地約一萬平方英尺。波士頓辦公室則佔兩層樓，位於該城的證券交易所市場不到一百英尺遠的地方。電報公司的公共線路在舊金山，鹽湖和多倫多之間提供了快速服務，那裡的業務是透過這些城市的礦業股票交易所的成員進行的。薛夫陀斯公司的專用線路在每個交易小時內不斷充斥著快速的報價以及市場、礦山和公司的新聞。在紐約，薛夫陀斯的場外交易所經紀人雇用一些定期支薪的雇員以及抽佣金的顧問，通常很少聘用超過十人，但有一段時間卻超過二十人。

通訊部門則長期由兩名最優秀的採礦市場人主持，他們都是「向錢看」的人，擔任過這個部門的人，通常之後會到外地的辦事處擔任經理。有六個男人坐在出納員籠子般的座位上，他們的平均週薪超過一百美元，工作內容是股票登記、接收股票、付款和支票付款。與採礦金融網共同運作的郵寄部門工資相對較少，省錢的機器為處理大量的市場信件和報紙提供了出色而經濟實惠的服務。通訊部門定期僱用約十名速記員，有時，為了使大眾對公司特別關注的某些安全需求感到放心，我們也會特別加聘打字員，有一次最多動用了四十名打字員。

薛夫陀斯原則

B．H．薛夫陀斯公司在紐約開業時，與華爾街其他利益集團之間沒有任何從屬關係，除了自己以外，沒有其他奧援。它實際上是自由業者，打開天窗說亮話，始終小心翼翼地保持事實真相，並且對於當代其他商品的品質從不輕描淡寫忽悠過去。薛夫陀斯公司和《礦業金融新聞》的原則是，他們要做**對**的市場預測；礦物和市場新聞採集者和市場預測者得到的通令則是：**給出事實**。

我們訂的規則是這樣的：如果有不好的消息、且有可能損害我們最好朋友的利益，請基於投資者的利益把事實說出來；如果是好消息、且受影響的股票支持者恰好是我們最大的敵人，也要把這點講出來。你所能想到關於B．H．薛夫陀斯公司對市場的各種猜測，我們都會向客戶提供所有的消息。將礦業股票交易者的理想放在你的面前，當作你長久的理想，絕對不要誇大，最終，這項政策一定會為我們帶回信譽和利潤。

但是，最終這項政策導致了我們的破產。我們的講真話政策直接導致了成千上萬競爭者的損失，他們聯合起來摧毀了我們。

公司的宣傳、促銷和經紀活動如此之龐大，且原理非常簡單，使得我們立刻槓上了華爾街。薛夫陀斯有限公司成立不到半年，從事金融遊戲的資深人士就開始認為，這背後肯定有很大的利益。我們迅捷的市場作風、強大的宣傳措施以及不懈的保證吸引了眾多關注，專家們從各個角度看薛夫陀斯公司，都一致認為其做事方式令人信服，因為它了解行道。但是股界名人的普遍看法似乎是這間新公司花了太多錢，除非隨後礦業股出現大幅增長，否則無法勝過他人。

薛夫陀斯公司用於促銷其負責企業的市場策略就像山丘一樣古老，後來在紐約證券交易所，我們的作法被採用了一千多次，這個方法可能會一直存在。我們的公司嘗試分配那些獲准上市華爾街體系公司，且後來成為發起人（首先是羅海德聯盟，然後是伊萊中央，然後是波瓦德集團，最後是巨象分部）的股票，以建立公共利益和詢價，並激發市場活躍度。目的是要始終在內在和合理的投機價值範圍內，為證券確定更高的價格，所有努力都是以此方式指示的。

像這樣的計劃有時會受到挫敗。市場病了，被迫賣出的股票，比「內線」花錢買下的數量更多。股票價格下跌，然後，促銷者無法賺錢，可能還會損失很多錢。由於賺錢是他的主要目標，股票分配是次要目標，因此，當市場受制於競價慣例時，他必須認真弄清楚數字與得失。在此之後，B．H．薛夫陀斯公司透過其經紀業務，很快就發現自己掌握了抵禦市場下跌的能力。

手頭上沒有一支促銷股票（通過批發所獲得，入手價格低於其保證價格）可以在不斷上漲的市場中獲利數十萬美元的情況下，薛夫陀斯公司每年數百萬美元的支出是不合理的。一旦市場尋求較低的價格，而且促銷無法獲得利潤，就表示這個業務將大規模停工。

公司對上市股票的股市公開市場以及其經紀業務提供保證。

它不時公開賣空數萬股沒有任何促銷者權益的股票，方法是在公開市場上交易並將其賣給所有競標者，日後再交付；再向經紀人借款並立即交割，且通常以賣空方式進行。

投機客也參與市場交易，而薛夫陀斯公司也參與其中，但絕不針對自己的股票下手。然而，投機客因為想賭博而直接或以保證金方式購買礦業股票，薛夫陀斯公司在市場上的競爭方式恰恰相反，它不想把雞蛋放在同一個籃子裡，而且想要針對市場下跌做出保險，以彌補在市場普遍下滑時必定產生的促銷損失。

薛夫陀斯公司沒有做任何假帳，也沒有偷偷摸摸、遮遮掩掩。

而且，公司沒有利用任何人的利益，我們不作弊，不耍老千，沒有暗盤或檯面下的交易，對於我們公司直接或間接負責的市場，我們給出的意見每字每句都是真誠信實。我們不會特別為了股票而壓下某些新聞，公司會向客戶和大眾公布市場上其擁有的任何股票所有重要的外部或內部資訊。當最大數量的股票短缺時，其市場預測為其贏得了前所未有的準確名聲。

如果我們的公司缺少股票（一般上市股票，約佔其全部業務量的一五％），則其餘交易全部為「自家」股票（這些自家股票不能因為其促銷者對數十萬股股票的選擇權而短缺）——如果總上市股票因「賣空」造成股票價格波動、我們公司被迫稍後進入市場並「吸收」這筆巨大的損失，我們內心其實都是非常感激的，因為它有能力支付「一般」股票所能賺取的更大利潤中的一部分，從而能夠負擔一般上市股票所承受的損失，而且日後這些股票一定又會抬頭。

客戶購買其他股票的保證金所產生的抵押證券，會記入客戶帳戶，並與公司自己的證券混合。在每種情況下，都需要對證書進行適當的抵押擔保背書。每張股票證明書的背面均帶有空白的授權書，經紀人有了證書簽發人的簽名就可以協商。自家股票的規則是，總是告知那些將抵押品帶到辦公室以獲取保證金的人，我們將使用股票，而且他們不會再次收到相同的證書。在許多情況下，有人會提出異議，然後立即拒絕接受該股票作為抵押。如果此規則有任何零星的例外情況，它便是違反說明並由於疏忽或無知而造成的。每當客戶關閉帳戶並要求退還抵押品時，我們就會召回相同名稱和面額的股票並進行交付。

相同的規則適用於與公司抵押的股票，借款人在本票上明確規定，借貸人應享有使用股票的特權。

這種做法非常普遍，而且礦業股票交易商普遍理解該規則，因此客戶很少提出異議。

為了檢驗大家通常是怎麼做的，不久前我建議我的一個朋友向目前在華爾街執業的十七家股票經紀商寄送股票證書，其中有三家是紐約證券交易所的成員，十四家是紐約場外交易所、波士頓場外交易所、或礦業交易所的成員。向十七個單位發送的信大致如下：

隨信附上＿＿＿股票＿＿＿股，可作抵押保證金購買額外的股份＿＿＿股。請在市場上購買並及時報告。

這十七條命令由十七個獨立的成員執行。一個月後，當認購的股票在市場上出現上漲時，我們又向這十七家公司發出了以下信函：

請把您一個月前在市場為我購買的＿＿＿股票中的＿＿＿股出售，並且將我作為利潤支票寄給您的股票證書退還給我。

所有十七間公司，花了將近兩個月的時間才完成交付。而當他們這樣做時，沒有一間退還與抵押品相同的證書。

親愛的讀者，看到這裡請不要驚訝，這就是**通行的作法**。

而且，請不要以為礦業經紀人是唯一這麼做的人。如果你從紐約證券交易所的任何一家公司訂購現金保證金購買股票，或向其中一家公司發送股票證書作為現金抵押品以購買更多股票，你將會收到確認單，內容差不多如下：

我們保留將這批股票混入一般借貸等用途的權利。

也就是說，他們保留並實際上行使了立即將證書所有權轉讓給經紀人的權利。

除非證書上有客戶的名字，而且沒有得到客戶背書，否則他無法控制它。根據法律，經紀人有權質押或借用他抵押的證券或商品，以籌集必要的資金以彌補購買價，而這類股票沒有指定用途。換句話說，客戶無權獲得特定股票的份額，因此用某個客戶的錢購買的股票，可以交付給另一位客戶。

對薛夫陀斯公司來說，他們從未想過在小型私人交易所對「賣空」的股票進行操作。紐約州刑法第三百九十至三百九十四節（含）提到，涵蓋市場運作唯一的刑事法規，就是通常被稱為小型私人交易和小型私人店鋪交易的作法。在每一節和分節中，規定當雙方均不打算進行實際買賣、但卻根據報價進行和解，即構成犯罪，這條規範的用語是「**雙方**均有意圖等情況」或「**雙方**均無意圖等情況」。薛夫陀斯公司從不參加任何此類安排，在客戶全額支付應付款項後的合理期限內，我們的慣例總是交付訂購的股票。

現在，我本人和薛夫陀斯公司都不對現有的經紀條件或書面法律負責，通行慣例須對此負責。我在此披露這點的目的，是傳達我所發現的華爾街商業方法的確切性質，並特別強調容易受到批評的商業手法。

薛夫陀斯公司反對保證金交易

薛夫陀斯公司不鼓勵客戶進行保證金交易。實際上，薛夫陀斯公司反對這種做法。前陣子《礦業金融新聞》又一次譴責保證金交易業務，我們公司的每週市場通訊也發表一致的看法。薛夫陀斯公司曾幾次在報紙上刊登的大型廣告中譴責這種做法，並敦促大眾停止使用這種交易方式。

這其中是有一些自私的原因存在。在其促銷活動中，薛夫陀斯公司發現，大眾針對這些股票給予其他經紀人的訂單中，有不超過二〇%的股票正在執行，或者，如果執行了這些股票，這些股票立即就又被賣回市場，經紀人和其同夥在市場上「佔據」了交易進行權。

如果薛夫陀斯公司能夠透過其宣傳活動來破壞這種做法，那麼毫無疑問，它在成立的十九個月內推廣效果就能比其他採礦公司成功三到四倍，而且利潤將已經翻了四倍。

但是，它還是無法吸引大眾。薛夫陀斯公司頻繁地公開呼籲，保證金交易者應支付其信貸餘額並要求交付其證書、並要求每個經紀人進入市場並購買他對客戶做空的股票，結果是慘敗而歸。

這次經驗教訓是，無論自己的經紀人手上是否缺少股票，投機的大眾根本都不在乎。顯然，他們想要的只是，當他們準備倒帳抽腿時，股票、利潤或信貸餘額都能令人放心地來到自己手中。

這裡描述的賣空，其罪惡是什麼？我能發現的唯一弊端是，市場得不到實際股票預估能提供的支持。這種困難對促銷者來說負擔最重，簡直無藥可救。即使經紀人確實買了股票且自己也沒有賣出股票，也沒有法律依據能剝奪他依此借入或借給他人的權利。這符合經紀人的利益，因為他可以利用這筆錢隨時將股票出借，除了以賣空方式交付外，股票是很少出借的。

對於完全不執行訂單、但從一開始就「估據」交易，並將「空頭」股票出售給自己的客戶，從而延遲實際購買直到需要交割的經紀人呢？這種做法對客戶的損害甚至比在發出訂單時實際為客戶執行購買訂單、然後再為了經紀人或其好朋友的利益，將股票重新賣給市場所造成的損害更大——而這正是尋找空頭對象時的常規做法。經紀人在市場上購買股票時，他必須競標，而實際購買通常對客戶而言，代表著比通常報價更高的成本價格。

華爾街的規則，是對所有借方餘額收取客戶利息。當經紀人將他為客戶所持的股票借給「空頭」賣方時，將獲得全部市場價值當作其收益的保證。在那種情況下，經紀人不再向客戶收取利息，並且實際上還能夠將客戶所存的現金保證金存款以利息借出。

親愛的讀者，你也許會認為，某個經紀人對自己不再借貸的錢收取六％客戶利息的經紀人是很扭曲的事情。很好，如果是這樣，那麼紐約證券交易所的所有成員都必須被貼上「騙子」的標籤。這就是它的運作原理，即使是這個偉大證券交易中心的最高階層和最保守的成員也會這麼做的：

舉例來說，有個叫約翰．瓊斯的人下令其經紀人以保證金購買一千股鋼鐵。他付了購買價的一〇%。瓊斯先生在月底收到一份聲明，聲明中要求他按每年六%的利率支付利息，如果活期拆放市場的價格比預付的購買價格高，如經紀公司將購買價推高九〇%，則利率更高。

在收到約翰．瓊斯訂單的同一天，另一個叫威廉．史密斯的人下訂單，命令同一經紀公司在市場上賣空一千股鋼鐵，訂單馬上就填具發出。於是，經紀人使用了他以約翰．瓊斯的名義購買的一千股鋼鐵，以威廉．史密斯的名義到票據交換所進行交割。有時牠們還會創造一個虛構的威廉．史密斯，稱為「一號帳戶」、「阿史帳戶」或「E帳戶」之類的，這種作法通常是在經紀人希望向簿記員隱瞞他或合夥人在另一端進行客戶交易時所執行的。

經紀人沒有錢，但他向瓊斯先生收取借方餘額的正常利率。實際上，為瓊斯先生購買的股票也從未交付給他的經紀人。由於這是「空頭」出售，票據交換所介入了，並將其交付給應收帳款方的經紀人。

其實，絕大多數不凡的交易都在通行作法和實際操作的範疇內——不是嗎？

你在本章看到了薛夫陀斯結構框架及其華爾街環境概述。某些敘事無疑已經是「塵埃落定」，但這樣的詳細列舉，似乎能讓非專業讀者在看到這一系列不安的事件並詮釋意義時，有非常重要的依據。

在前面的內容中，我努力闡述了華爾街許多常見的做法。不管我怎麼陳述這些事情，我都給薛夫陀斯有限公司帶來很糟糕的結果，因為在上述的列舉中，我還沒有提及許多發生在薛夫陀斯公司身上的極端事件，那些事件大多數與薛夫陀斯公司作為宣傳代理商和促銷者的經驗有關。其廣泛的宣傳和推廣政策，激起了有影響力的華爾街海盜的憤怒，並在華盛頓造成了「壓力」，導致聯邦政府突襲了薛夫陀斯辦公室。

我會把這戲劇性的事件留在本書最後一章。

第十一章
拚命一擊

在專業領域裡，薛夫陀斯公司從涉足金融界開始就被視為入侵的不速之客。它對金融界的第一個「冒犯」是降低佣金比率，此舉惹惱了整個場外交易所。但是，隨著事情的發展，我們發現，我們把其他人的礦業生意真相講出來、讓他們噱不到大眾的錢，更是罪該萬死，場外交易所的震怒一點都不重要。薛夫陀斯有限公司已經訂了一項規則，就是對於任何促銷者或經紀人而言，在陳述的準確性上樹立良好聲譽是一項重要資產。為了獲得如此高的聲望，在進行全國性宣傳時都遵循了這一原則，也就是不管真相是否傷害或幫助了那些族群，在發佈有關任何上市或非上市證券價值的資訊時，始終都必須告知事實。《薛夫陀斯市場通訊》或《礦業金融新聞》新聞專欄中的空間，當然也是不給置入廣告的。

雖然這條規則的執行與通行的作法有很大的出入，但並沒有讓我們猶豫。我們掌握投機脈動已經很多年了，我知道它的規律，在損失了數十億美元後，大眾開始學到教訓。在華爾街，礦業股推廣者不分高低，仍然堅信「人每分鐘都有機會重生，人要死沒那麼容易」。但是我和我的同事不吃這一套，沒有受過良好教育的群眾，下場就是被數十間以大名鼎鼎、震天價響名人為後盾的企業毫不客氣地「修理」一番。投機者為真相而瘋狂，我們決定把真相給他們，我們直接給了他們。

這種宣傳策略，為薛夫陀斯公司惹來強大的敵人，使薛夫陀斯公司破產，但這個政策是正確的。我堅信，沒有什麼更好的方法可以增強報導所有有實績證券的需求。薛夫陀斯公司是將此原則作為經紀和促銷基礎的先行者，然而，在制訂這項政策的過程中，薛夫陀斯公司成了舊的老派促銷者其偏見和憤怒下的犧牲品。

開第一槍

薛夫陀斯公司在華爾街上市還不滿三個月，就差點大敗虧輸。薛夫陀斯公司憑著出色的礦產新聞，在公開市場上購買了近三十萬股羅海德聯盟股份，每股價格高達七十一美分。賣空股票的礦業股票經紀公司堅決反對這支股票，大量為拉下股價而進行操作的群眾，將大量借入股票扔進市場。薛夫陀斯公司全力迎擊，市場敵人發出了信件和電報，敦促股東出售股票，不過有個強大的集團仍一直在釋出大量股票。

薛夫陀斯公司發布了廣告，呼籲保證金交易者索取交付證書。這種權宜之計後來證明沒什麼實用性，經紀人不斷延宕交割給客戶，並出售和交割他們可以借用或轉手的所有股票。持續的出售終於嚴重侵蝕薛夫陀斯公司的現金儲備，迫使薛夫陀斯公司有一天不得不擱置這支股票，將市場留給了狙擊手。那天，在幾個小時內，大約五十萬股羅海德聯盟的股份，以三百萬股的資本轉手。薛夫陀斯公司被迫貸款，這迫使它向市場投放大量股票。股票價格大跌，這正是那些想要奪走我們利益的人最想看到的，他們以高利潤彌補了賣空。

在混戰中，薛夫陀斯公司標到了一間股票交易所，這家公司舉足輕重，該公司用一家鹽湖經紀公司的名義借到了錢，購買了五萬股羅海德聯盟股份，價值共計一萬兩千五百美元，這筆錢後來用來償還貸款。證券交易所的一位代表竟然表示，他的公司已將部分抵押股票借給了外地經紀人，他的說法真是令人毛骨悚然，而且他還要我們給他時間。在遭受可怕後果的威脅時，該證券交易所公司當天下午在公開市場上從我們那裡購回了股票以供應短缺，然後將這批股票交還給我們，以代替他們曾經交割的股票。貸款時，薛夫陀斯公司特別規定，證書必須完好無損，並且在有效使用貨幣貸款時，不得借出或出售股票。

薛夫陀斯公司在證券交易所的時間裡，這種事情是經常重複發生的。在其成立後的十九個月，B．H．薛夫陀斯公司花費了超過一百萬美元，用於面對「專家」的攻擊時對自己所催生或育成、並感到有道德責任的股票，提供忠誠的市場支持。

薛夫陀斯公司一次又一次地在交付給它的股票中發現，在公開市場上購買的股票，與抵押貸款經紀人質押的證書相同，可以作為貸款的抵押品，並且由它以特定條件為前提，即證書不得使用。它讓我們眼睛一亮，使我們看到場外交易所、甚至在證券交易所最常見的作法之一。在任何不洩露客戶證書的證券交易所或場外交易所中，這麼做幾乎都不會發生問題，這些證書最初是在不被「使用」的前提下，在其他公司的保險箱中質押的。

薛夫陀斯公司的宣傳力量針對華爾街的「放我們自由」推廣集團的第一個嚴重衝擊，在一九〇九年四月和五月由薛夫陀斯市場文宣於「內華達州─猶他州」礦山進行。

擁有控制權的集團不利地限制了財產的所有權，我們聽到了來自礦山底下的可怕吼聲。當時，「內華達州─猶他州」股票的價格約為三美元。《薛夫陀斯市場通訊》表示，該物產的市值可能不會達到三十美分。價格立即開始崩潰，從那以後一直在探底。今年九月初的股票報價為三十七．五美分至五十美分。

諸如此類的事實會啟發股東和大眾認真探究實際價值和狀況，這種前所未聞的啟示，與華爾街上早就等著噱人一筆的推廣人的計劃背道而馳。

因此，反對「內華達州─猶他州」的運動將廣泛大眾注意力轉移到了B．H．薛夫陀斯公司和《礦業金融新聞》上。

在「內華達州—猶他州」披露之後，薛夫陀斯公司和《礦業金融新聞》的《每日市場通訊》和《每週市場通訊》，以拉羅斯礦業公司搞出了一個不錯的、強勁有力的招數來制衡市場。拉羅斯資本額為七百五十萬美元，擁有「科包特」營地中最大的生產礦山之一。市場計劃正在制定中，以拉羅斯為媒介，W．B．湯普森以尼佩欣的名聲擔任主要操縱者。當價格達到八．五美元的「高價」時，我們喊停，為大眾節省了一大筆錢。在我們的操作下，股票價格跌至四美元，使其市值減少了六百七十五萬美元。這使W．B．湯普森及其同夥成為薛夫陀斯公司和我本人的不共戴天之敵。我們並不擔心，我們迎合了大眾的口味，的確，我們對自己的工作感到滿意。

發生此事件後，薛夫陀斯市場通訊和《礦業金融新聞》又重擊了一次礦業股票交易。W．B．湯普森和古根漢兄弟對這個交易同感興趣，這就是現在臭名昭著的「康柏蘭—伊萊—內華達集團」的合併。後來合併擴大，並加入了「猶他州銅業公司」，或更確切地說，「猶他州銅業公司」吸收了其他公司，薛夫陀斯的宣傳找到了另一個為內華達州合併後的股東提供優質服務的機會。

我們的襲擊損害了古根漢兄弟在全國各地投資者中的聲譽，並有助於降低他們對內華達州合併的龐大股票機構（六千多名男女）的影響。儘管最終取得了成功，但古根漢兄弟成了眾矢之的，受到大眾斥責。至於薛夫陀斯公司和《礦業金融新聞》，他們則進一步樹立了宣傳服務的公正口碑和價值。

一個市場計劃使「雷伊中央銅業公司」的股價飆升至其價值的幾倍。雷伊是一個寶貴的企業，我們對其進行了訓練，並對其進行了有效的聲勢拉抬。促銷者偷偷把手伸進大眾的錢包裡，這不是太意外的事情；但如果普羅大眾因為不知情而默認這種事情，那就另當別論了。在這一點上強打並加以宣傳，我們毫不手軟，這樣做使我們再次重擊了另一個擁有利害關係的單位——路易崧。

後來，《礦業金融新聞》和《薛夫陀斯市場通訊》披露了由路易崧控制的「克爾湖」進行的市場操縱，這仍然使這兩個組織的成員更受惠於這個強大的派系，並且更加緊密地鞏固了與掌權派之間的友好關係。

另一個路易崧的「後代」——基斯頓銅業，在場外交易所開始亮相，而「克爾湖」在其中扮演著重要的角色。「基斯頓」的交易是一件不引人注目的小事，但從單方面來看，卻是件非比尋常的事情。我把宣傳的探照燈對準了基斯頓。

出於投機者和投資者的利益，有關「內華達州—猶他州」、「拉羅斯」、「康伯蘭—伊萊—內華達州集團」、「猶他州銅礦」、「雷伊中央」和「克爾湖」的投機者和投資者的利益，薛夫陀斯市場通訊和《礦業金融新聞》披露的內容足以引起轟動，但引起轟動的絕不只有上面點到的幾間公司而已。一九〇九年那段時間，這種宣傳文章幾乎點到了所有重要的礦業公司，這些公司的股票都有在紐約場外交易所進行交易。這些內容披露的真相不時令人不快，觸及了華爾街許多高端公司的微妙敏感性，這些人似乎已經習慣了總是聽到好消息。

我們以為，他們對這種總是裹著糖衣的「飼料」的旺盛胃口似乎已經變得克制，甚至期待有所改變，但其實不是，真相總是令人反感，它干擾了礦業這個貴族產業，並削減了這場賭局的利潤。為了保持日常市場和礦山發展的紀錄，這些促銷人員刺破了許多充滿夢幻的彩虹氣球。他們經常在接觸大眾時，立刻針對促銷和物業背後真正的價值給出明確且明智的想法。市場價格如果代表了普遍的過度期待，我們就會把事實講出來。我們的目的是將投機活動的疑雲排開，腳踏實地。

在這項值得稱讚的努力中，我們與那些勢力強大的計畫唱反調。我們還違反了一些華爾街同行的粗俗不成文規定——「永遠不要教育傻瓜」。除了前面提過的內容外，我們的宣傳工作還導致了「第一國民」、「比尤特和紐約」、「三一銅業」、「米克麥克」、「俄亥俄州銅業」、「聯合銅業」、「戴維斯—戴利—蒙哥馬利—休休尼」、「戈德菲爾德集團」、「聯合分部」、「不列顛哥倫比亞」、「格蘭比」、「科包特中央」、「芝加哥地鐵」以及其他六十至八十個單位重新修正了他們的評價和市場價值。

我們宣傳服務的即時電報，讓古根漢兄弟、湯普森和路易崧等大集團的內部出現混亂，並擾亂了他們廣泛分佈的從屬關係、網路和盟友，包括約翰．海斯．哈蒙德、J．帕克．錢寧和E．P．厄爾；以及包括查爾斯．M．施瓦伯、E．C．康佛斯、B．M．巴魯奇、美國參議員喬治・S・尼克森、喬治・溫菲爾德、「胡立連恩公司」，以及許多其他紐約證券交易所，一群強大的公司律師事務所，一群有影響力的知名人士政治家，和場外交易所經紀人，這些人為「內線」執行操作而被養得肥滋滋的。銀行家則將礦業公司的現金餘額存入銀行，甚至是古根漢兄弟在阿拉斯加合資企業的合夥人摩根大通，據說也有一段時間正在思考將國內的一票銅業公司，與古根漢兄弟控制的核心公司合併。

伊萊中央的故事

面對股價不實膨脹的股票，薛夫陀斯公司和《礦業金融新聞》幫投機者設下了保護屏障，也因此受到了人們的歡迎。大眾省下了一大筆錢。

但是，這偉大的想法最終只為我們帶來一個負面的結果。有許多人轉而要求薛夫陀斯有限公司，必須將其追隨者帶進一個可以實際賺錢的股票。

薛夫陀斯公司迫切希望獲得真正高品位的銅礦開採點，它在「伊萊中央」發現了自己所尋找的東西。這個礦山被夾在內華達州集團的最佳地段之間，與吉魯接壤，並在內華達州伊萊的出色銅礦營地佔據著有利地位，而伊萊的誕生地可能是美國最大、成本最低的斑岩銅礦出產地。

薛夫陀斯有限公司入侵伊萊領土並作為股票促銷者，我們的宣傳工作肯定破壞了一大群人的利益，這簡直是不可原諒的罪行。我們進入了遊戲的核心，成為他們採礦業務中的一個令人不安的因素。

伊萊中央物業佔地四百九十英畝，幾年前，在採礦營早期，地質學家和開發人員將其移交給「內華達集團，吉魯和康伯蘭—伊萊」，因為它被認為有流紋岩的非礦化岩層覆蓋。隨著開發工作的進展以及周圍礦山的巨大價值被披露，持有人意識到之前那些人可能犯了一個錯誤，擁有伊萊中央物產可能會是一件好事。

土地對「內華達集團」公司尤其有價值——不為別的，這塊新的地產，可將他們已擁有的物產面積緊密結合。那些人做出的第二個錯誤判斷是，他們計劃用蒸汽鏟開採扁平銅礦體，因為蒸氣鏟是通往下層礦井唯一的實用手段，但他們偏偏忽略了伊萊中央礦產的價值——只有它的深度是可以用蒸汽鏟操作的。

調查內容透露，礦山開發所產生的有關鄰近礦產的證據，全都支持伊萊中央地區下方是有銅礦的。覆蓋伊萊中央的流紋岩是一種「流動」，它只是覆蓋了礦石，而不是從下面冒出來並切斷礦脈的溝。

為什麼此資產會閒置？調查顯示，「伊萊中央銅業公司」負債八萬九千美元，而為了該公司深部礦山開發而進行的恐嚇性籌資，最終也以失敗告終。一九〇七至〇八年的恐慌牽制了促銷者，他們無法繼續前進。

薛夫陀斯公司與擁有控制權的費比兄弟和O．A．透納進行了談判，以換取他們所擁有的伊萊中央公司的所有股票。談判過程中，一九〇九年七月上旬，我聽說古根漢兄弟和W．B．湯普森非常樂於得知薛夫陀斯公司即將為該公司融資的消息。他們貶低了物產的價值，因為潛在的購買者傾向於想要全盤翻新。

在我進入現場之前，費比兄弟發現自己遭到了持續不斷的神秘襲擊。他們的信譽在各個方面都受到攻擊，還發現自己的一舉一動都遭到了伏擊和干擾。他們被逼入一個不利境地，據信他們不堪其擾，可能會為了脫手伊萊中央的利益而接受任何可能得到的東西。命運就是這樣，薛夫陀斯公司在這要命的時刻參加了這場競賽。

總結一下，實際上薛夫陀斯公司簽約了一百六十萬股中的一百二十八萬〇五百七十一股，代表增加的總資本額為一百一十五萬八千九百一十六美元，或平均每股價格九十美分。支付所有款項的時間為九個月，規定的付款時間應定期商定。這種安排的直接效果是：債務和閒置的休眠資產變成了持續經營的企業，其良好前景有望很快成為一個公認的大型銅礦，並有保證的收入來支付深部礦山開發的費用。從公共利益的角度來看，它有望在伊萊地區實現大規模的發展，並有望與其他較早開發的礦山相媲美。

談判進行過程中，該股票以每股一美元的價格出售。在公開市場上由費城所出售的一大批股票，使價格突然回落至五十美分，薛夫陀斯公司在這個下跌的時刻購買了股票，並敦促其客戶照做，交易達成當天，市場價格上漲至七十五美分。在達成交易的整整六個星期之前，《薛夫陀斯市場通訊》和《礦業金融新聞》已開始呼籲大眾購買這支股票，薛夫陀斯組織並不貪婪，它願意讓公眾進入核心一窺究竟。而近三十萬股已發行股票，薛夫陀斯公司履行合約，並未拖欠。《市場通訊》和《礦業金融新聞》的讀者們崇拜彼此，一同探討美好的事物。我們提供的內容讓他們全都像是開竅了一樣。九月初，股價已上漲至一美元，薛夫陀斯的宣傳強烈支持該股票，但是它尚未充分發揮作用，這個礦坑仍在等待工程師的報告，確保礦源正確。

威廉．A．法瑞許上校被薛夫陀斯公司指派，為伊萊中央做出一份報告。他是一位具有多年經驗的採礦工程師，且在整個西部礦業界享有很高的聲譽。在法瑞許上校報導「內華達集團」礦產的幾年之前，他概述了目前用於恢復礦石的方法。但是法瑞許上校領先他的時代，他所代表的資本家和利益相關人，並沒有準備好要採用當時還不存在的方法，也不相信如此低品位的銅礦石可以帶來利潤，而且這裡距離最近的鐵路還要一百四十英里。後來，時間和條件發生了變化，設備齊全的鐵路連接了這一百四十英里的跨度。

法瑞許上校的意見證實了我們最真誠的期望。該報告指出，「伊萊中央」的礦產能力幾乎與「內華達集團」自身的礦產能力一樣大。根據這份九月份發表的報告，這個項目具有新的意義，於是「伊萊中央」進行開發，證明法瑞許上校在報告中指出的三千三百萬噸商業斑岩礦，很可能會在「伊萊中央」礦山的南部邊界之內發現。

這個潛力礦產使薛夫陀斯組織脫穎而出，我們也被可能的價值搞得眼花撩亂。我們想到自己所站的地面下方，有價值兩千五百萬至四千萬美元的礦山，於是立刻組織一場為整個生意籌集資金的運動，完全不浪費任何時間。由於薛夫陀斯公司沒有多名富翁的聯合支持，它也只能像其他數百名成功的促銷者一樣，公開向大眾募集資金。隨之而來的籌集資金宣傳運動，在報紙上佔用了數百個欄位，這可說是華爾街有史以來最壯觀的嘗試之一。

我對「伊萊中央」的優點深信不疑，這種信念並未因薛夫陀斯有限公司以及我本人所經歷的滄桑過去而有絲毫的黯淡。在短短的十三個月內，薛夫陀斯公司在礦山開發上花費了超過十五萬美元，在礦山和公司管理上花費了另外七萬五千美元。一九一〇年九月二十九日，政府對薛夫陀斯公司進行突襲使得進一步的開採停止時，「伊萊中央」礦山的開支在該年的九個月中平均每月超過一萬五千美元。工作日夜進行，我們正在盡一切努力在短時間內證明這座礦山。深入地下的岩心鑽已經顯示出深處有礦石存在，我可以肯定的是，再過一兩個月，在「內華達集團」其中一側的土地下方，地下氣鑽就會碰到數量和價值都很龐大的巨大礦體。

伊萊中央是一九〇九至一〇年紐約場外交易所最轟動的事件。我使用了非常成功的宣傳力量，以保護大眾免受那些採礦業千萬富翁毒狼的狂暴襲擊，並教育他們了解「伊萊中央」的投機可能性。

股價上漲了。九月一日至十月中旬，市場價格上漲至二·三至二·八美元。十月十三日，我們收到的建議是，「帝王豎井」已經開採了三〇%的銅礦石。「帝王豎井」是獨立運作的，它與「內華達集團」的主要礦體中間所夾的區域相去甚遠。我們非常高興，前景看起來異常光明，我們不再強烈建議我們的追隨者採取大膽、開放式的投機。

市場以最令人滿意的方式蓬勃發展。到十月二十六日，價格達到了三美元；十一月三日，每股價格來到四美元，三天後更是衝到四．二五美元。

當時，薛夫陀斯公司的宣傳工作費用約為每天一千美元，「伊萊中央」用於礦山開發的資金已採取最快速度支用。我們試圖以高於選擇權價格的利潤出售足夠的股票，以支付宣傳費用，為礦山提供資金並支付我們的選擇權付款，但我們做的也就這樣。我們並沒有做出任何大規模清算，這一事實反映在報價的上漲。

當伊萊中央的價格達到四美元時，薛夫陀斯公司將自己的價值訂在三百萬美元至四百萬美元之間。我有遠見卓識，在古根漢、路易崧和湯普森等集團面前炫耀一番，把他們帶上紐約的不夜街。擁有薛夫陀斯企業二五%股份的奈特．C．古德溫也有類似的看法，只是他的幻想是為明星演員打造一間全新劇院。

當「伊萊中央」的股票飛漲、整個投機界都在賺錢時，我們的宣傳部隊正忙著把嚴峻的事實帶回來，這個消息涉及「拉羅許」、「康柏蘭—伊萊—內華達州—猶他州」和其他強大的物業，我們的電池永遠不會停頓一下。各種各樣的利益集團正準備反擊，如果他們的行動是由一名將軍指揮，那麼他們就不可能與更多的利益共同體合作。有一天，天塌下來了，這個毀滅計劃是針對我們精心制訂的，目的是要徹底毀滅我們，我們能從中脫逃簡直是一個奇蹟。

十一月三日星期三，我們在紐約場外交易所的市場運作的結果是，當天我們很早就買進了多達八千股「伊萊中央」股票，平均價格為四美元。在同一天，我們的客戶訂購的股票幾乎是平時訂購量的兩倍。這向我們表明，場外交易所的賣出操作是專業的。這個情況沒有什麼特別，因為在場外交易所做生意的經紀人經常在市場上做跌。

次日，也就是星期四，薛夫陀斯公司再次被迫在場外交易所購買了超過七千六百股的超額銷售股票，而同一天，證券交易所客戶的買單和賣單比例超過一比三。現在，專業賣壓操作加上關於場外交易所的謠言流傳開來，兩者就像火焰的氣味一樣蔓延。這是薛夫陀斯公司面臨的某種可怕的麻煩，這些麻煩其中大部分來自某些平時表現疲軟、我們幾乎沒有關注的經紀公司。

隔天，即十一月五日星期五，專業的賣出操作平息了，薛夫陀斯公司當天在紐約證交所市場營運期間僅買進六千六百股股票。儘管如此，如此少量的股票購入卻絲毫沒有引起人們對薛夫陀斯陣營的懷疑，因為薛夫陀斯的客戶當天購買的股票數量，是平時訂購量的四倍以上，這只表明了大眾需求旺盛，以及專業人士的大量空頭。

不料接著發生了「礦區政變」。

對伊萊中央的攻擊

十一月六日是個星期六。那天早上的《紐約太陽報》編輯八成是在驚魂未定的狀態下刊登了對「伊萊中央」推廣活動的惡性攻擊。這次攻擊是根據一篇刊登在《工程與採礦雜誌》周刊的文章，該周刊發表這篇文章之前，文章先出現在《太陽報》上，而《太陽報》內部已經預先收到相關證明。「伊萊中央」項目被打成騙子，這個計畫中的每個人都被倒打一耙，而且我還被描繪成一個無原則和危險的人物，完全不可信任，這些消息此刻正吸引著成千上萬大眾的目光。據說，「伊萊中央」早期曾對伊萊礦坑進行過勘探，從採礦的角度來看，這個礦坑毫無價值。薛夫陀斯有限公司被指控冷血騙取投資者的金錢。

當我讀到《太陽報》的故事時，我人在瑪麗．安托內特酒店的公寓裡，時間是早上九點。薛夫陀斯公司在前三個交易日往市場裡砸了八萬五千美元，以抵禦那些專家的攻擊。

我打電話給薛夫陀斯辦公室，指示將四萬美元的保付支票寄給紐約證券交易所的瓦森曼兄弟，並發出訂單，在前一天下午收盤前以四又八分之一美元的價格購買伊萊中央一萬股股份，我們也分發給其他經紀人以相同價格購買一萬五千股以上股票的訂單。我認為授予瓦森曼兄弟的單筆訂單是很好的策略。他們無疑承擔著巨大責任的交易所，在我看來，他們在市場上作為買方的存在，會產生很好的滋補作用。

在兩個小時的會議中，我手持電話，從現場收到了五分鐘的報告，古德溫先生在我身邊。十一點五十分，經紀人報告說他們共購買了兩萬四千兩百二十五股股票，如果他們再購買六百七十五股股票，便完成了所有訂單，接下來取決於我自己決定是否提供進一步的支持。到那時，我的數據顯示，薛夫陀斯公司在四天之內砸了二十萬美元來持有該股票，而我開始有種「很可笑的感覺」。在周六場外交易所會議的最後幾分鐘，拋售停止了，我的擔心似乎沒有太多根據。

到了七號星期日，我的希望變得渺茫了。紐約所有報紙都不假辭色，以凌厲的口吻拿前一天《工程與採礦雜誌》刊出的權威性文章攻擊我們。我們收到的專電也指出，波士頓、芝加哥、洛杉磯和舊金山的報紙都在頭版上誇大其詞，說這是本世紀最令人震驚的礦業股醜聞。

到了星期一，全國都被這種感覺所籠罩。當然，那些我年輕時的往事（都是些家族瑣事）、早在我進入礦業股票推廣領域的十四年以前就發生的事情，通通被拖出來亮相。這讓故事看起來更真實。

看完週日報紙後，我掌握了這一步舉動的含義，並做好反擊的計畫。很明顯的，我們被挑出來攻擊，就是要獻頭的。如果我們再向市場提供進一步支持，我們似乎連萬分之一的抵抗機會也沒有。大眾手中大約有五十萬股「伊萊中央」的股票，而且如果沒有將近兩百萬美元的現金投入市場，我們就無法確定是否能讓這股流動維持下去。我們沒有那麼多錢，我個人並未放棄戰鬥，但是前景一片漆黑。

週日一整天，薛夫陀斯公司值得信賴的書記員都在處理帳簿，向客戶的「止損」訂單和「一直有效」訂單發出聲明。週一早上，報紙上刊登了有關《工程與採礦雜誌》提訊的後果報導。整個氣氛預示了災難即將到來。

戰鬥的爆發

我精心劃定了防線後，大膽走進了戰場。首先，薛夫陀斯有限公司與可靠的經紀人簽訂了書面訂單，以「止損」訂單和「一直有效」訂單上指定的價格出售股票。我們沒有發出出售內部股票的命令，還決定所有支持訂單要等到市場開放後才下，並且可以在某種程度上精準確定要銷售的股票量。

市場開盤前，我從辦公室的窗戶可以看到，一群擁擠的經紀人聚集在「伊萊中央」的專家周圍。儘管他們都非常沉默，但他們不斷在努力爭取位置，並感到緊張。很明顯，週日反薛夫陀斯報紙的宣傳激怒了「伊萊中央」的股東，並引發了一場恐慌性的清算運動，這場運動即將在各方發洩下爆炸開來。顯然，如果要守住今天，薛夫陀斯公司必須將所有資源備用。

市場開了，立刻有驚人的行動。數百隻手在空中瘋狂揮舞著，每個人都想賣，沒有人想買。人們的呼喊聲像是合唱，震耳欲聾，空氣中充斥著尖叫聲，幾個街區外都聽得到喧鬧。每家報社都有一個人現場報導，紐約證券交易所的經紀人紛紛離開崗位，來到這裡觀看這場大型展覽。證券交易所有一半的位置空了，大家紛紛過來目睹這場奇觀，每個人都益發清醒，對即將要發生的事情感到非常興奮。

如果向薛夫陀斯經紀人下達了以上週六的收盤價四又八分之一美元購買二十五萬股票的訂單，很顯然的他們將會無法控制市場。開盤價為四美元，股價隨後跌至三美元，在兩次交易之間，跌幅每次差不多都在二十五美分至五十美分之間，隨後價格又從三美元跌至兩美元。一萬股的股票瘋狂地投入交易的漩渦之中，場外交易所充滿了掙扎、尖叫、瘋狂的經紀人，每個交易者似乎都決心要粉碎市場結構。當股價跌至每股兩美元後跌勢稍緩，但空頭們又開始了猛烈的進攻，以賣出大量訂單獲得了信心。開盤後不到一個小時，股價就達到了每股一．五美元。在此關頭，薛夫陀斯位於「伊萊中央」的經紀人報告說，他已執行了託付給他的所有「止損」訂單和「一直有效」訂單，但有一萬九千股股票例外。

「薛夫陀斯公司會以一．五美元的價格把大批股票吃下來。」我說。

我以每股一．五美元的價格提供支持，而且我的確破例讓步了，儘管這個數字代表「伊萊中央」資本市值淨縮水超過三百萬美元，市場價值出現這種程度的縮水，是令人難以想像的。另一方面，報紙的騷動並沒有因交易所的暴力事件而緩和下來，股東簡直快要抽搐昏厥了，一定程度的嚴重跌幅是可以確定的，而我要保住每一美元。當時，薛夫陀斯在場外交易所以每股一．五美元出價，並且阻止了以散戶名義從同一來源進行的賣出動作，這可以看出，至少在目前，這種驅動力已經用盡了。現在的支持來自「空頭」，他們開始透過前幾天的賣空來兌現利潤，瘋狂的賣出轉變為瘋狂的買進。

此刻的場面是戲劇性的：在這一刻，各種驚人災難即將累積到最高峰。薛夫陀斯公司避免以自己名義拋售，這不僅違反了紐約場邊交易所的規定，還違反了紐約證券交易所的一項神聖規則和特權。在這兩個市場中，這麼做都是慣例，經紀人可以提前獲得關於即將發生的災難消息，將進入市場的大眾擊潰，並先發制人走出自己的路線，讓客戶回去吃自己。

透過將股票靈活地餵給逢低買入者和「空頭」、並在其他時刻買進受驚嚇的持有人拋售的股票，薛夫陀斯公司得以支持該市場。到了當天下午，收盤價為每股兩美元，當天，薛夫陀斯公司的「伊萊中央」於場外交易所中的現金損失為六萬美元，看來我們還需要新的犧牲好穩定市場。

第二天，也就是星期二，各日報掀起了更多的侮辱和攻擊。「伊萊中央」的市場崩盤，同時禁止向大眾公開，這又是「伊萊中央」是個大膽包天騙局的例證。對市場中股票的突擊檢查又重新開始，隨後發生的約翰斯敦清算，又像大洪水一般襲來，波動十分劇烈。開盤價為兩美元，隨後被迫降至一美元，此後又反彈至兩美元，但這水勢不會平息，股票再次受到衝擊，後來收在每股一美元。為了應付即將來臨的緊急情況，薛夫陀斯有限公司不得不以唯一的方式加強其現金儲備：它被迫將其很大一部分證券儲備轉換為現金，並且不得不在下跌的市場上出售。膽怯的客戶撤回了許多買單，並進一步要求薛夫陀斯公司為羅海德聯盟和波瓦德集團（其他它在市場上支持的股票）提供穩定性。薛夫陀斯公司持有股票的經紀人要求他們提供貸款，瘋狂地要求薛夫陀斯公司提供以前用高價購買的股票作為抵押。不斷來襲的金融衝擊，無疑會使薛夫陀斯的大船沉沒，但事實上我們已在千鈞一髮之際做了備案，測量了我們接下來能走（但又不會走向極端）的距離，並且一直保持著反擊的力道。

這個激動人心的一天，至少有件事情令我們非常寬慰，那就是我們的朋友們鼎力相助的方式。來自各方加諸我們身上的各種壓倒性攻擊的毒液，使許多大眾轉而相信我們是特別被針對的受害者，有些正人君子很自然地站出來告訴大眾他們對我們的信任。

這波攻擊於週三終止。「伊萊中央」從前一天的收盤價八分之七美元，恢復至一又四分之三美元，並以一又二分之一美元的供應價格收盤。大眾喊價則來到了一又八分之五美元。

我們的辦公室整天都擠滿了報紙記者和臉色蒼白的激動顧客。在交戰的喧囂中，我們的客戶感到無助。他們唯一能做的就是待在戰鬥中，隨時做好心理準備，觀察事態發展。當我在一天的市場結束時，登上薛夫陀斯客戶交易室裡的講台，發出勝利的歡呼聲並在黑板上寫下以下內容時，我感到非常驕傲：

「我們沒有結清任何一個保證金帳戶！我們還扛著大家！」

隨後的場面溫暖了我的心。我完全被大家「圍毆」了，但他們是友善的「暴徒」。我們都經歷了一段充滿歡樂的時光，在三天的危機中倖存下來，將客戶的損失降到最低，並且沒有犧牲任何一個保證金帳戶，這是一個指標成就，我懷疑華爾街歷史上到底有沒有很多這類案例。

我們從外地客戶那裡收到了數十封電報，他們紛紛回報消息，表示自己的保證金得到喘息。其中一條電報是：

您真會應對多變的生意潮流。您的高貴行動值得我們在薛夫陀斯宮發二十一響禮炮。

另一條內容是這樣的：

整個情況都因為您的操作得到滋潤。這是個大快人心、高潮迭起的操作。恭喜您成功倖存。

還有數百封類似的信件湧入我們辦公室，其中許多來自伊萊礦坑，那裡地面上的礦業人員持有大批股票。

週四，這支股票以一又四分之三美元收盤；週五，它的價格上漲到了一又八分之七美元，而且停在這個數字。

薛夫陀斯組織現在開始才鬆了第一口氣。不分敵友，所有人都對我們的公司能夠倖存感到驚訝。我們守住我們的堡壘，但也付出了慘重的代價。

我忙於指揮宣傳相關事宜。我們透過《市場通訊》和《礦業金融新聞》，講述了這場戰役的慘澹過程。

一九〇九年十一月十三日，薛夫陀斯公司的《市場通訊》花了二十四個新聞欄位討論了這次襲擊的故事。

古根漢管理的「內華達集團」，對於《工程與採礦雜誌》報導突襲的新聞感到高興。背後的原因我終於了解了：在這次攻擊中，《工程與採礦雜誌》表示「內華達集團」在「伊萊中央」附近修建的兩個鑽孔未能開採出超過〇・九％的銅礦，因此這篇文章表示這裡的商業等級偏低。（在稍晚的一九一一年十月，他們正在「內華達集團」的蒸汽鏟坑中開採礦石，這裡產銅率平均不會超過〇・八％，他們將這些銅運送到二十多英里之外的選礦廠，並以此牟取暴利，但這不是重點。）國際知名的工程師對來自伊萊的薛夫陀斯公司發了如下電報：

《工程與採礦雜誌》文章中提到的兩個鑽孔，直到上週才完成。其結果肯定已經以電報發到紐約了。

由於地表塌陷，這些鑽孔給他們帶來了很大的麻煩。我聽說鑽探廠商說，他們因此停工，並待在礦石底部。無論如何，這並不代表附近絕對沒有能賣錢的礦石。這種情況經常發生。

我可以寫一本書來回應《工程與採礦雜誌》，證實他們的陳述完全毫無根據，但礙於篇幅我只能說個大概。

查爾斯．S．赫茲格受產權人雇用，進行保密報告。赫茲格先生的報告後來由一位知名度很高的銅礦地質學家沃爾特．哈維．韋德博士核對，他曾是美國地質調查局的主要專家之一，並且經常為《工程與採礦雜誌》撰稿。沃爾特．哈維．韋德博士用下面的方式與伊萊的C．L．康斯坦特冶金和採礦公司聯繫：

經過最徹底的檢查後，我認為「伊萊中央」物業南方被流紋岩所覆蓋。地質證據表明，斑岩從氣鏟坑向東延伸（通過伊萊中央），在浸出帶之下極有可能含有商業礦石。有條清晰明確的強斷層將蒸汽鏟礦石與流紋岩區分開，而且該斷層可能會因溶液濃度下降而帶有與來源處接近的閃銅礦（也就是非常高級的銅礦）。「伊萊中央」石灰岩區域的帶鐵碧玉礦，有望像在吉魯一樣，為「伊萊中央」帶來極深的礦藏。

《工程與採礦雜誌》在文中說，「伊萊中央」北部展示出該地區的阿克圖魯斯石灰岩。它說，這個石灰岩各處都幾乎沒有礦化，但是該地區的歷史上從來沒有獲得任何有利潤的結果。與此相反的是，法瑞許、赫茲格和韋德工程師報告說，「伊萊中央」上的石灰岩地區可能顯示出礦物的存在。事實上，「伊萊中央」的鄰居吉魯穿過且浸沒在這塊石灰岩中，而且開鑿出有史以來最豐富的銅礦體之一。

《工程與採礦雜誌》說，薛夫陀斯公司為了告訴大眾位於「內華達集團」的兩個大礦山之間的「伊萊中央」地區可能存在高級礦石，正在不斷欺騙大眾。但法瑞許、赫茲格和韋德三位先生的報告不僅支持這種可能性，而且現在還有一個普遍接受的事實，就是除非所有已知的地質跡象具有欺騙性，否則「伊萊中央」這片領域是確實擁有礦石的。理查德．T．皮爾斯工程師於一九一一年九月「伊萊中央」改組委員會所做的一份報告表示，在尤里卡（Eureka）東南端，「將發現一千三百英尺乘一千九百英尺的區域。包含礦化斑岩，並有合理保證其中蘊含商業礦石。」

赫茲格先生在檢查了「伊萊中央」物業後，從伊萊發出的第一封電報就是這樣：

> 毫無疑問，斑岩富集後，流紋岩沉積在伊萊中央之中。幾英尺厚的壓碎礦化斑岩—流紋岩礦石，表明了限制內華達固結坑內流紋岩的斷層，這是斑岩在斷層之前富集的積極證據。我認為，公司擁有的石灰岩和接觸區具有巨大的潛在價值，這些指示在各個方面都與比斯比（Bisbee）綠松石類似。在「伊萊中央」的「快艇」和「帝王」物業中，曾遇到過豐富的碳酸鹽礦石，我期待著在這些地方看到大型的礦體。

這兩位工程師的報告（文長千字）證實了這些信息。

查爾斯·S·赫茲格的態度可能最能使我相信《工程與礦業雜誌》對「伊萊中央」礦產的聲明極為不準確。他是我的好兄弟。

在《工程與採礦雜誌》發動襲擊的這三十天之前，我有十五年沒看過他了。他畢業於哥倫比亞礦業學院，在此期間，他對南非、埃及、澳洲、東印度群島、西伯利亞、加拿大、墨西哥、中美洲、南美和美國以及每個歐洲國家的採礦資產，以及一些世界上最大金融家的利益進行了調查。這些專業的檢查涵蓋了金、銀、銅、鉛、鋅、煤和其他礦物的礦床。在工程界，他被公認為專家，而且他從未失敗過，絕對是個貨真價實的工程師和礦體估價師。

我聽到現代學派出身的工程師對法瑞許報告的一些批評，其中指出，法瑞許上校沒有為他的所有推論提供科學理由。我問了C·L·康斯坦特公司成員W·莫達克·威利上尉（他當時是化驗師、冶金學家和採礦工程師），他是否可以誘使我的兄弟進行檢查。我本人並未接觸查爾斯，因為我們的關係已經疏遠了，就是，當他缺席多年後從歐洲回來時，甚至沒有來看過我。威利上尉安排在工程師俱樂部開會，我去了那裡，大家圍著桌子，並由威利上尉正式將我介紹給我的兄弟。

「您將如何對伊萊中央進行報告？」我用實事求是的方式問這位陌生人。

「報告的目的是什麼？」

我回答說：「薛夫陀斯公司希望獲得機密的專家信息，像是您有資格就物業的價值和前景給出資訊。」

「我會拿五千美元，」他說，「但只限於一種情況，我要去伊萊區和雷伊區向英國資本家匯報，我可以同時帶走你的財產。我的報告不予發表，我保留口頭報告而非書面報告的權利。如果您真的想知道我對這個物產的看法，我很願意對其進行仔細的檢查並告知您。由於您正在進行股票市場活動，如果我的報告令人滿意、但您的想法是利用這個報告推動市場行銷，那麼我不會接受您的報價。」

經過一番討價還價，交易達成了。幾天後，赫茲格先生收到了薛夫陀斯公司支付的兩千五百美元，以及一張旅行支票。他去了伊萊。

星期六早晨，《紐約太陽報》引述了《工程與採礦雜誌》猛烈攻擊的節錄，因此我給我的兄弟發了如下電報：

《工程與採礦雜誌》對「伊萊中央」進行野蠻的攻擊。如果您對此物產的報告是有利的，我拜託您以電報方式發給我們，我們需要用來回應攻擊。

一個小時後，我又補了另一條電報，告訴他不要用電報發任何報告。我提出，因為他是我的兄弟，所以我想對他說真話：既然那些抹黑攻擊已經刊出了，我們的回擊可能於事無補，而且以他的專業來證明《工程與採礦雜誌》對礦山報導的不合格，可能只會對他自己造成專業上的損害。他向W．莫達克．威利隊長傳送的電報就是他的回應，此前他也說明了「伊萊中央」擁有礦石的地質原因；此後沃爾特．哈維．韋德博士在消息中也充分證實了這點。赫茲格先生在伊萊發給威利上尉的一封信中確認了這個消息，我擁有正本信函。赫茲格說：

我對這個物業有著很高的評價。我認為這會是個豐富的礦山，在這個情況下，我願意為你破例一次。

當天，他給威利隊長發了電報，以自己的名義用市場價格購買了兩千五百股「伊萊中央」股份，這個訂單透過薛夫陀斯公司執行。

《工程與採礦雜誌》的編輯英格斯和我的兄弟也認識了許多年。我的兄弟剛踏入礦業界時就被路易崧、古根漢和阿納康達銅業公司聘用，後來被更高等級的礦山經營者挖角，遠赴歐洲、澳洲和印度等地。如果《工程與採礦雜誌》對「伊萊中央」的論述被認為很可信，那麼他無私而勇敢地做出自己的承諾時，他的名聲只會被汙衊。這種情況下，他與我的關係將被視為不誠實的鐵證，這對他來說似乎很糟糕。但不管哪種情況，他都選擇介入，這點令我感到滿意，《工程與採礦雜誌》的攻擊是不正當的。

丟進敵營的震撼彈

薛夫陀斯公司一拿到沃爾特・哈維・韋德博士確鑿報告的副本（這位偉大的銅礦地質學家將報告提交給C・L・康斯坦斯公司），就立刻對《工程與採礦雜誌》提起了誹謗訴訟，要求賠償七十五萬美元。同時，薛夫陀斯先生另外以自己的名義提起了十萬美元賠償的訴訟。

薛夫陀斯針對《工程與採礦雜誌》提出誹謗訴訟，無疑是一顆震撼彈。這是向我們的敵人正式發出通知，我們不願意自願淪為邪惡敵對行為的受害者。我們決心走本來的路，並且絲毫不減弱我們的廣泛且開放的宣傳手段。大家也注意到，我們依舊向大眾建議針對「伊萊中央」進行交易。

在我們顯然打算繼續戰鬥之後，有一天已故的警方稽查員麥卡費蒂公開拜訪了薛夫陀斯辦公室，並對我們進行了詳細檢查。這位警察以欺人太甚的態度告訴我們，他非常厭惡我們，他應該用這樣的態度去拜訪真正騙子所在的老巢，這樣他的舉止就可說是恰如其份。麥卡費蒂先生並未具體說明他到底要什麼，也沒有精確說明他希望找到什麼。他只是向我們表明，他會特別注意我們，而且他隨時準備伺候我們。他在辦公室各處皺著眉頭走來走去，對我們的公司進行了語意模糊的威脅。

那天深夜，我得知稽查員甚至入侵了我的合夥人奈特・C・古德溫的客廳，古德溫發表了下面的言論：

「你們這些人到底想幹什麼？你想對我們提出什麼建議？你認為我們被你們打成大壞蛋、被報紙抹黑成窮凶惡極，還會袖手旁觀什麼都不管嗎？你以為我們是傻瓜、瘋子，還是什麼？我想讓你了解，你們這些人簡直是神經病。去忙些正經事吧，否則明天警察會來找你們的！」

我告訴古德溫先生，我們的敵人顯然策動了稽查員，讓稽查員也跟著喪心病狂，但我不認為這會有什麼其他後果。我們是受害者而非始作俑者，除非美國成了另一個俄羅斯，不然其實什麼都不會發生的。

我答應古德溫先生，將會立刻處理這件事，絕不拖延。我將有關報紙攻擊的所有事實帶去拜訪一位仕紳，把這些通通攤在他面前，他答應立即親自向稽查員或其上司傳達消息。他照作了，在那之後，一切便風平浪靜。

《工程與採礦雜誌》的律師向薛夫陀斯公司的客戶發表聲明，說他們在「伊萊中央」的股價從四美元跌至一．五美元的過程中損失了資金。他們在信中呼籲這些客戶提供完整的事實陳述，並提議可以提供他們服務且不收取任何費用。

這個信函已發送給大量客戶，其中許多人收到以後只是轉寄給我們。而在某些情況下，已經在《工程與採礦雜誌》上讀到這個攻擊事件、或在流傳各地的日報中看到關於這個事件描述的客戶，就已經提出投訴，根本不用等到這些律師來信引誘。

總體而言，對於《工程與採礦雜誌》的律師來說，這次釣魚探險是一次艱鉅但失望的嘗試。一月和二月，紐約郵局將發公開信給《薛夫陀斯每週市場通訊》的讀者，詢問我們的業務是否令人滿意——這種詢問方式常常發生在某間公司被調查的時候。有大概幾十個客人把這些信件轉寄給我們，並附上評論說「顯然有人在盯著我們。」這樣的查詢被認為會對任何從事準銀行業務的公司的聲譽和地位造成嚴重損害。我們的律師向郵局紐約分部的督察邁耶申訴，表示這樣做是不公正的。但是，事後我們發現調查並未停止，郵局一直繼續進行搜查，直到查不到什麼結果才放棄。

接著登場的是在我們對《工程與採礦雜誌》提出誹謗訴訟後為其辯護的一位律師。他打電話給薛夫陀斯辦公室，並要求薛夫陀斯先生提供有關一位芝加哥的先生C．H．史雷克的資訊，薛夫陀斯得知了這個訊息。事情是這樣的，這位史雷克先生以每股十美分的價格購買了五萬股波瓦德集團股份，並以現金支付，史雷克先生又以每股十四又四分之一美元和十四又四分之三美元的價格購買了十萬股；但史雷克先生在市場價格跌至低於購買價之後拒絕付款，原因是交割延遲。

交割延遲是個意外，實際上薛夫陀斯公司擁有這支股票多達兩百萬股或更多，本來可以早些時候進行交割，但事實是，「伊萊中央」遭到輿論攻擊讓文書工作大增，所有事情都被耽誤了。對於史雷克先生，我們實在找不到太多合理的藉口幫他辯護，因為他可以隨時訂購已售出的股票，不管交割與否。史雷克交易案在這裡被放大了，因為後來，當薛夫陀斯公司受到司法部特工的突襲時，這個交易案被特工視為Ｂ．Ｈ．薛夫陀斯公司犯罪的證據。

薛夫陀斯先生還被要求針對另一起案件提供詳細資訊，是住在百老匯二十五號足科醫生Ｄ．Ｊ．史區曼斯基的案件。薛夫陀斯先生曾呼籲醫生在升值前以七十五美分的價格購買「伊萊中央」。後來，股價節節上升到超過三美元時，醫生透過薛夫陀斯公司購買了一些股票。當價格達到四美元時，我們勸他套利，但他拒絕。等到我們遭到攻擊、價格嚴重下跌時，醫生發現自己蒙受巨大的損失。

他打電話到薛夫陀斯的辦公室，懇求歸還他在「伊萊中央」投機中損失的錢。

這些調查啟動以前，經紀人同行不斷聽到風聲，這給薛夫陀斯公司負責的股票帶來了很大的市場壓力。我們並不感到沮喪，為了加強我們的地位，並釋出更多的誠意，我們增加了礦山的開發業務。我意識到，要從採礦的角度自救，只能盡快讓「伊萊中央」重回正軌，畢竟這場攻擊讓我們的開支暴增，影響我們在地下勘探的能耐。我們知道礦石還在那裡，只有我們能決定，是不是能趕在敵人來襲以前得到它。

謠傳政府也要插手

六月下旬，蔚藍的天空捎了封消息到薛夫陀斯辦公室。一位《紐約美國人報》記者說，他在城內編輯的工作筆記本中看到一份備忘錄，上面說要提防美國政府對薛夫陀斯的突襲。這個消息來源可靠，使我們相當震驚。然而，美國這樣的強大的政府力量，竟能被用來打擊我們、還不給我們舉辦聽證會，這似乎還是很難令人置信。

為了安全起見，薛夫陀斯先生在一位聲譽卓著的律師陪同下訪問了華盛頓。他們直接去了司法部，司法部長威克瑟姆的私人秘書在與他們友善交談後，將他們轉介給首席書記。書記花了二十五分鐘的時間翻閱紀錄，然後表示沒有對B．H．薛夫陀斯公司提出的指控。他甚至自陳，他根本不知道有這間公司存在。

事後我們才知道，薛夫陀斯先生和律師在司法部的當下，有一項特別的秘密調查正在進行，發起人是檢察長威克瑟姆的私人助理、一名年輕的華盛頓律師，以及另一名司法部特工。後者被賦予了司法部特工的特殊權力，表面上的任務是要「整頓華爾街」。

薛夫陀斯斯先生和顧問對他們沒有被特別針對感到滿意，離開了郵局總檢察長辦公室。他們被轉介給首席督察夏普，律師要求該部門在對收到任何投訴並採取任何行動之前，應先對薛夫陀斯公司進行聽證。夏普先生同意這一點，但前提是律師應同意隨時允許檢查薛夫陀斯公司的帳簿。律師馬上同意，相關的備忘錄也留給夏普督察當作備份。

薛夫陀斯先生得到不會立即作出判決的肯定保證後，離開了司法部。B．H．薛夫陀斯公司的私人顧問、內華達州的艾德蒙．R．道奇隨後寫信給美國參議員紐蘭茲，要求他直接與郵政局長聯繫。

紐蘭茲參議員在七月二日前寫信給道奇先生說，他已經寫信給郵政局長，要求在對薛夫陀斯公司提出任何投訴或提供訊息的情況下，務必通知道奇先生。幾天後，紐蘭茲參議員給道奇先生發了一封來自郵政局代理首席督察西奧多·英格斯的信，英格斯先生在信中說，該部門在涉嫌出於欺詐目的使用郵件的情況才啟動調查。如果部門接到指控要展開調查並考慮採取不利行動，則被告可以有充分的機會親自或透過律師進行聆訊。

我感覺我們的公司已經得到了安全的保護、足以防範那些意外事件以後，決定前往內華達州，那裡有緊急的事務需要我操心。我人在西部時，收到電報，內容說百老匯大街上的一家主要郵購礦業股票私人交易所正被信件淹沒，並瘋狂發電報給我們旗下礦山之一的羅海德聯盟股東，緊急呼籲他們出售股票，因為股票價格即將狂跌。有了前車之鑑，我從雷諾以電報下達命令，重提《礦業金融新聞》事件，要求東部的大家保持警惕，以應付猛攻。

由於我按月付款購買「巨象分部」公司的控制權，我的西部之旅為投資者賺了一大筆錢，股票價格在市場上增長了兩倍。我重新進入戈德菲爾德營地一事，對尼克森—溫菲爾德的利益可說是一大威脅。我離開戈德菲爾德之前，已經得到確實警告，沙利文信託公司遭受的報復將在薛夫陀斯公司身上重新上演，因為我「竟敢回來戈德菲爾德地區搗亂」。

八月下旬，薛夫陀斯公司經歷了可能是自成立以來遭受到最嚴重的壓力。我們一直在英勇地努力，以提高紐約場外交易所的主打礦山股價，但遇到了來自專業人士的異常抵抗。在我敘述的這段時間裡，「伊萊中央」的最低報價為六十二．五美分，我們成功將其升值至一美元左右。一直以來，我們的銷售都相當旺盛。一天發生的股票交付是如此之快，以至於三個在「籠子」裡工作的出納員跟不上交易的進度。我們公司的業務在一般上市股票和經紀人專家股票當中都很重要，當天我們原本手頭上有足夠資金來支付所有交易費用，但其實並不盡然，因為我們在銀行中存入的錢，是靠著我們的出納員快速且同步的收放款才達到的。

下午約兩點，有份報告來到場外交易所，報告指出B．H．薛夫陀斯公司的銀行支票沒有得到及時認證。隨著這一謠言的盛行，場外交易所的群情開始激憤，場外交易所得出的結論是，我們終於被「搞垮了」。各路人群開始在辦公室前聚集，經紀人激烈的叫喊聲不絕於耳，他們出價並向薛夫陀斯提供低於其票面價值的支票。華爾街上湧進大批人潮，圍在我們的大樓前。

有一兩個非常頑強的敵人，他們反覆領導市場對薛夫陀斯股票進行猛攻，向薛夫陀斯開出了低至五十美分的小額支票。這些被我們的朋友全數認購，他們已經得到保證，認定我們的財務狀況還可以，他們認為肯定是銀行出了什麼差錯。

調查顯示，消息延誤是造成銀行認證延遲的原因，我們的存款沒有及時抵達銀行。那天下午對我們特別有利，儘管門前有大批騷動，但銀行仍繼續對支票進行認證直到下午三點半，關門時間還延長了三十分鐘。然後他們報告說，我們手頭尚有可觀的現金餘額。

第二天早上，報紙開始大肆宣傳。從第一版到最後一版，各種雙引線標題描述著令人頭痛的故事，迎接了每個紐約人的早餐時光，講述了場外交易所經紀人在前一天下午出售薛夫陀斯支票時的恐慌。這樣糟糕的名聲，絕對會對薛夫陀斯公司造成最大的傷害，就連紐約最強韌的銀行都出現了這種壞消息——就算是比我們的消息還好一點的壞消息，這間銀行也肯定在當天中午以前就會被迫關門。

我暫時還沒低估我們處境的危險。在一天的時間內，除了現金儲備，我還設法籌集了五萬美元，並承諾還有更多需要的話我會張羅，使得我們輕易守住了城池。在一天工作結束後，我出現在薛夫陀斯董事會會議室，在報社記者們面前擺了幾張一千美元的鈔票，這個動作成功轉移了大家的注意力。新聞記者們發現，薛夫陀斯公司滿足了所有要求，而且董事會會議結束時，我手裡還拿著一捆未存款的錢。

但壓力還是很大。大眾信心再次受損，許多客戶退縮了，我們被迫出售過去累積下來，但目前虧損的股票來減輕負荷。「伊萊中央」和其他薛夫陀斯促銷礦山的價格也下降了，其他場外交易股普遍疲軟，更助長了跌勢。

夠怪的是，在「伊萊中央」股票市場最低迷的時候、也就是九月下旬，薛夫陀斯公司接受這個礦山後的十四個月，發布的礦山報告是最有利的。地下開發工作和攪動鑽探的進行，打消了我們對礦化斑岩是否位於流紋岩冠層之下、或從「內華達集團」的蒸汽鏟坑向東延伸至「伊萊中央」地面流動的疑問。為了進行這次展示，我們已支付了高達二十四萬美元的行政管理費、礦山設備費和礦工工資。

薛夫陀斯公司現在被告知，「內華達集團」實際上是在對「伊萊中央」的「杜松」礦山意淫入侵，想用他們巨大的蒸汽鏟坑挖出較低品位的礦石。「內華達集團」很快就得到書面警告，不得進行這種做法。九月二十五日，「伊利中央銅業公司」的律師從內華達州法院獲得了一項命令，禁止「內華達集團」繼續進行這種侵入，並援引其理由說明為什麼不是停止「內華達集團」入侵其他「伊萊中央」的土地。律師向紐約發電報說，在強制令生效之前，必須有保證書。九月二十七日和二十八日，紐約的「伊萊中央」辦事處與該公司位於雷諾的內華達州律師通了電報，為證券提供保證書。

但最終證券沒有得到認證。一場浩劫席捲了我們，並撼動了B．H．薛夫陀斯公司及其所有雄心勃勃的計劃。

從《工程與採礦雜誌》發動襲擊之日起，薛夫陀斯公司一直處於動蕩之中，這使得薛夫陀斯公司無法控制「伊萊中央」和羅海德聯盟的市場。信貸減損、資金緊縮和市場普遍下滑則是次要原因。但是還有另一個重要因素，由於選擇權的時限，薛夫陀斯公司被迫不時以實際上虧損的價格向市場投放股票。

不過它倒是有一個市場贏家，它為客戶和公司本身帶來了巨額利潤，那就是「巨象分部」。

我持有該股票約四十五萬股的選擇權，平均價格為三十五美分，我已將該些股份交給了公司，市場價格上升到每股七十美分。那筆交易開始時，在「伊萊中央」採用了前述策略後，薛夫陀斯公司敦促所有客戶在我於戈德菲爾德進行選擇權談判時購買「巨象分部」，結果是我們市場文宣的讀者在公開市場上以二十五美分以上的價格收購，而且紛紛獲利。

隨著價格的飆升，舊金山和紐約的經紀人產生了十五萬股「巨象分部」的短期權益，並且從借貸的股票需求中可以明顯看出，短期權益無法彌補我們的付款期限。薛夫陀斯公司正在準備把像是在場外交易所妥善管理的空頭客通通「擠出去」。然而，在勝利的那一刻，當我們準備用「巨象分部」在舊金山和紐約市場執行一場壯觀的市場政變時，我們陷入困境，而且毫無預警地徹底破產。

B・H・薛夫陀斯公司遭到突襲

一九一〇年九月二十九日，薛夫陀斯整個結構遭到的破壞已經達到了頂點。我站在薛夫陀斯辦公室前端，看著市場上的薛夫陀斯的主力礦業股。一位與舊金山有聯繫的經紀人以六十八美分的價格競購一萬股「巨象分部」，我及時拒絕了。就在那一刻，我的注意力被我身後一扇被摔上門的動作所吸引。我回頭去看一位站在我身邊的薛夫陀斯員工時，我赫然發現，不知不覺中待客廳擠滿了許多陌生人。我試圖進去，但門上鎖了，毫無疑問地，有些嚴重的事情正在悄悄發生。我沿著走廊走了整整一個街區，到達了《礦業金融新聞》辦公大樓位於新街的入口，他們與薛夫陀斯公司的辦公室相鄰。我嘗試開門進去，結果也差不多，我被拒於門外。

事情就是這樣。我得出的結論是，敵人的斧頭終於劈了下來。

當我意識到我們的辦公室遭到政府突襲，雖然很震驚但並完全沒有令我失去理智，也沒有使我心生恐懼，憤怒也沒有影響到我。當時只有一個令我感到噁心欲吐的想法：我和我的同事們幾個月下來日以繼夜建立的基業將成為一片廢墟，以及那些命運未卜、將錢投資在我們所推廣公司上的客戶。

三秒鐘內，我就出發上路，前往我認為可以成功挽回命運的地方：薛夫陀斯律師辦公室。我穿過馬路，到達由百老匯延伸到新街的建築物入口，緩緩穿過百老匯一側，跳上一台計程車，坐了三個街區到百老匯和雪松街，衝進電梯，幾分鐘後我就進入了「豪斯—葛羅斯曼—佛豪斯」聯合律師事務所的辦公室。

「去薛夫陀斯辦公室，快！」我說，「我認為我們正被突襲。」

律師事務所馬上就有兩名成員上路。突襲者進入辦公室後十分鐘內，律師就到達現場。他們被擋在門外，只好不甘願地在門外等到囚犯被帶出為止。

律師離開他們的辦公室那一刻，我就開始打電話為那些被捕的人提供保釋。我發現我有必要親自去一趟，所以我離開了律師事務所，然後走到百老匯。警察巡邏車傳來叮噹的聲響，吸引了我的注意力。巡邏車駛過我眼前的道路時，我可以看到我的同伴擠在俗稱「黑色瑪利亞」的囚車裡面，步上前往監獄的路。

眼下，我對正在發生的一切完全失去了感覺，也被倖免於難、卻又不知所措的喜悅之情所征服。不過，那種高估情況嚴重性的第一時間偏見很快就消失了。我冷靜下來，想到我的同事們遇到了麻煩，理應由我來幫助他們。我知道我還自由，如果沒有馬上投降的話，我還能為我的朋友和我自己做更多事情。

我回去律師辦公室並留在裡面。一直以來，這種想法從未浮現在我的腦海：我們在無所不用其極地用各種方式欺騙他人，或者我們犯了任何違反法律或正義行為規則的罪行；反而是有另一種想法不斷盤據在我腦海，侵蝕我的精力：有人把這個惡名冠在我們頭上，要不要組織反抗、對付這可惡的暴行，取決於我自己的決定。

薛夫陀斯律師試圖進入薛夫陀斯公司。門的另一端，據說薛夫陀斯公司的員工和主管不斷為自己辯解。我實在無法想像，溫柔的讀者，你絕對想不到我所描述的現實是可能的。司法部特工帶著授予逮捕、扣押、搜查和沒收權利的手令，已從當地警察總部獲得了一組十五名全副武裝的便衣警察小隊。

進入薛夫陀斯營業所後，大門被鎖上，出口也被封閉。然後，侵略者的主力控制了前廳，其他人則由後室進行搜查，並瘋狂地命令所有人留在原處不准動，直到他們允許放行才能離開。這個場所裡的所有人都被扣押，包括在其門口被發現的每一個人。特工用盡全力壓制每個人，而且用清晰的話語告知他在這裡擁有最高指揮權。他把警衛留在前廳，自己走進電報亭，裡面有兩三個操作員坐在桌子旁。

特工將左輪手槍槍口壓在首席接線員沃特．坎伯（一個安靜溫馴的人）面前，威脅他：

「切斷連接！」

坎伯先生起初沒有看見槍，因為槍正好在他視線的死角。當他終於看到槍時，他以為瘋子入侵了他的聖地，差點沒因中風而死。

回到總部，特工進入了出納員的「籠子」，並搜走了裝有證券的公司郵袋。

他沒有給薛夫陀斯公司任何負責任員工任何收據。當出納員之一的史東先生向特工提出，他在此的任務為保護證券時，特工卻怒吼，

「滾出來！」

「誰授權你來這裡的？」史東先生質問。特工隨即展示了他的徽章。

片刻後，其中一位警察撬開了現金抽屜。特工站在一旁看著。「哦哦哦，你看看！」警察大喊。

就這樣，司法部的特工沒收了現金抽屜內的物品，包括現金、支票、匯票等，沒有給我們公

司任何成員收據。

他轉向那些遭到逮捕的薛夫陀斯主管和員工，命令將他們從房間帶走。這是你在一間和平的經紀公司的財務室裡，可以看到最粗蠻的事情。

會計被勒令關帳。辦公室裡面的「美國郵政」郵件以及辦公室收到後將發給其他人的郵件，通通被扣留。

薛夫陀斯員工被命令雙手放在背後，乖乖站好。然後這些著急的人——也就是逮捕令所指的這些人，被粗暴地趕到外廳——並且遭到搜身，尋找身上有沒有什麼可以反擊的致命武器。他們當中有人被搜出一把鉛筆刀和一支鉛筆芯，這把「致命」的刀簡直該死，根本不夠鋒利，連剪指甲都沒辦法。如果將左輪手槍放在一個被捕的人手中，他甚至不知道怎麼開槍。

被羈押的人有：五十四歲的薛夫陀斯先生，安靜溫馴，他光榮的商業生涯圓滿順遂，性格或地位沒有任何缺陷。查爾斯．F．貝爾瑟，公司的出納員之一，擁有共濟會三十二級導師頭銜，一生中從未被控違反任何最微小的法律精神；另一名出納員查爾斯．B．史東，現年六十歲，他的兒子和侄子曾在部隊服役，他本人和一所星期日學校的班長一樣安寧；約翰．德萊尼、克拉倫斯．麥考密克、威廉．T．西格雷夫斯和喬治．沙利文等人是辦公室裡的文員，他們像四重唱讚美詩歌班的孩子，只有槍砲才能將他們堅忍的抵抗擊倒。

薛夫陀斯先生以莊嚴和自重的方式抗議這殘酷的示威搜查。他要求查看突擊檢查的權限，直到他和其他絕望的人通通被帶到另一個房間之後，探員才拒絕他的要求。特工拒絕他的要求時，發出下流的驚叫聲，說：「如果你不閉嘴，我們會用熨斗燙你！如果你想找麻煩，你命根子那麼硬，我們就給你你要的！」

武裝入侵的荒謬，吸引了除了帶頭襲擊的傢伙之外的所有人。從公部門的職權來看，這實在是個荒謬的情況。這群突襲的武裝份子，擁有適當的法律權限，大有機會在動粗以前用有禮、守秩序的方式執行命令，但他們卻選擇蠻橫硬上。

所有私人文件都被搶走，一捆捆的股票證書、鈔票、支票、收據和所有可見的東西都被帶走了。突襲中所搜查的文件和其他貴重物品，我們無法完整記錄下來。B・H・薛夫陀斯公司在被洗劫以前，尚能夠累積並核算公司部分已扣押資產，但我確實損失了數千美元的證券和金錢，而且毫無歸還的希望。

現場被搜得差不多以後，這些「囚犯」被當作惡棍般從正門被驅逐出去，走下台階，然後被載進「黑色瑪麗亞」。現場圍觀的人多達五千人，「囚犯」們懇求讓他們自己出錢搭計程車前往地方行政長官處，但這些懇求徒勞無功。他們呼籲，目前還沒有聽證會、且他們在法律上仍是無罪的，在被判處犯下某些罪行之前，他們有權獲得體面的待遇，這些請求也被拒絕。前往聯邦大樓的路程已經耽擱夠久，足以累積密集的人群來侮辱那些暴行真正的受害者。被捕者的朋友憤慨不已，衝向那些看笑話的群眾，雙方發生了鬥毆。許多人被打倒、踩在腳下，衣服在拚命的混戰中從背上扯破，場面相當狼狽且屈辱。

一支由攝影記者組成的記者大軍也來到現場，捕捉了「囚犯」進入「黑色瑪利亞」時的那一刻。鈴鐺叮叮作響，馬車司機抽起鞭子，走上寬闊的街道。然後，馬車駛向百老匯，又一路叮叮地直駛至聯邦大樓。我們的人在那裡被提審，庭上要求提供總額為五萬五千美元的保釋金。後來，甚至沒有起訴就這樣殘酷地拘留了他們。

司法部特工被要求查明囚犯身份，但除了薛夫陀斯先生外，他無法指認其中的任何人，薛夫陀斯公司僱用的速記員被迫一一指明自己的身分。

逮捕令已經證實經由特工宣誓，並已根據其誓章授予逮捕權，理由是薛夫陀斯公司對其某些客戶犯下罪行。本章已經提到了其中兩個案例，分別是史雷克和史區曼斯基，兩人的聲明也已經提供給了《工程與採礦雜誌》的律師。

從法院到監獄，被束縛的薛夫陀斯亡命之徒們被護送上百老匯。當天稍晚，保釋金已準備好、囚犯再度被押解出來時，他們又被戴上手銬，送至紐約市人口最稠密地區的大街上遊街示眾。

我整個下午都在律師事務所工作，目的是要確保把被監禁的人保釋出來。我成功了，現在，我忙著把自己也保出來，法院已將金額預先定為一萬五千美元。早晨，我從律師辦公室走到郵局大樓，向當局自首，在地方法院辦公室收到了他們等待的保證金後，我當即得到開釋。我離開大樓時，認出許多薛夫陀斯的客戶，其中幾個還抓住了我的手。

後續審查情況的發展讓我越來越感到憤慨，但我也有了充分時間對外聯繫和整理事證。整個真相逐漸暴露出來，我只能點出其中的一部分，完整而詳細的故事需要相當龐大的篇幅，而我在這裡能發揮的空間有限。我了解到，從特工得到許可、開始調查我們想把我們搞到「混不下去」的那一刻起，他就毫不懈怠地努力讓這件事成真。

他的努力吸引了華爾街各家報社編輯的注意，也吸引了通常與他合作的敵人。他的司法部上司也相當重視他的陳述，如果他單獨進行這些指控的話，他的話是得不到這麼多支持的。他的官方立場誇大了他在報紙上發表的言論，也放大了突襲後對大眾所發布的言論的重要性。

我們現在找到了一個姑且稱之為「工具」的人，他帶著情報呈交紐約助理檢察官，並作證支持說他撤回自己簽署的證人說詞，因為那是偽證。

在上一章，我請大家注意突襲後第二天報紙刊登的一些殘酷虛假說法，我在這裡只簡單描述。報紙宣布，「伊萊中央」使薛夫陀斯公司的每股成本降低了五美分，資本股超額發行，而且這個礦山變得一文不值。此外報紙還說「巨象分部」自那時以來已向其股東分配了九萬五千美元的股利，但仍擁有十萬美元的庫存儲備，而且要在今天的市場上出售，其股票的估值約為二十五萬美元，報紙稱之為「假貨」。羅海德聯盟生產了超過四十萬美元的金條，如今被公認為是遠西的重要金礦之一，在報紙上也被稱為是再普通不過的「垃圾」。至於波瓦德，我們從每股十美分開始促銷，現在需要十萬美元的投資來開發潛力礦山，報紙則寫說這是下流的骯髒手段。

有人說，薛夫陀斯公司藉著出售「假礦業股票」而賺了數百萬美元。有人還說，我個人賺了數百萬美元。儘管薛夫陀斯公司上市股的主要股東都是古根漢公司的股東，但我們的股票仍被貶為「傻瓜股票」。

至於這些騙子的頭頭，也就是我，被冠上「有著可怕過去的男人」的封號；另一個頭頭沙利文先生，被貼上「臭名昭著」以及「紅字」（當心此人！）的標籤。沙利文先生被講成專門寫信給「傻瓜」催眠他們的輕浮作家，他寫信的對象主要是寡婦和孤兒，目的是讓他們把錢從儲蓄銀行提領出來，然後匯給薛夫陀斯公司裡的大鯊魚；「紅字」沙利文也被稱為是有「前科」的人。

關於沙利文先生與薛夫陀斯公司的關係，真實情況是：幾個月前，他申請了某個職位。當時他受聘為一間波士頓股票經紀辦公室擔任經理。後來他被聘用，擔任速記員部門的時間管理員。

在薛夫陀斯公司工作期間，他的工作是要讓速記員按時匯報，確保他們的工作正確完成，而且並未超時工作卻沒有得到報酬。他與通訊部門幾乎沒有關係，也從未對薛夫陀斯公司收到的信件做出任何回覆，還從未在薛夫陀斯公司擔任行政職務。我們實在不懂為什麼報社標題要說他是應註記「紅字」的危險人物。我們最早看到這個稱號，是發生突襲後隔天的報紙，後來我們調查發現，這一切都只是穿鑿附會：十年前，他在芝加哥做經紀人時，曾發布過每週市場通訊，使用的是紅色的紙。

迄今為止，我最不能容忍的，就是這種可恥的相關程序釀成的最大災害之一：許多無助的股東因為這個錯誤而遭受到嚴重的損害。司法部特工和他的武裝嘍囉破壞了薛夫陀斯的辦公室、恐嚇公司職員時，薛夫陀斯集團的礦業股票同時在場外交易所遭到突襲，對大眾造成了巨大損失。數以千計的保證金帳戶被消滅的時間，比你講一場大屠殺的故事還要短。「伊萊中央」、「巨象分部」、「羅海德聯盟」和「波瓦德集團」的跌幅均超過兩百萬美元。這個由大約一萬四千名記錄在冊的股東分擔，此外還有更多未登記的股東也一同受害。

龐大的無辜股東是無奈的，法院並未根據這類查驗沒收給予任何救濟或追索權，除了將被捕者無罪開釋以外，這也是有所託付的投資者們對其證券進行市場恢復的唯一機會。

「工具」的自白

隸屬政府特工的「工具」呈交了一份簽字供詞，來到紐約美國聯邦檢察官助理律師多爾和史密斯面前，表示他之前提供的是偽證，並發表了股票經紀人約翰．J．羅奇的自願聲明。羅奇受雇於現已倒閉的佛雷德里克．西蒙茲商號擔任股票經紀人。由於特工與西蒙茲商號之間的關係，使得政府特工以政府之名提出的指控基礎十分薄弱。

突襲之前，「工具」已經受雇於薛夫陀斯公司。幾個月來，他一直為公司進行商務旅行。然後他被解職了。他與聯合證券交易所的成員佛雷德里克・西蒙茲保持聯繫。西蒙茲先生負債累累，「工具」也沒有錢。特工試圖讓紐約美國檢察官辦公室同意收集到的資訊足以進行突襲時，同時勸說「工具」在助理律師面前現身並作證。

在這個故事中，「工具」本身的主要價值就在於他沒有價值。他先向美國地區檢察官助理多爾先生發表了對我們不利的聲明，然後他又給了我一個聲明，並在見證人面前簽字，撤回了發給多爾先生的聲明。後來，他以書面補充後記，推翻前面的說法；然後他又撤回，說他第一次簽名的大部分內容、也就是他在結尾簽名以及每頁草簽的那個版本是假的。讀者只能自行判斷「工具」的三種說法中哪些才是實話。很明顯，他一定是在另外兩個人面前說謊，而且不無可能對三個人都說謊——除了他第一次翻供的某些內容（後來他在第二次聲明中否認了這一事實）得到了其他來源核實。

這是關於「工具」要牢記的要點，那就是我們偉大的政府在沒有適當法律程序的情況下，所發揮的奪取、搜查和沒收的主權力量，僅僅片面奠基於某人的脆弱證詞。數以千計的投資者，包括我本人和我的同事，就這樣遭受了池魚之殃。

從羅奇的聲明看來，他很大程度上導致了西蒙茲公司停業，和特工與其關係被披露的危機，這些事實在大多數情況下已經可說是公開的紀錄。他們出席聽證會的主因是破產一事，結果發現，這家「破產公司」的負債為八萬五千美元，資產為一百股廉價礦業股票，現金為一千五百至兩千美元。正是這樣的事實結合，特工才從司法部被解職。他愚蠢地使用「工具」，最後被證明是一把雙面刃，特工簡直可說是「自打嘴巴」。

古根漢

薛夫陀斯遭襲時，最令人驚訝的政府部門是郵局，他們指控我們的罪名是濫用郵件。如果薛夫陀斯公司有罪，郵政局卻沒有進行突襲？為什麼不對我們控以欺詐？此後，薛夫陀斯公司被法院宣布具有償付能力，臨時破產接管人也已被撤銷。迄今為止，郵局還是沒有發布欺詐令。突襲前不久，郵局就此案的所有證據作了陳述，並認定此時沒有採取行動的依據。

在突襲行動的消息於伊萊採礦營不斷生溫、甚至找到了確鑿證據後，古根漢利益集團就立即利用了薛夫陀斯公司的困境。在特工到達薛夫陀斯辦事處後不久，古根漢便在伊萊提出了一項申請，要求破產管理者負責接管「伊萊中央礦業公司」的資產。提出申請的律師是「錢德勒—奎爾」事務所，也是古根漢企業內華達集團銅業公司的律師，法院任命接管人時，他指定這家公司為接管人的律師。「伊萊中央」的J．M．洛克哈特律師提出抗議，指出這些律師與內華達集團之間有業務往來，這層關係並不適合保護現在已無防禦能力的「伊萊中央」股東的利益。然後，法院便任命了另一位叫做波勒曼的律師。

接管人被任命後不久，就向法院申請以三萬美元的價格將其出售給「內華達集團」，這代表了接管人所知的全部現金債務，如「伊萊中央」的大面積土地使用權，以及通過朱尼帕峽谷（Juniper Canyon）的使用權。如果通過，會使「內華達集團」獲得一條鐵路的通行權，這段鐵路通行權將解決其從較低品位礦坑用蒸氣鐽運輸礦石所面臨的問題，若是沒有這段通行權，處理這些低品味礦石時，會需要高額費用，且遇到種種困難。「內華達集團」將獲得的收益幾乎無法估量，同時，這種行動實際上會將「伊萊中央」的物產切分為兩部分。根據請願書規定，「伊萊中央」在出售地面使用權時應將實際擁有權轉讓給「內華達集團」，因為裡頭已明確規定「伊萊中央」不得以授予的任何權利干涉其採礦業務。「伊萊中央」的洛克哈特律師與接管人及其律師對此事進行了抗辯，並贏得了勝利。「伊萊中央」為股東保住了財產。

後來，法院申請以十五萬美元的價格出售「伊萊中央」的全部財產，據信，這符合「內華達集團」的利益。法院的答覆，是提出請願書解除接管人職務，因為法院最初任命他接管並不符合其管轄範圍。法院最終裁定它沒有管轄權，因為既沒有欺詐的證明也沒有其他證據，而且該物產也沒有被放棄，接管人也已經撤銷。

自突襲行動以來，司法部的態度如何？自突襲以來，政府已花費了數十萬美元，從帳簿上披露了足夠的證據來挑我們各種毛病。他們經過詳盡調查以維持原先過分的藉口，然後才一個接一個放棄上訴。大陪審團對提交給他們的大量證據進行仔細推敲以後，做出了回應。會計師們晝夜不停地工作了數周和數月，以核實當局的行動，政府當局被指控犯有嚴重瑕疵。

薛夫陀斯公司出售假礦業股票的指控已經全部落空。政府對這些物業的檢查顯示，這些資產就是他們被搞垮以後所有的財產。關於薛夫陀斯公司的郵件和大量市場文宣也被仔細、努力地閱讀，但未能揭示出故意隱瞞有關任何採礦資產潛力的陳述。

薛夫陀斯公司與其客戶（贊助的股票）——「伊萊中央」、「巨象分部」、「羅海德聯盟」和「波瓦德集團」進行了可觀的保證金交易。如果薛夫陀斯公司是由流氓經營的，難道他們不會經常在市場上暴衝，然後並努力貶低股票價格，消滅保證金交易者嗎？政府在帳簿中是否發現任何證據？沒有。政府只發現了各種壓倒性和累積性的證據，表明在幾乎所有情況下，實際上薛夫陀斯公司都用盡了所有資源來支持其股票市場，並為股東的利益撐住價格。還有大量證據表明，薛夫陀斯公司不鼓勵進行保證金交易。

大陪審團於一九一一年八月下旬，即突襲行動結束後的十一個月，提出了替代起訴書，取消了有關薛夫陀斯銷售活動的礦產陳述失實的指控，並將罪名大為減輕，薛夫陀斯只被控以在沒有賺取佣金和利息的情況下，跟客戶收取相關費用。

薛夫陀斯公司的經紀交易總額中，有至少八五%都是自家股票，而且在薛夫陀斯歷史上幾乎所有時候都持有在手中、借貸出去或以選擇權的方式放在銀行，這些證券的股票大約有三百萬到七百萬股。薛夫陀斯公司實際上在此期間購買、出售和交付了超過一千五百萬股股票！

如前所述，薛夫陀斯公司採取的做法是，在普通上市股出售股票，以防止市場下跌而降低其自身證券的價格，就這麼簡單。但是政府卻非得要花費數十萬美元、聘請最聰明的律師，使用罕見的扣押、搜查和逮捕權力，並且在濫施權力前無視受害者的祈禱，來向美國大眾證明他們的合理性。

第十二章
一切的教訓

我的經驗——我獲得的最大教訓，對美國公民來說是什麼呢？就是這個：不要在華爾街投機、揣測，你根本沒有機會贏。整個遊戲都是由「大人物」們打造的，他們想讓你贏的話你才會贏。通常，每天報紙上的金融版獲准提供的市場預測資訊，來源大多已經過捏造，這些資訊的主要目的是讓你的財務陷入困境。很少有金融作家敢把真相和盤托出——就算在極少數他們能確實得知真相的情況下也是一樣。實際上，這些人大多得到了補助，目的是壓制真相來源、避免大眾輿論升溫，這些管道簡直等同於證券賣家的口袋。至於股票經紀人的文宣，一般來說甚至更具誤導性。很少有經紀人敢說出全部真相，因為他們擔心會損害自己的利益、讓自己陷入破產或更糟的情況。

至於我自己，我有什麼藉口迎合賭博的本性？有的：我認為促銷者和大眾都可以贏。現在，我知道這種情況很少發生。由於整個遊戲現在通常都是大人物們在玩，大眾根本毫無機會。

最後我根本一美元也沒賺到。那到底是誰獲利了？

答案是：如果有人獲利，那也是整個賽局統計的結果，整個世界一直都是贏家。由於這種努力，金礦、銀礦、銅礦和其他堅不可摧的金屬被帶到了地表，為國家增添了更多的財富。

但是賭博的本性和迎合賭博本性的促銷者，只會任自然的寶庫在一旁荒廢，而世界的發展力量也將依舊軟弱無力。

全書終

亞當斯密 021

欺竊成群

美國第一代詐騙大師，初代華爾街之狼親筆自傳

My Adventures with Your Money

作者　喬治．葛拉罕．萊斯（George Graham Rice）

譯者　郭騰傑

堡壘文化有限公司

總編輯　簡欣彥　　行銷企劃　黃怡婷

副總編輯　簡伯儒　　封面設計　萬勝安

責任編輯　簡欣彥　　內頁構成　李秀菊

讀書共和國出版集團

社長　郭重興

發行人　曾大福

業務平臺總經理　李雪麗

業務平臺副總經理　李復民

版權部　黃知涵

印務部　江域平、黃禮賢、李孟儒

出版　堡壘文化有限公司

發行　遠足文化事業股份有限公司

地址　231新北市新店區民權路108-2號9樓

電話　02-22181417

傳真　02-22188057

Email　service@bookrep.com.tw

郵撥帳號　19504465 遠足文化事業股份有限公司

客服專線　0800-221-029

網址　http://www.bookrep.com.tw

法律顧問　華洋法律事務所　蘇文生律師

印製　呈靖彩藝有限公司

初版1刷　2023年1月　初版2刷 2023年4月

定價　新臺幣480元

ISBN　978-626-7240-09-0　978-626-724-011-3（Pdf）　978-626-724-012-0（Epub）

國家圖書館出版品預行編目（CIP）資料

欺竊成群：美國第一代詐騙大師，初代華爾街之狼親筆自傳／喬治．葛拉罕．萊斯（George Graham Rice）著；郭騰傑譯. -- 初版. -- 新北市：堡壘文化有限公司出版：遠足文化事業股份有限公司發行, 2023.01

面；　公分. --（亞當斯密；021）

譯自：My Adventures with Your Money

ISBN 978-626-7240-09-0（平裝）

1.CST: 萊斯(Rice, George Graham)　2.CST: 金融犯罪　3.CST: 傳記　4.CST: 美國

785.28　　111021059